Andreas Unterberger · ÖSTERREICH – UND JETZT?

Andreas Unterberger

ÖSTERREICH – UND JETZT?

Gespräche zum Nachdenken

molden verlag

Bildnachweis:
Christina Lukawinsky (Taus, Taghizadegan), Florian Unterberger (der Autor), Andreas Johannes Unterberger (alle übrigen).

Die Deutsche Bibliothek – CIP-Einheitsaufnahme

Unterberger, Andreas
Österreich – und jetzt? – Gespräche zum Nachdenken/Andreas Unterberger –
Wien: Molden Verlag, 2005
ISBN 3-85485-129-4

www.molden.at
Umschlagentwurf: Veronika Molden
Satz: Zehetner Ges. m. b. H.
Druck: GGP Media GmbH

ISBN 3-85485-129-4

Inhalt

Das Abenteuer Österreich: 15 Wege in die Zukunft

Eigentlich müsste ich für das faszinierende Vergnügen zahlen: nämlich für das prickelnde Abenteuer, 15 klugen Österreichern mehr oder weniger die gleiche Frage stellen und dann erleben zu können, auf welch spannende und jedes Mal komplett unterschiedliche Wege das daraus entspringende Gespräch sich in der Folge gleichsam von selbst begibt. Auch wenn es immer um das gleiche grundlegende Thema geht: Wo steht Österreich? Wie kann das Land, wie können seine Menschen in der Zukunft ebenso gut bestehen wie in den letzten 60 Jahren? Welche Gefahren, welche Chancen liegen auf dem Weg Österreichs? Wer sind wir, wozu sind wir da, wohin gehen wir? Gelandet sind wir bei dieser Suche immer wieder an neuen Endpunkten.

Ursprünglich sollte es ja ein Buch werden, in dem ich selbst Antworten auf diese Fragen suche. Mein Ausscheiden aus der „Presse“ nach deren Übernahme durch eine steirische Gruppe schien endlich die Zeit dafür freizumachen, tiefer in die Zusammenhänge einzudringen, als es auch in noch besseren Zeiten der Tageszeitungsjournalismus erlaubt hat. Eine Begegnung mit Wolfgang Schüssel führte dann auf eine andere Fährte: Ihm ist in seiner häuslichen Bibliothek ein alter Sammelband Otto Schulmeisters aufgefallen, in dem vor drei Jahrzehnten ein Dutzend Österreicher ihre Überlegungen zur Zukunft Österreichs dargelegt haben. Ob es nicht so etwas wieder geben könnte, war die Überlegung des Bundeskanzlers – wobei er durchaus auch das Jubiläumsjahr 2005, das „Gedankenjahr", im Sinn hatte.

Nun halte ich wiederum Sammelbände für eine abschreckende Konstruktion. Da werden oft lieblos Texte recycelt, die man schon anderswo verwertet hat, die Autoren gehen heiklen Fragen aus dem Weg, verlieren sich in Uninteressantem oder lassen gar den Text von anderen schreiben. Ich habe als Redakteur jedenfalls immer die Rezension solcher Werke vermieden.

Auf der anderen Seite ist klar: Die Meinung von 15 interessanten Menschen zu lesen ist viel spannender als nur die des Andreas Unterberger. Die Lösung war schließlich eine arbeitsintensive: Sie bestand in sehr ausführlichen Gesprächen. Diese sind immer eine diffizile Angelegenheit. Man muss dem Partner Entfaltungsmöglichkeiten geben, man muss sein Vertrauen erwerben, man muss ihn aus der Reserve locken. Zugleich gilt es, auf Präzisierungen zu drängen, wenn sich das Gegenüber über heikle Fragen drüberzuschwindeln versucht, und kritische Einwände zu machen – das aber wieder nicht ständig, um den Gedankenfluss des Gegenübers in Bewegung zu lassen. Das heißt natürlich auch: Nicht immer, wo ich nicht explizit widersprochen habe, bin ich mit den Gesprächspartnern einer Meinung gewesen. Es geht letztlich um eine immer neue Mischung aus persönlicher Empathie und geistiger Provokation.

Nur wer schon selbst gesprochene Interviews in gedruckte verwandelt hat, weiß, dass der zweite Teil dieser Arbeit ebenso heikel ist wie die Gesprächsführung selbst und jedenfalls viel zeitaufwendiger, als wenn man nur seine eigenen Gedanken ausformuliert. Fast niemand spricht wirklich druckreif, Gedanken werden oft wiederholt, bevor man den nächsten entwickelt, Hunderte Sätze enthalten redundante Formulierungen wie: „Ich glaube" oder „dann" oder „natürlich", die hie und da aber doch wieder Sinn haben. All das gilt es behutsam zu straffen, ohne dem Gesprächspartner irgendetwas von seinen Gedanken, seiner Persönlichkeit zu nehmen, ohne den lebendigen Gesprächscharakter zu eliminieren.

Das Schöne am Entstehen dieses Buches: Alle, die ich um ein Gespräch gebeten habe, waren gerne dazu bereit. Dafür ist ihnen großer Dank zu zollen. Nur ein einziges der geführten Gespräche ist letztlich nicht abgedruckt worden, nämlich das mit Robert Menasse. Was ich sehr bedauere. Der Nichtabdruck, zu dem ich mich letztlich entschlossen habe, hängt nicht damit zusammen, dass ich mit Dingen, die Menasse gesagt hat, nicht einverstanden gewesen bin. Das war auch bei anderen Gesprächen der Fall. Aber es ging um die strukturelle Qualität des Textes. Es ging darum, dass ich mit Menasse keinen Konsens über die für den Druck freizugebende Version erzielen konnte. Ohne die Zustimmung der Gesprächspartner zur Endversion wurde aus Gründen der Fairness jedoch kein Text aufgenommen. Robert Menasse hat im Nachhinein das Gespräch mit vielen Seiten neuem Text ergänzt, sodass ich zu dem Urteil gekommen bin, hier liegt ein Hybrid zwischen einem monologischen Essay und Resten eines Dialogs vor. Meine Fragen – die sich ja häufig aus dem zuvor Gesagten ergeben hatten – hingen nun teilweise in der Luft, jene Fragen und Einwürfe, die man zu den neuen Thesen Menasses hätte machen müssen, blieben aus. Und last not least hätte die neue Version den Umfang dieses Bandes gesprengt. Es war keine einfache Entscheidung. Denn mir machen gerade kontroversielle Dialoge viel Freude – sie müssen nur auf einem wirklich ebenen Spielfeld stattfinden.

Die Auswahl der Gesprächspartner war eine absolut subjektive. Anders ist es auch gar nicht möglich. Ich habe mich um eine spannende Mischung bemüht, um einen Mix der Generationen, um unterschiedliche Lebenswelten und Ideologien, um unterschiedliche regionale Herkunft. Entscheidend war immer die intellektuelle Qualität eines Gesprächspartners, seine Persönlichkeit, bei den Älteren natürlich auch der Lebenslauf. Gewiss kann man lange aufzählen, welcher Bereich nicht ausreichend zu Wort kommt. Das ist aber nicht das statistische Jahrbuch, das sind einfach 15 Gespräche mit interessanten Menschen über Gott und die Welt.

Gereiht wurden die Gespräche alphabetisch – freilich nicht am Anfang des Alphabets beginnend, sondern mit Franz Olah, dem zeithistorisch sicher wichtigsten Gesprächspartner, der durch seine politische Verfolgung unter drei verschiedenen Systemen, mit seinem Abwehrkampf gegen die kommunistischen Unruhen 1950, mit seinem undogmatischen Denken, aber auch seinem Alter – das Gespräch fand knapp vor seinem 95. Geburtstag statt – heute schon ein lebendes Denkmal dieser Republik geworden ist. Großen alten Österreichern wie Olah sind Vertreter der heute Verantwortung tragenden Generation zur Seite gestellt worden – wobei bewusst keine aktiven und damit durch zu viele Rücksichten gebundenen Politiker eingeladen worden sind –, aber auch einige sehr junge Österreicher, die sich schon geistig positioniert haben, die aber erst am Beginn ihrer Berufskarriere stehen.

Ist nun am Ende dieser Gespräche eindeutig klar, was Österreich heute ist und wie seine Zukunft sein wird? Gewiss nicht. Das ist kein Band der Hellseherei oder der eng mit ihr verwandten Zukunftsforschung. Das sind vielmehr die strukturierten Reflexionen von 15 Persönlichkeiten über dieses Land, in die natürlich auch immer wieder die Meinung des Sechzehnten, des Fragestellers, eingeflossen ist. Gemeinsam sind ihnen letztlich nur die Staatsbürgerschaft und der Umstand, dass ich sie zu einem solchen Gespräch eingeladen habe. Bewusst war nicht die Zeitgeschichte das Thema; dennoch haben – vor allem die älteren – Gesprächsteilnehmer immer wieder ihre Analyse mit historischen Exkursen unterlegt. Wer über Gegenwart und Zukunft spricht, kann in der Tat die Vergangenheit nicht ganz ausklammern. Dennoch habe ich versucht, die Rückblicke (so spannend sie auch waren) wieder zum Jetzt und zum Künftigen umzulenken.

Welche Eindrücke bleiben aus diesen Gesprächen besonders haften? Einer ist der Stolz auf das eigene Land und der große Optimismus, den viele bei aller Kritik Österreich entgegenbringen. Viele Diskutanten verbinden das auch mit einem deutlichen Ja zum Begriff Heimat; manche haben vor diesem oft missbrauchten Wort eine gewisse Scheu: Die einen suchen die globale Orientierung und wünschen sich daher ein multikulturelles Österreich, die anderen wieder wollen sich noch viel kleinräumiger orientieren. Daran, dass die Europäische Union anstelle Österreichs zur Heimat werden könnte, glaubt hingegen kaum jemand. Genausowenig wie daran, dass dem Land ein Krieg drohen könnte.

Totale Uneinigkeit herrscht beim Stichwort Zuwanderung: Hier reicht die Spannweite vom Plädoyer für eine weitgehende Öffnung über starke Unsicherheit insbesondere gegenüber fundamentalistischen Zuwanderern bis zum klaren Nein Franz Olahs zu den „nicht integrierbaren“ Schwarzafrikanern und Moslems, während er zugleich – wie andere Gesprächspartner – für eine ganz starke Öffnung nach Mitteleuropa plädiert: „Das sind unsere Leute.“ Auch jene, die für eine Öffnung gegenüber den Zuwanderern eintreten, verlangen etwas von den Österreichern: nämlich dass sie sich ihrer eigenen Identität besser bewusst werden. Sehr stark ist die Sorge, ob die Österreicher nicht schon allzu wohlstandsverwöhnt sind. Eine widersprüchliche Spannung herrscht zwischen der Empfehlung der einen an junge Österreicher, mehr ins Ausland zu gehen, und der Sorge der anderen, dass die besten Köpfe des Landes abwandern. Ebenso unterschiedlich wird auch die Bedeutung der Schuldenlast eingeschätzt, mit der die jungen Österreicher in die Zukunft geschickt werden. Weit verbreitet ist hingegen der Appell zu mehr Eigenverantwortung des Einzelnen, zugleich gibt es aber doch überraschend große Zustimmung zu einer immer schon typisch österreichischen Haltung, nämlich sich das Weltgeschehen einfach „erste Reihe, fußfrei“ anzuschauen.

Es ist immer heikel und ungerecht, wenn man aus vielen langen Gesprächen einzelne Gedanken herausgreift. Dennoch sei es schlagwortartig versucht.

Da werden etwa die messerscharfe Trennung, die *Olah* zwischen Sozialismus und Sozialdemokratie zieht, seine Skizze der unglückseligen Situation zwischen Kirche und Arbeiterschaft oder seine Entlarvung der Neutralität zum zeithistorischen Dokument. Da bedauert – ebenso spannend – *Susanne Riess-Passer* die mangelnde Öffnung gegenüber jüdischen Emigranten nach dem Krieg, den österreichischen Hang zum kollektiven Jammern oder die Haltung zur Globalisierung.

Da bekennt *Maria Schaumayer,* dass sie selbst, die heute als vorbildliche Patriotin gilt, bis 1955 nicht an das Land geglaubt und intensiv an Auswanderung gedacht habe, tadelt die heutige „unrealistische" Sicht der NS-Zeit und sieht die heimische Naturwissenschaft als nobelpreiswürdig an. Da deklariert sich *Kurt Scholz* als Patriot, weil man hierzulande das Verbindende vor das Trennende stellt, geht den schwer bekämpfbaren Anti-Wien-Vorurteilen sowie dem österreichischen Hang zum Denunziatorischen nach und outet sich gleichzeitig als Zentralist wie auch als Fan der Schweiz.

Da rechnet *Christoph Schönborn* überaus scharf mit der Political correctness ab, sucht seine Heimat irgendwo zwischen Vorarlberg, Böhmen, Wien und der Kirche und bedauert den Immigrationsdruck, der auf Österreich zukommt. Da warnt *Fred Sinowatz* vor den Alten, die in der Zukunft noch immer mitreden wollen, obwohl sie diese nicht mehr verstehen, vor der „maßlosen Vereinfachung, sprich Kronenzeitung", vor dem amerikanischen „Darwinismus" und vor dem zunehmenden Egoismus in Österreich.

Da legt der junge Österreicher – mit iranischem Vater – *Rahim Taghizadegan* ein flammendes Bekenntnis zu einem Liberalismus ab, für den auch Tradition, Religion und nationale Identität wichtig sind, und erklärt die Gewerkschaften für überflüssig. Da tadelt *Josef Taus* mangelnden Patriotismus, wenn es um das Eigentum an Industriebetrieben geht, verlangt Bemühungen, die Hochbegabten im Land zu halten, und lehnt die Spaßgesellschaft ab.

Da träumt *Barbara Wittinger* von einer Welt ohne Grenzen, von mehr direkter Demokratie und beklagt die Benachteiligung ausländischer Studenten in Österreich. Da will *Leon Zelman* Wien zur Hauptstadt Mitteleuropas machen, den Nachfahren vertriebener Juden wieder eine Beziehung zu Österreich verschaffen und mit Jörg Haider nicht diskutieren.

Da sieht *Christian Felber* in Österreich das Land der Verdrängung, verlangt, dass die Agrarpolitik nicht in Brüssel, sondern gesondert in jedem Bundesland gemacht wird, und will den Wettbewerbsgedanken bekämpfen. Da tadelt *Barbara Frischmuth* die schlechte Dotierung der österreichischen Auslandskulturarbeit sowie die Einteilung der Menschen nach ihrer ethnischen Herkunft und hält die europäische Debatte über islamische Kopftücher für fehlgeleitet.

Da identifiziert *Lothar Höbelt* Österreich mit der Familie Habsburg und mit dem Raunzen, sich selbst „aus taktischen Gründen" bei einer eventuellen Nationalitätenabstimmung als Deutscher und hält die Dinge in Österreich für eigentlich recht gut geordnet. Da schwärmt *Angelika Kirchschlager* von Österreich als der Insel der Seligen, ärgert sich über politisch korrekte Überreglementierungen in Amerika wie auch über den Musikantenstadl und freut sich, dass sie typisch österreichisch, also „herzig und gemütlich" ist. Und da bekennt sich *Stephanie Merckens,* die den Abschluss unseres Gesprächsbogens macht, demonstrativ zu ihrem katholischen Glauben, lobt den Respekt der Österreicher vor der Geschichte und sieht keine Diskriminierung der Frau.

Zu all diesen Gedanken und noch vielen anderen darf ich entspanntes Lesevergnügen wünschen. Zuvor sei allen Mitarbeitern des Molden-Verlags und meinen eigenen Helferinnen Henriette Riegler, Therese Hamburger und Melanie Posch herzlich für Genauigkeit und Geduld gedankt. Für Geduld und Humor habe ich auch meiner Familie zu danken.

Solidarität: Ein leeres Wort für Sonntagspredigten

FRANZ OLAH,

1910 in Wien geboren. 1919–1923 Gymnasium in Budapest. Klaviermacher in Wien. Dreimal im Ständestaat eingesperrt, bietet dennoch im Gegensatz zur SPÖ Schuschnigg Hilfe gegen Hitler an. 1938 bis 1945 im KZ. 1945 Wiener Gemeinderat. 1949 Nationalrat. 1950 schlägt er mit Arbeitern einen kommunistischen Putschversuch nieder. 1959 ÖGB- und zweiter Nationalrats-Präsident. 1963 Innenminister. Enthüllungen über Spitzelakte. 1964 schwerer Zwist mit der Partei. Verlust aller Ämter. Scheitern einer eigenen Partei. 1969 Verurteilung zu einem Jahr Kerker wegen politischer Manipulationen mit Gewerkschaftsgeldern. Erst 1974 bekommt er wieder die ihm aberkannte Pension.

Franz Olah ist einer der großen Männer der Zeitgeschichte. Er hat es weder sich – in drei verschiedenen Systemen aus politischem Zusammenhang in Haft! – noch anderen leicht gemacht: durch Härte, Konfliktfreude und Grundsatztreue, aber auch durch überraschende Schachzüge.

Sie waren unter drei verschiedenen Systemen aus immer mehr oder weniger politischen Gründen in Haft. Machen Sie sich als jener Österreicher mit den meisten diesbezüglichen Erfahrungen Sorgen um die Zukunft des Landes?

Nicht im Besonderen um Österreich, aber allgemein Sorgen um die Entwicklung in West- und Mitteleuropa. Es ist nicht zu sehen, wie die gegenwärtigen Probleme wirklich gelöst werden können. Es gibt nicht einmal Ansätze zu einer Lösung. Es ist nur ein tägliches Herumwursteln.

Welche Probleme sind es, die Ihnen da Sorgen machen?

Es ist die eigenartige Entwicklung in der Wirtschaft: Unternehmen und Betriebe werden ununterbrochen in den Osten verlegt, von einem Land ins andere. Ungarn, Tschechien, Slowakei sind schon zu teuer, also gehen wir noch weiter, bis zum Ural. Und manche sind sowieso schon in Taiwan, Thailand und Hongkong. Das alles ist doch keine Lösung. Wohin geht man nachher? Und was geschieht mit Europa? Das ist kein Weg, der Sicherheit verspricht. Das beunruhigt die Menschen. Sie haben kein Gefühl der Sicherheit mehr.

Glauben Sie überhaupt – wieder unter Hinweis auf Ihr langes und turbulentes Leben –, dass man Sicherheit auf Dauer schaffen kann? Besteht nicht die Geschichte aus ständigen Unsicherheiten, Änderungen, Bedrohungen, Gefahren?

Na ja, nicht Sicherheit auf Dauer, aber doch über einen längeren Zeitraum, von wo aus man dann wieder sehen kann, wohin die Reise weiter geht. Das ist jetzt nicht zu sehen. Es gibt überhaupt keinen Augenblick Stillstand, wo man sagen kann, so, jetzt haben wir uns erfangen und wissen, wie es in den nächsten paar Jahren geht.

Glauben Sie, wäre in dieser von Ihnen beobachteten Unsicherheit Sozialismus ein Rezept für das 21. Jahrhundert?

Welcher Sozialismus, der stalinistische, der maoistische, der arabische oder der jugoslawische, die Selbstverwaltung, welcher?

Oder einer, für den Sie eingestanden sind?

Nein, ich bin nie eingestanden für einen Sozialismus unbestimmter Entwicklung, sondern für die alten Ziele der Sozialdemokratie. Weswegen ich zu dieser politischen Bewegung gekommen bin, ist einfach: Ich bin als junger Mensch mit 14 Jahren in die Lehre und damit in das Arbeitsleben eingetreten und habe gesehen, wie das aussieht. Wir hatten keine Feiertagsbezahlung, Weihnachten, Neujahr und so weiter waren Hungertage, wurden nicht bezahlt für die Arbeiter, und das war die große Masse damals.

Wann war das?

1924. Die meisten Berufstätigen waren manuelle Arbeiter. Es gab alle gesetzlichen Feiertage so wie heute, vielleicht sogar noch ein paar mehr – aber ohne Bezahlung. Der Urlaub war eine Woche, nach fünf Jahren zwei Wochen, aber das hat man selten erreicht, denn die Arbeiter wurden immer entlassen, bevor Sie die fünf Jahre vollendet haben. Am Samstag entlassen, am Dienstag wieder aufgenommen, es musste ja ein Werktag dazwischen sein. Keine Pension. Keine Rente. Für einen Arbeiter, der nicht mehr arbeiten konnte, gab es nichts, gar nichts. Sie mussten von den Familien, wenn Sie welche hatten, erhalten werden, wenn die in der Lage waren dazu.

Es wurde damals als reiner Hohn dann endlich unter dem Druck der Öffentlichkeit ein sogenanntes Altersfürsorgegesetz beschlossen, in dem stand, dass einer, der mit 65 Jahren ausscheidet, monatlich 50 Schilling bekommt, was damals gar nicht schlecht war. Darunter aber stand noch ein Satz: Dieses Gesetz tritt dann in Kraft, wenn die Zahl der zu Unterstützenden unter 100.000 sinkt, das hätten wir bis heute nicht. Reiner Hohn. Wieder nichts.

Das trieb mich an: Hier ist etwas zu unternehmen, hier muss etwas geschehen. Die staatsbürgerlichen Rechte konnte man in Wahrheit nicht ausüben; wirtschaftliche, soziale Sicherheit gab es nicht: wirtschaftlichen Wohlstand gab es nicht. Das war es, worum ich kämpfte. Deswegen wurde ich Sozialdemokrat. Sozialismus hingegen war immer so wie die Sonntagspredigt des Pfarrers: Tröstet euch und beruhigt euch, im Himmel wird es euch allen gut gehen. Eines Tages werdet Ihr aufwachen und der Sozialismus wird da sein.

Stichwort Pfarrer: Sie waren ja einer der Männer, die in der sozialdemokratischen Bewegung den Dialog mit der Kirche hochgehalten haben. Die Kirche wird ja noch immer nicht in der ganzen Sozialdemokratie akzeptiert. Da gibt es noch immer Ressentiments.

Ja, verstehen Sie, die Sozialdemokratische Partei, das war eine Partei der Atheisten.

Warum eigentlich? Weil die Arbeiter kamen vom Land, da waren sie noch Kirchgänger und dann in der Stadt ...

Ja, aber die Pfarrer haben immer gegen die Roten gegeifert, die Roten waren die, die sicher in die Hölle kommen. Das hat es schwierig gemacht. Der Arbeiter, dem die ganze Woche gesagt wird, dass er ein Höllenbrat'l ist, der soll dann am Sonntag in die Kirche gehen und den Pfarrer anhören, wie er fromme Sprüche von sich gibt? Noch dazu, wenn diese Geistlichen unter der Woche Mandatare einer politischen Partei sind. Christlichsoziale Bürgermeister, Landtagsabgeordnete, Landeshauptmänner, Minister, Nationalräte, Bundesräte waren Geistliche, eine ganze Menge. Wie sollten die Arbeiter Vertrauen zur Kirche haben, wenn sie offenkundig auf der anderen Seite stand? Als Gegner der Arbeiter, die in ihrer Mehrheit auch damals Rote waren.

Dazu kam dann die Freidenkerbewegung. Das war ein zweites Unglück, denn die war mindestens genauso gehässig wie manche Geistliche gegenüber den roten Arbeitern. Ich habe diese Freidenker wirklich verabscheut, weil sie in ihrer Demagogie und in ihrer Propaganda das Letzte waren. Ich habe eine Freidenker-Versammlung besucht, wo ich interessiert zuhören wollte. Ich bin dann weggegangen, weil ich genug gehabt habe. Ausgetretene Pfarrer, ausgetretene Nonnen haben unter dem

Johlen, dem Jubel der Zuhörer Geschichten zum Besten gegeben, was nicht alles in den Klöstern passiert und in den Pfarrkanzleien usw.

Das war ein Unglück. Denn ich glaube, dass diese Verhärtung, dieser Kulturkampf ein entscheidender Beitrag in der Entwicklung zum 12. Februar 1934 war. Der politische Hass wäre vielleicht nie so schlimm gewesen, wenn nicht dieser Kulturkampf dazugekommen wäre. Die Kirche hat sich nicht zu Unrecht bedroht gefühlt und in der Abwehr ganz offenkundig Partei ergriffen, was wieder ein schwerer Fehler war.

Was war da zuerst: die Henne oder das Ei?

Na ja. Eines ist sicher: Die Kirche war von Anfang an gegen die sozialdemokratische Bewegung.

Wurde also der erste Fehler von der Kirche begangen, weil sie zu sehr mit den besitzenden Klassen ...

Nur fromme christliche Arbeiter, die keine Forderungen stellten, die brav in die Kirche gingen und alles machten, was der Arbeitgeber, der Kapitalist forderte, die waren gute Arbeiter. Und das war zu wenig.

Zu dieser Not der Arbeiter gibt es die Gegenargumentation, dass die Arbeiter in dieser Zeit noch immer in einem Aufstieg begriffen waren gegenüber ihrem früheren Zustand und dem ihrer Elterngeneration. Denn zuvor hatten sie als Knechte und Mägde am Bauernhof dahinvegetieren und im Stall schlafen müssen. Sie sind ja freiwillig in die Stadt gezogen, um ihre Lebensumstände zu verbessern. Nicht die Gewerkschaft, sondern der wirtschaftliche und technische Fortschritt der Maschinen hat dann dazu geführt, dass die Produktivität gewachsen ist, dass ein Wohlstandswachstum finanziert werden konnte.

Die aufstrebende Industrie brauchte Arbeiter, die ein bisschen Intelligenz mitbrachten, das war die wirkliche Ursache, dass die Arbeiter einen gewissen Aufstieg erlebten. Es war nicht die Wohltat, dass man sagte, den Arbeitern solle es ein bisschen besser gehen, sondern der Zwang, bei der Industrialisierung intelligentere Arbeiter zu benötigen.

Und diese musste man dann auch eine Spur besser bezahlen ...

Ja, und sie zu behalten versuchen. Aber das Besser-Bezahlen hat noch lange gedauert. Ich hab noch mit den alten Tischlergesellen gesprochen, die mir gesagt haben, dass sie zwölf Stunden am Tag gearbeitet haben; der sogenannte Durchmarsch, das heißt Samstag und Sonntag durcharbeiten, das war keine Seltenheit.

Wenn Sie sich nun Sorgen machen, dass die Arbeitsplätze immer weiter nach Osten verschwinden, heißt das, dass der Wohlstand in den Lebensbedingungen der Arbeiter wieder bedroht ist?

Am Anfang werden die Bedingungen jener verbessert, wo die Betriebe hinziehen. Aber gleichzeitig wird die soziale und wirtschaftliche Position derer bedroht, die im Westen leben. Und das macht nicht sehr zukunftsfroh, denn auf die Entwicklung in Amerika und in Europa stützt sich die Entwicklung der Weltwirtschaft. Hier zeigt sich, dass die internationale Solidarität Humbug ist. Wo bleiben die Gewerkschaften in den Oststaaten? Sie schauen, dass sie die Betriebe von da nach dort bringen, sie helfen mit ohne Rücksicht auf die Österreicher. Siehe Traiskirchen. Die tschechischen Arbeiter haben die Reifenfabrik mit Hochrufen begrüßt. No na.

Solidarität, das ist ein leeres Wort für Sonntagspredigten.

Umgekehrt sind in der ehemaligen DDR, wo die Löhne steil hinauf gegangen sind, die Industrie und die Arbeitsplätze zusammengebrochen. Und in Tschechien, Polen oder Ungarn haben eine ganz starke positive Entwicklung und ein rasches Wachstum eingesetzt, weil die Gewerkschaften dort nicht so stark waren.

Nun, die Entwicklung der ehemaligen DDR ist von der deutschen Regierung mitverschuldet worden. Es hätte einen gelenkten Übergang geben sollen. Es ist jedoch die ganze Last auf einmal übernommen worden, ohne dass man diesen Menschen geholfen hätte. Nur das Subventionieren aus dem Budget hat die deutsche Wirtschaft und das Budget in Schwierigkeiten gebracht. Das hat aber nicht der Schröder, sondern das haben seine Vorgänger angezettelt.

Das hat Helmut Kohl durch die viel zu hohe Bewertung der DDR-Währung verschuldet.

Aber auch nicht in schlechter Absicht, sondern in absoluter Unüberlegtheit.

Sorgen um die Zukunft könnte man sich aber auch aus einem ganz anderen Grund machen. Es sind immer weniger Menschen bereit, sich in die Politik zu begeben, sich öffentlich auch mit Risiko zu engagieren, wie Sie es in den zwanziger Jahren oder 1950 gemacht haben. Sehen Sie da eine Gefahr, dass dieses Verantwortungsbewusstsein abnimmt?

An sich noch nicht. Das ist ganz normal, dass in Zeiten, in denen alles geboten wird, kein Anlass besteht, sich zu sehr um die Politik zu kümmern – außer dass man darüber schimpft und sagt, die Politiker machen alles schlecht. Die Menschen sind aber zufrieden, so wie es ist. Anlass, in die Politik zu gehen, entstünde erst dann, wenn es eine echte Verschlechterung gäbe.

Wenn wir noch einmal an den kommunistischen Putschversuch von 1950 denken, dem Sie an der Spitze von Arbeitern entgegengetreten sind: Es hat damals viel Zivilcourage dazugehört, auch der Mut, Schlägereien und Raufereien in Kauf zu nehmen, um die Werte unserer Demokratie zu verteidigen. Wären auch heute Menschen bereit, notfalls handgreiflich die Demokratie zu verteidigen? 1950 hat man fünf Jahre nach dem Nationalsozialismus vielleicht doch stärker als heute gespürt, dass Freiheit und Demokratie ein großer Wert für uns sind.

Wir wollten nicht noch einmal dasselbe durchmachen, nur unter anderen Vorzeichen. Wobei ich sicher bin, wenn die Sowjets mich nach Sibirien gekriegt hätten, hätte ich weniger Chancen zum Überleben gehabt als in Dachau.

Obwohl in den Konzentrationslagern sehr viele umgekommen sind.

Natürlich. Aber es gab, wenn auch sehr abgestuft, doch eine gemeinsame oder sehr ähnliche Ebene zwischen Bewachern und Bewachten: Sprache und Mentalität. Obwohl die Mentalität der Wachen die eines Rindviehs waren. Prinzip bei der SS war es, sich nur ja auf keine Diskussionen mit den Häftlingen einzulassen. Klar, weil sie dabei unterlegen waren.

Die Häftlinge gerade in Dachau waren zum Teil sehr gebildete und politisch erfahrene Persönlichkeiten.

Zum Teil, aber auch auf der anderen Seite gab es das, bei der SS. Ich verdanke mein Überleben in den letzten Jahren zwei SS-Ärzten.

Inwiefern?

Der eine wollte mich umbringen, der Hauptzugsführer Dr. Rascher, Protektionskind Himmlers (Anmerkung: des SS-Chefs), der hat eine Versuchsstation in Dachau gehabt, mit Überdruckkammern. Er ging zum Lagerkommandanten und sagte, ich müsse ihm übergeben werden. Das hieß Todesurteil: Er hätte mich in die Überdruckkammer gesteckt. Der Grund: Ich hatte gesagt, seine Versuchsstation sei eine Mördergrube. Der Meinung war ich sicher, aber das hätte ich nicht zu sagen gebraucht, das wusste ohnedies ein jeder. Nun, der Lagerkommandant hat den Lagerarzt geholt, der mein Vorgesetzter war. Und der sagte, Rascher solle den nennen, der das gehört hat. Das war eine nie dagewesene Sache: gegenüber einem Häftling muss ein SS-Mann einen Beweis bringen. Damit war ich fürs erste gerettet.

Sie waren in der Sanitätsstation als Gehilfe stationiert ...

In der letzten Etappe. Vorher war ich im Steinbruch und alles Mögliche. Nachdem ich 45 Tage in Dunkelarrest gewesen war, mit Kostentzug – 3 Tage Brot, dann eine warme Mahlzeit –, danach bin ich hinausgewankt, dazwischen die offizielle Prügelstrafe, dann haben mich meine Mitgefangenen der Krankenstation in Dachau sofort ins Bett gelegt. Ich konnte kaum stehen vor Schwäche und ein bisserl Gelbsucht hatte ich auch. Sie haben mich mit der normalen Kost etwas aufgepäppelt. Ich hatte auch ein Jahr Straflager-Isolierblock, aber ich bin dadurch gerettet worden.

Plötzlich wollte der Chefarzt mit mir reden. Ich war etwas erstaunt. In seinem Kammerl steht der Lagerarzt, Hauptsturmführer Dr. Wolter und sagt, er sei versetzt worden. Ich meinte zu ihm, das bedauern wir sehr. Er sagte zu mir: „Darum geht es nicht, ich bin morgen weg und da wird Dr. Rascher nach Ihnen greifen und niemand ist mehr da, der Sie schützt." Warum er mich geschützt hat, weiß ich nicht. Ich fragte nur, was ich machen soll. Na, sagt er, „heute bin ich noch Lagerarzt und ich kann Sie überall hinversetzten, wo Sie wollen, in jedes Lager. Ich würde Sie nach Herzogenbusch in Holland mitnehmen." Aber das wollte ich nicht, ich wollte in kein Judenlager. Ich wäre der Kapo der Krankenstation gewesen, aber danach hatte ich keine Sehnsucht.

Da hat man schon gewusst, dass Judenlager Vernichtungslager waren.

Na ja, dass die Juden umgebracht werden, das war ganz klar. Zum Leben hat man sie nicht eingesperrt. Er sagte jedenfalls: Hier werden Sie nicht lange leben. Der Dr. Rascher wird sofort nach Ihnen greifen, wenn ich weg bin. Darauf frag ich: Warum schützen Sie mich eigentlich? Na ja, ich hab Sie als einen sehr anständigen, hilfsbereiten und fleißigen Menschen kennengelernt, der sich wirklich um die Kranken kümmert. Ja, aber Sie haben mich auch einmal strafversetzt nach München. Warum? Da sagt er – eine Diskussion zwischen einem SS-Mann und einem Häftling! – „Ich dürfte als SS-Offizier mit Ihnen gar nicht reden. Aber immer, wenn sie mich angeschaut haben, hab ich

Angst bekommen. Daher hab ich Sie versetzt, damit Sie wegkommen aus meinem Blickfeld."

In Hinblick auf die Epoche des Nationalsozialismus taucht in den letzten 10 bis 20 Jahren von einer neuen Generation der Vorwurf auf, Österreich habe das nicht bewältigt, die Vergangenheit werde verdrängt, wir täuschen uns über unsere Schuld mit einer Lüge hinweg. Wie empfinden Sie diesen Vorwurf, stimmt er?

In den ersten Jahren hatten wir in Österreich ein Trümmerfeld, nichts zu essen, keine Wohnungen: Die lagen in Trümmern, 100.000 Wohnungen waren zerstört oder unbrauchbar. Ich habe hier wieder gehungert wie im Lager. Wir hatten keine Arbeitsplätze. Was hätten wir tun sollen? Ich war 1948 als erster Österreicher in Amerika eingeladen, vom amerikanischen Gewerkschaftsverband. In meinem Zimmer versammelten sich ungefähr ein Dutzend österreichische Emigranten: Kein einziger hatte den Wunsch, nach Österreich zurückzukehren.

Weil Österreich so arm war oder weil sie es abgelehnt haben?

Es bestand keine Chance für sie. Sie hatten sich doch Existenzen aufgebaut. In Österreich hätten sie nichts. Was hätten sie hier tun sollen? Darunter waren auch der ehemalige Abgeordnete Dr. Ellenbogen und andere frühere Funktionäre aus der Gewerkschaft. Was hätten die in Österreich tun sollen? Aber sehr unzufrieden waren sie damit, dass wir mit den Schwarzen in eine Koalitionsregierung gegangen sind. Wie konnte man sich mit denen an einen Tisch setzen? Da sag ich, das müssen wir.

Aber die ÖVP hatte 1945 doch die absolute Mehrheit errungen.

Ja natürlich, aber die in Amerika waren ein bisschen realitätsfern und überzeugt: Mit den Schwarzen geht man nicht zusammen, mit den Austrofaschisten. Aber ich hab gesagt: Wir müssen das, denn wir wollen überleben.

Allerdings: Dann, später, hätte mehr geschehen müssen.

Beim Zurückholen der Emigranten?

Beim Anbieten von Entschädigungen. Auch ein geringes Angebot wäre damals gut aufgenommen worden. Aber wie es halt so ist im Alltag, die Probleme haben sich nicht gestellt, also hat man es übergangen. Dass wir nicht begeistert waren von einer Mitschuld an den Nazi-Verbrechen, ist aber ganz gut erklärbar. Die Alliierten haben uns die Opferrolle geradezu in den Mund gelegt. Wir waren sehr zufrieden mit der Rolle, die uns da aufgelegt wurde. Die Deutschen sind schlecht und wir sind besser.

War man zufrieden, weil die Opferrolle Österreichs naturgemäß nützlich war, oder haben Sie das auch als richtig angesehen, Sie und viele andere, die persönlich Opfer waren?

Das war sicher nur die Frage der Nützlichkeit. Wir hatten selber zu kämpfen, bis etwa 1951, 1952 mit dem wirtschaftlichen Aufbau. Wir konnten das nur bewältigen, weil wir vier Jahre hindurch 1 Milliarde Dollar zur Unterstützung hatten, für das Budget, für den Import von Waren, Rohstoffen. Es war eine Frage des Überlebens. Wir mussten den Westmächten den Beweis liefern, dass wir die Innenpolitik in der Hand zu haben, dass wir die innere Ordnung selber sichern können gegenüber den Kommunisten. Und zweitens mit Starthilfe imstande zu sein, uns auch wirtschaftlich zu erhalten. Diesen Beweis mussten wir erbringen, erst dann bekommen wir den Staatsvertrag.

Sind die ehemaligen Nationalsozialisten zu rasch wieder hereingenommen worden in die Gesellschaft oder war die Bestrafung ausreichend?

Es war sicher nicht ausreichend. Aber in dem Augenblick, wo die Volksgerichte aufgehoben worden sind, haben die Geschworenen jeden Mörder freigesprochen. Das war das Unglück. Die Volksgerichte hätte es weitere zwei bis drei Jahre geben sollen. Ein Dutzend hätte noch aufgehängt gehört. Das wäre die bessere, die gerechtere Bewältigung gewesen. Die kleinen hat man verfolgt durch Sühneabgaben und alles Mögliche, aber die Großen konnten es sich richten. Je schwerer das Delikt war, um so eher wurde er freigesprochen, denn er kam vor die Geschworenen. Der Kleine, der vor das Schöffengericht gekommen ist, ist verurteilt worden. Das ist grotesk. Das gleiche war am 15. Juli 1927 (Anmerkung: Nachdem Frontkämpfer in Schattendorf demonstrierende Sozialdemokraten erschossen haben, von denen sie sich nach ihren Angaben bedroht gefühlt haben, werden die Schützen freigesprochen; das Gerichtsurteil führt zu Unruhen erzürnter Sozialdemokraten, diese setzen den Justizpalast in Brand), da wurden alle Mörder von den burgenländischen Geschworenen freigesprochen. Das hat zum Aufstand geführt. Die Geschworenen-Gerichte sind meiner Meinung nach die ungerechtesten Gerichte, die es gibt.

Sie waren aber immer eine Forderung der Sozialdemokraten, einst gegen die Feudaljustiz.

Man kann die Dinge auch übertreiben. Die Meinung, das Volk sei immer gerecht, ist völlig falsch. Das Volk ist meistens ungerecht.

Sie würden mehr Vertrauen zu professionellen Richtern haben?

Ja, absolut. Wenn es eine echte objektive und unabhängige Gerichtsbarkeit gibt. Sonst spielt die Emotion eine zu große Rolle. Wenn unter zwölf Geschworenen sechs ehemalige Nazis sind, dann wird der Angeklagte natürlich freigesprochen. Aber auch Sympathisanten haben sich gesagt: Wir waren ja auch dabei, rühren wir nicht weiter an den alten Dingen.

Der andere Aspekt ist, dass es Hunderttausende Wählerstimmen ehemaliger Nationalsozialisten gegeben hat. Dort wo die hinfallen, entsteht ein Übergewicht. Das Wettrennen war allseits in Gang. Da kann man den einen nicht mehr Vorwurf machen als den anderen. Den Vorwurf erheben natürlich die, die schlechter abgeschnitten haben. Wer gut abgeschnitten hat wie die ÖVP, der ist dafür gewesen. Ein weiterer Aspekt: Es gab 630.000 eingeschriebene Mitglieder in der NSDAP, rechnen Sie jetzt zu jedem auch nur einen erwachsenen Familienangehörigen oder Freund dazu, dann kommen sie auf über eine Million. Ein Staat kann nicht bestehen, der ein Fünftel seiner Bevölkerung politisch ausgrenzt, er bricht zusammen. Das Wesentliche war, dass wir eine Versöhnung herbeiführen mussten, dass die drei ehemaligen Bürgerkriegsparteien wenigstens miteinander auskommen. Sonst zerbricht der Staat wieder.

Diese Versöhnung war notwendig, aber bei den Spitzenverantwortlichen hat man zu wenig getan. Kann man das so zusammenfassen?

Ja. Denken Sie nur an den Dr. Kamitz, den genialen Finanzminister, der war ein wilder SS-Mann, der 1938 seinen eigenen Professor von der Uni hinausgeprügelt hatte. Wir sahen ihn zum ersten Mal bei Lohn-Preis-Verhandlungen, Raab stellt ihn als seinen „Zifferrabbiner" vor. Raab wollte ihn als Generalsekretär-Stellvertreter der Bundeskammer haben. Das konnte Kamitz als Belasteter aber nicht werden. Also ging Raab zum Bundespräsidenten und der hat Kamitz in seiner NS-Belastung dann um eine Stufe heruntergesetzt, sodass er es dann werden konnte. Später wurde er der große Finanzminister. So begann die Aufweichung der Front.

War das jetzt ein Fehler oder war das richtig, was man getan hat? Kamitz gilt ja als ein guter und wichtiger Finanzminister.

Gar kein Zweifel. Es gab unter ihnen eine Menge fähiger Leute, das ist überhaupt keine Frage. Nehmen sie den Generaldirektor Hitzinger von der VÖEST. Das war mehr als ein Obernazi. In der VÖEST waren ungefähr drei Gauleitungen von Oberösterreich.

Viele sagen, man dürfe nicht vergessen, sondern man müsse die Vergangenheit ständig in Erinnerung rufen. Auf der anderen Seite gibt es etwa den Philosophen Rudolf Burger, der sagt, wenn man sich ständig erinnert, lebt man in der Vergangenheit und dieses Sich-ständig-erinnern-Müssen führe nur zum Krampf und schaffe neuen Hass. Wie sollen wir in Zukunft mit der Vergangenheit umgehen?

Nur nichts verschweigen. Aber nicht mit dem Holzhammer auf die Leute einprügeln. Denn das schafft Widerstand.

Sie selber haben zwei Weltkriege mitgemacht. Heute gehen wir irgendwie davon aus, es wird immer Frieden geben in Zukunft. Ist das unhistorisch und vergisst man da, dass die Menschen immer wieder einen Grund gefunden haben, sich gegenseitig den Schädel einzuschlagen?

Es kann sein, dass wir hier unter den Europäern keinen Krieg mehr haben werden. Aber dass es in der Welt keinen Krieg mehr geben wird, das ist unrealistisch.

Kann dieses vereinte Europa einmal Österreich ersetzen, kann das dazu führen, dass wir nur noch Europäer und nicht mehr Österreicher sind?

Nein, das kann es nicht geben und das wird es nicht geben.

Wozu braucht man aber Österreich? Wir haben schon so viele politische und Verwaltungsebenen. Sie sind Badener, Niederösterreicher, Österreicher, Europäer. Da gibt es so viele Bürokratien, die über Ihnen sitzen. Ist das nicht sehr mühsam?

Ja, aber wir können nicht die zweiten Vereinigten Staaten werden, die haben einen ganz anderen Ursprung. Amerika wurde durch Emigranten gegründet, Einwanderer, die das neu geschaffen haben. Hier haben wir seit Jahrhunderten bestehende Nationalstaaten und Nationen, das kann nicht gleichgesetzt werden mit denen da drüben. Europa kann nie ein Einheitsstaat werden. Das ist eine Illusion. Das ist jetzt schon zuviel, was passiert. Diese Bürokraten sagen, wie die Gurken ausschauen sollen, ob man Mohn anbauen darf, wie viel Erdäpfel angebaut werden dürfen. Das ist ja eine Narretei. Wozu brauchen wir den Apparat in Brüssel?

Wobei wir aber auch vor der EU in Österreich etwa für die Landwirtschaft eine große Bürokratie gehabt haben. Was macht Ihrer Meinung nach dann eigentlich die österreichische Identität aus? Gibt es etwas, wodurch wir uns von den anderen unterscheiden?

Österreich ist aus der Geschichte gewachsen. Wir waren immer ein Mittelpunkt, ein Zentralisationspunkt. Das haben wir leider aufgegeben durch eine ungeschickte Außenpolitik schon in der Ersten Republik, in der Zweiten auch. Wir haben uns immer bei den Falschen angelehnt und die, die uns wohlgesinnt waren, vor den Kopf gestoßen. 1848 hat der Zar Österreich-Ungarn gerettet und dem Franz Joseph den Thron gerettet – dennoch hat man sich dann gegen den Zar gewendet. Bismarck und Italien haben uns in Stücke zerrissen, mit denen hat man ein Bündnis abgeschlossen. Das gibt es nur in Österreich. Unsere Diplomatie gehört in den Kindergarten.

Und wo sind heute unsere Freunde, denen wir uns zu wenig zuwenden?

Wir haben jetzt keine.

Wir stehen ziemlich alleine da?

Ja, durch Dummheit.

Die einen sagen, wir sollen mehr nach Deutschland schauen, die anderen mehr nach Osteuropa, also nach Ungarn und Tschechien.

Wir haben uns durch eine wankelmütige Politik in den letzten Jahren die Sympathien dieser Nachfolgestaaten verscherzt. Einmal begrüßen wir ihren Beitritt, dann aber sagen wir wieder: die Grenze absperren, sie sollen ja nicht hereinkommen. Die Tschetschenen, Türken und Schwarzafrikaner, die brauchen wir nicht, aber die Tschechen, Slowaken, Polen, Ungarn und die Slowenen sind unsere Leute. Mit denen haben wir Jahrhunderte zusammengelebt, die sind ungefähr auf unserem Kulturniveau, wenn nicht ganz, aber doch adäquat. Warum nicht die?

Sie sprechen jetzt von der Einwanderungspolitik.

Auch. Aber eigentlich von der Nachbarschaftspolitik. Diese Völker hätten wir von Anfang an, wie der Umsturz 1989 war, an uns heranziehen, ihnen Unterstützung geben, ihnen helfen sollen, anstatt zu sagen: Ihr kommt aber nicht hierher außer als Touristen.

Macht es Ihnen Sorge, dass heute in Wien etwa der Islam die zweitstärkste Religion ist? Nicht mehr die Protestanten oder die Juden, die früher viel stärker waren, sondern die Moslems?

Nicht weil sie Moslems sind, sondern weil dadurch unsere soziale und kulturelle Struktur zerschlagen wird. Sie sind nicht integrierbar, das ist ein Irrtum. Sie wollen nicht, warum auch? Sie wollen ihr eigenes Leben behalten, warum auch nicht? Aber bitte nicht in Wien, sondern in der Türkei. Was machen die Tausenden Schwarzafrikaner hier, wozu werden die hier aufgenommen? Sie werden hier nie Wurzeln fassen.

Ist das ein Fehler der heutigen Sozialdemokratie, dass die in diesem Punkt ganz anders denkt? Gerade die Sozialdemokratie und die Grünen wollen da ja möglichst liberal Ausländer und Asylwerber hereinlassen.

Sie denken an die Wählerstimmen.

Ja, aber gerade bei den österreichischen Staatsbürgern ist das nicht sehr populär, diese Einwanderung aus Afrika oder der Türkei.

Mit Recht.

Aber daher ist es mit den Wählerstimmen nicht sehr schlau.

Aber es wird an die neuen Wählerstimmen gedacht.

Die sind aber noch gar nicht so viel.

Sie steigen aber rasant an. Schauen Sie die Einbürgerungszahlen an, und sehen Sie, was das für Einbürgerungen sind. An erster Stelle Türken, zweiter Balkan, dritter Afrika. Das halten wir nicht aus. Warum gerade Österreich, die Tschechen nehmen sie nicht auf. Die Ungarn auch nicht, aber gut, die haben ein anderes Problem, mit den Hunderttausenden Romas.

Dieser Einwanderungsaspekt führt uns zu einer anderen Frage: dem raschen und starken Rückgang der Geburten in Österreich. Es haben die Österreicher heute viel weniger Kinder, es kommen nur zwei Drittel der Kinder auf die Welt, die es benötigen würde,

die gleiche Menschenanzahl zu erhalten. Wie besorgt sind Sie darüber?

Das zerstört die Bevölkerungspyramide. Wir werden nur mehr alte Leute haben und fast keine Jungen. Wer soll dieses Staatswesen wirklich erhalten? Wenn alle so alt werden wie ich, ist das eine Katastrophe.

Aber das wird in wenigen Jahren, Jahrzehnten der Fall sein, wenn die Medizin sich weiterhin so entwickelt.

Obwohl ich sie nicht sehr in Anspruch genommen habe.

Viele Menschen glauben, eine der Besonderheiten Österreichs liege in der Neutralität. Wir haben uns 1955 aus bestimmten Gründen für neutral erklärt, übrigens gegen große Skepsis weiter Teile der Sozialdemokraten. Heute sind die Sozialdemokraten die, die das besonders verteidigen. Was halten Sie denn von dieser Institution?

An irgendwas muss man sich festhalten.

Der Mensch braucht sozusagen einen Anker in Zeiten rascher Veränderung.

Die Politik braucht das, für die Wählerstimmen.

Das ist also eine sehr vordergründige Taktik, auf wienerisch ein Schmäh.

Ja, die Neutralität ist populär. Jeder sagt, wir sind neutral und wir brauchen uns an nichts beteiligen, das kommt uns billiger. Daher ist die Neutralität populär, weil sie billig ist.

Das klingt ja logisch, was ist falsch daran?

Dass Neutralität an sich kein Schutz ist, selbst wenn sie in unserer Verfassung steht. Wenn einer ein Land besetzen will, dann tut er es, mit oder ohne Neutralität. Da kann man sich mit einem Schild an die Grenze stellen, das wird dem Angreifer ein Schmunzeln kosten. Erinnern Sie sich an die Belgier oder Niederländer im Weltkrieg. Sie sind alle besetzt worden. Aus. Schluss.

Und ich bin sicher, das war auch im Fall Österreichs vorbereitet. Wenn der ungarische Aufstand ein anderes Ausmaß angenommen hätte, wären die Sowjets einmarschiert und hätten den Osten Österreichs wieder besetzt. Das war alles geplant. Sie hätten dann halt „die Neutralität geschützt".

Die Demokratie ist tief verwurzelt in Österreich?

Ja. Die Ideologien sind tot, die rechten wie die linken. Wer redet heute noch vom Sozialismus? Keiner weiß mehr, was das überhaupt sein soll.

Wir sind ein bisserl gern Zuhause

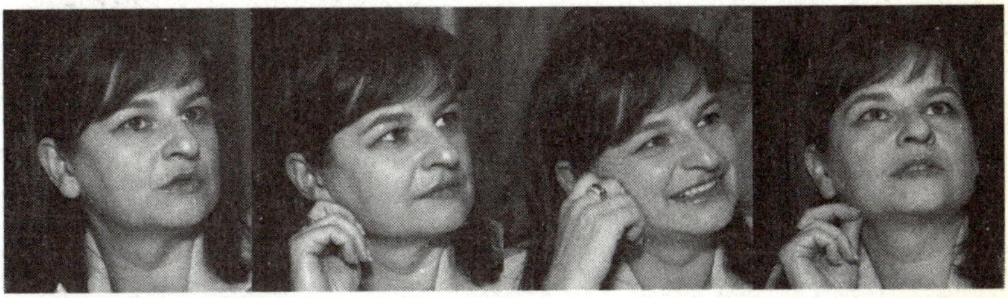

SUSANNE RIESS-PASSER,

1961 in Braunau/Inn geboren. Jus und Betriebswirtschaft an der Uni Innsbruck. 1984 Dr. iur. Gerichtsjahr, Anwaltskonzipientin, Organisation von Veranstaltungen. 1988–1994 Bundespressereferentin der FPÖ. 1991–1998 Mitglied des Bundes- und des Europarats. 1995–1996 EU-Parlament (Delegationsleiterin). 1997–2000 Geschäftsführende FPÖ-Obfrau, 1998–1999 Tiroler Landtag. 1999–2000 Nationalrat. 2000–2002 Parteichefin, Vizekanzlerin, Ministerin für öffentliche Leistungen und Sport. Seit 2004 Generaldirektorin der Bausparkasse Wüstenrot.

Susanne Riess-Passer war lange Zeit enge Mitarbeiterin des starken FPÖ-Mannes Jörg Haider; dieser übergab ihr die Leitung der FPÖ beim Eintritt in die Koalition. Ihre starke Leistung, die wichtige Reformen ermöglichte, weckte aber rasch die Eifersucht Haiders, der Konflikt eskalierte, bis Riess-Passer aufgab. Sie hat sich politisch im wirtschaftsliberal-wertkonservativen Bereich neu positioniert, ist jetzt aber auf ihre Managerkarriere konzentriert.

Frau Doktor Riess-Passer, was ist Österreich für Sie?

Österreich ist für mich ein Land, das im Spannungsfeld zwischen einer wechselvollen Geschichte zu einer Modernität gefunden hat, die viele dem Land, so glaube ich, eigentlich nicht zugetraut hätten. Aber diese Entwicklung gibt uns wirtschaftlich heute eine Position, die einen mit Zuversicht in die Zukunft sehen lässt.

Und es gibt nichts, was Ihnen Sorgen macht beim Blick in die Zukunft?

Natürlich gibt es Dinge, die einem Sorgen machen und natürlich sind wir auch keine Insel der Seligen. Österreich hat seine Defizite und Geschwindigkeitsprobleme bei Vorwärtsentwicklungen und Schwerpunktsetzungen. Vielleicht gibt es auch manchmal einen gewissen Mangel an Selbstbewusstsein, aber im europäischen Vergleich ist die Gesamtbeurteilung sicher eine positive.

Wenn Sie jetzt nicht als Ex-Politikerin reden, sondern als eine Frau aus der Wirtschaft, wo würden Sie jungen Menschen sagen: „Passt besonders auf"?

Ich würde jungen Menschen vor allem sagen, dass es wichtig ist, einmal über die Grenzen hinaus zu schauen. Ich würde sie motivieren, eine gewisse Zeit auch außerhalb Österreichs zu verbringen. Denn wir haben im Vergleich zu anderen, zu skandinavischen Staaten beispielsweise, sicher ein Defizit, was Internationalität oder Erfahrung im internationalen Bereich betrifft.

Wir haben ein bisserl einen Kirchturmshorizont?

Wir sind ein bisserl gern zuhause, haben es gerne gemütlich und so. Das liegt sicher im Österreicher drinnen. Der Drang, die große weite Welt kennenzulernen, ist nicht sehr breit.

Sie haben aber dennoch einen sehr positiven generellen Eindruck von den Perspektiven Österreichs reflektiert. Was ist eigentlich das Spezifische an den Österreichern, was das Land offenbar gut dastehen lässt?

Österreich hat zunächst einmal sehr profitiert von der kulturellen Geschichte, die dieses Land geprägt hat und bis heute noch das Markenzeichen Österreichs ist. Österreich ist ein Land, das kulturell einen Stellenwert in der Welt hat, der herausragend ist. Das ist etwas, was das Land in vielfacher Hinsicht prägt und was uns umgekehrt auch Chancen gibt, wirtschaftlich Fuß zu fassen. Chancen, die uns aufgrund unserer geopolitischen Bedeutung eigentlich nicht zukommen würden.

Was meinen Sie eigentlich konkret mit Kultur?

Österreich hat heute nicht nur das reiche kulturelle Erbe in der Musik, in der Malerei, in der Literatur. Es hat sich heute auch in der Kunst der Moderne etabliert, was gar nicht so selbstverständlich war. Wenn man nur ein Geschichtspflegeverein ist, ist das zuwenig. Aber Österreich hat heute eine gute Kombination und ein gutes Potential auch an jungen Künstlern, an kontroversiellen Künstlern, auch an einer künstlerischen Avantgarde, die über das Land hinaus, über die Landesgrenzen hinaus registriert und zur Kenntnis genommen wird.

Zur Kultur zählt aber natürlich auch die Wissenschaft. Da könnte man ja ein bisschen kritischer werden, wenn man sieht, wie in Österreich alles verteufelt wird, was mit den Worten Atome, Gene oder Hormone zu tun hat. Während es in der Vergangenheit in Österreich relativ viele tolle Dinge gegeben hat: Psychoanalyse, Wiener Medizinische Schule, österreichische Schule der Nationalökonomie, Wiener Kreis der Philosophie und so weiter. Da ist heute nicht mehr viel da.

Es gibt schon viele spannende Österreicher, die sind nur vielfach nicht im Land. Wir haben viele herausragende österreichische Wissenschaftler, die im Ausland tätig sind. Es ist sicher eine Herausforderung, denen bei uns auch die Möglichkeiten zu bieten zurückzukommen, wie das ja manche auch schon tun. Wir müssen Wirtschaft und Forschung so verbinden, dass auch die Geldmittel da sind. Forschung wird immer spezifischer und konzentriert sich in großen Forschungszentren, deren es weltweit ja nicht so wahnsinnig viele gibt. Da ist sicher ein Potential, das wir noch nicht genützt und ausgeschöpft haben.

Wenn man die großen Leistungen der Vergangenheit anschaut, waren die Akteure zu einem relativ großen Anteil Menschen jüdischer Abstammung. Fehlt da Österreich heute etwas?

Absolut. Und das ist gerade in der Kultur besonders spürbar. Es war auch ein Versäumnis Österreichs, dass man sich nach dem Ende des Krieges nicht geöffnet hat für die Heimkehr von vielen Österreichern, die das Land verlassen mussten. Man hat ihnen nicht das Signal gegeben, dass ihre Rückkehr ein großes Anliegen ist. Da hat Österreich sicher wahnsinnig viel verloren. Man braucht nur zu schauen, was Österreicher, die das Land verlassen haben, im Ausland kulturell geleistet haben.

Den Österreichern geht es jetzt einmal rein ökonomisch besser als 90 Prozent des Rests der Welt. Ist das alles verdient oder haben wir da eigentlich sehr viel Glück?

Also, ich glaube, es ist größtenteils verdient. Was aber trotzdem die Österreicher nicht davon abhält, auf hohem Niveau zu jammern. Der Österreicher neigt ein bisschen dazu, zunächst einmal das Negative zu sehen. Wir haben immer irgendwie das Gefühl, es geht uns nicht gut genug oder es geht anderen noch besser, es passt nicht, es ist alles noch zu wenig. Das kollektive Jammern ist auch eine österreichische Eigenschaft, die uns von anderen unterscheidet, diesmal in negativer Hinsicht.

Manche Leute meinen, dass es uns so gut ginge, weil wir die Dritte Welt ausbeuten würden. Sehen Sie das auch so?

Es wäre ein bisschen einfach zu sagen, Wohlstand kann nur aus dem Elend von anderen resultieren. Ich glaube, dass die Globalisierung, und das ist ja das Kernthema der letzten Jahre gewesen, bei allen Schattenseiten, die sie zweifellos auch hat und wo man in bestimmten Bereichen sicher korrigierend eingreifen muss, dass die Globalisierung natürlich auch viele Vorteile bringt, über die eigentlich nie geredet wird. Globalisierung ist irgendwie zum Synonym aller negativen Entwicklungen geworden. Die Globalisierung hat für mich heute auch ganz klare, nachvollziehbare positive Seiten.

Zum Beispiel?

Zum Beispiel die Demokratisierung, zum Beispiel die internationale Hilfe. Die große Hilfe nach der Flutkatastrophe wäre ohne globalisierte Organisationen gar nicht möglich gewesen.

Haben Sie das Gefühl, dass die Demokratie in Österreich auf sicherer Basis steht?

Absolut. Auf einer ganz sicheren Basis. Ich glaube aber, dass sie in den vergangenen Jahrzehnten ein bisschen zu statisch war, sodass normale demokratische Veränderungsprozesse bei uns einen höheren Erregungsgrad verursachen als anderswo. Aber die Demokratie in Österreich halte ich für gefestigt. Mit all den Licht- und Schattenseiten, die es überall gibt.

Man könnte aber zum Beispiel fragen, gehen genug junge, gescheite, anständige Leute in die Politik? Oder ist es nicht für viele etwas Schmutziges, Politiker zu sein?

Das ist aber kein österreichisches Spezifikum. Das Problem gibt es überall, dass das Ansehen der Politik und damit auch der Politiker in den letzten Jahren und Jahrzehnten massiv gesunken ist. Das ist auch eine Wechselwirkung zwischen Politik und Medien. Es ist ein Defizit, dass es kaum eine Durchlässigkeit zwischen den Systemen gibt, das heißt, dass es immer mehr Berufspolitiker gibt, die ihr Leben in der Politik verbringen mit all den Zwängen, denen sie sich dann auch zu unterwerfen haben. Es gibt immer weniger Leute, die aus der freien Wirtschaft in die Politik gehen, sich dort engagieren. Das Image, Politiker zu sein, schreckt heute die Leute eher ab. Diese Tendenz ist heute aber leider in allen Ländern zu finden.

Ist diese Entwicklung nun system- und demokratiegefährdend, unabhängig davon, in wie vielen Ländern sie zu finden ist?

Nein, das sehe ich nicht. Aber ich glaube, dass sowohl Politik wie auch Medien dazu angehalten sind, sich darüber Gedanken zu machen, ob die ständige Skandalisierung und Demontage der politischen Institutionen – sprich Parteien – oder auch einzelner Politiker wirklich zur Sicherung und Festigung des Systems beiträgt.

In kollektiv-psychologischer Betrachtung fürchten nun manche, dass übergroßer Wohlstand ein Volk zu satt macht und dass es dann zu wenig Energie hat, sich neuen Herausforderungen zu stellen, weil man sich zu sicher fühlt, weil man einfach träge wird. Glauben Sie, ist das eine Gefahr, die den Österreichern droht?

Man hat den Österreichern den Wohlstand lange als etwas Selbstverständliches dargestellt. Wohlstand ist aber nicht etwas, was man einmal erreicht, und dann ist er da. Sondern er muss immer wieder erarbeitet werden. Wir haben in Österreich aber viele Jahrzehnte lang ein Bewusstsein geschaffen, dass der Wohlstand gesichert ist, dass die Pensionssysteme gesichert sind. Wir haben zuwenig die Kosten-Nutzen-Rechnung angestellt, dass das Geld für den Wohlstand ja auch woher kommen muss. Der einzelne Steuerzahler sieht zu wenig den Zusammenhang zwischen dem, was er an Beitrag leistet, und dem, was ihm der Staat sozusagen großzügig als Wohlfahrtsleistung wieder zurückgibt. Dass er sich das letztendlich selber bezahlt, ist nicht ins Bewusstsein gedrungen. Wir merken das jetzt sehr stark bei den Diskussionen über Altersvorsorge, wo die Leute plötzlich mit Erschrecken und auch mit Angst feststellen, dass da eine Eigenverantwortung notwendig ist.

Heißt das nicht letztlich, dass Österreich zu selbstzufrieden ist? Man muss nur schauen, wie dynamisch sich andere Völker, von der benachbarten Slowakei bis zum fernen China, entwickeln, welche Reformdynamik dort herrscht. Da könnte man zu einem Szenario kommen, in dem die Österreicher und viele andere Mittel- und Westeuropäer halt so wie die Griechen gemütlich ihren Wein trinken und darüber räsonieren werden, wie wichtig ihre Kultur vor

langer Zeit gewesen ist. Ohne dass sie noch irgendeine Bedeutung hätten.

Ein Teil der Erklärung liegt darin, dass es oft leichter geht, ein System neu zu gestalten, als ein bestehendes System zu verändern. Wenn Sie etwa die Slowakei ansprechen: Dort ein Steuersystem neu zu schaffen, auf der grünen Wiese einen Idealzustand zu verwirklichen suchen, ist viel leichter, als ein über Jahrzehnte gewachsenes traditionelles System über den Haufen zu schmeißen. Da bleibt es bei uns halt bei schrittweisen und punktuellen Veränderungen. Die Chance der mittel- und osteuropäischen Staaten ist, dass sie viele Dinge neu entwickeln konnten aufgrund von Erfahrungen, die sie sich im Westen anschauen konnten. Sie können sich von überall die positiven Dinge herausnehmen. Es ist viel schwieriger, etwas Bestehendes zu verändern, als etwas Neues zu schaffen.

Die Osteuropäer müssen nicht auf so viel wohlerworbene Rechte ...

Wobei sich Österreich nach einer kurzen Schrecksekunde nach der Wende eigentlich sehr gut positioniert hat. Wir stehen heute wesentlich besser da als Deutschland in allen standortpolitischen Fragen, weil wir schon reagiert haben. Natürlich kann man sagen: nicht schnell genug und vielleicht auch nicht weitgehend genug. Aber im direkten Standortvergleich mit Deutschland schneiden wir sehr gut ab, obwohl die Verflechtung zwischen der deutschen und der österreichischen Wirtschaft ja eine sehr enge ist.

Gegenüber früheren Jahrzehnten, wo die Deutschen immer in jeder Hinsicht besser als wir gelegen sind, ist das sicher richtig. Auf der anderen Seite ist es natürlich klar, dass die Deutschen die letzten fünfzehn Jahre einen furchtbaren Rucksack mitschleppen, den sie sich einfach zu voll geladen haben mit zu vielen Zusicherungen an die ostdeutsche Bevölkerung.

Aber es ist auch Tatsache, dass sie strukturell kaum Reformen angegangen sind so wie Österreich.

Wobei Schröder jetzt doch immerhin ...

Aber wahnsinnig spät. Es geht ja auch um eine Veränderung im Denken. In Deutschland hat Hartz I bis IV (Anmerkung: Reformprogramme der Regierung, die insbesondere den Status der Arbeitslosigkeit möglichst unattraktiv gemacht haben) ja zu riesigen Verwerfungen in der Diskussion geführt, weil man sie vorher nie ehrlich geführt hat. Auch bei uns ist viele Jahre nicht ehrlich diskutiert worden. Bei uns hat es immer geheißen: Das Pensionssystem ist gesichert. Das ist eine angenehme Botschaft, die man gern hört. Weil sie auch davon entbindet, in irgendeiner Form selbst tätig zu werden. Der Staat als Heilsbringer und als Garant für alles: Das ist eine angenehme Illusion.

Ein Zitat von Siegfried Wolf, dem Spitzenmanager von Magna: „Die Berge in Österreich schränken ein wenig den Weitblick ein." Was halten Sie von dem Satz?

Also, ich weiß nicht, ob er einer tatsächlichen Überprüfung standhalten würde im Direktvergleich mit anderen Ländern. Wir haben ja zum Beispiel jahrelang die Schweiz als großes Vorbild gehabt, auch wenn sich das vielleicht in den letzten Jahren ein bisschen geändert hat. Aber die Schweiz hat genauso viele Berge wie Österreich und war immer das Musterland der zumindest wirtschaftlichen Internationalisierung und Öffnung. Jedes Land hat seine Beschränkungen aus der Geschichte, aus anderen Entwicklungen. Österreich stellt da keine besondere Ausnahme dar. Aber wir haben ein bisschen die Tendenz, unser Licht unter den Scheffel zu stellen. Einen Österreicher, der besten Gewissens sagt, ich bin stolz auf mein Land, den wird man nicht so leicht finden.

Das kann man jetzt sympathisch oder unsympathisch finden.

Also, wenn es vor dem richtigen Hintergrund gesagt wird, ist das durchaus was Sympathisches.

Was für ein Hintergrund ist richtig?

Auch das Selbstbewusstsein haben, zu sagen: Wir haben etwas geleistet. Österreich ist ja ein Land, das sich vor niemandem verstecken muss.

Etwa im Schulsystem erwecken aber manche Diskussionen den Eindruck, dass wir uns da neuerdings durchaus verstecken müssen. Wie sehen Sie denn, als jemand, der Verantwortung sowohl in der Politik wie in der Wirtschaft getragen hat, die Schulabsolventen, die Endprodukte unseres Bildungssystems? Kommen die jungen Menschen da gut bewaffnet ins Leben?

Im Pflichtschulbereich haben wir ein echtes Problem. Im Unternehmen sehe ich, dass die Ausbildung im Pflichtschulbereich in Kernkompetenzen oft zu wünschen übrig lässt.

Können Sie das spezifizieren?

Ja, Rechtschreiben zum Beispiel, oder in Mathematik die einfachsten Rechnungen zu machen. Ich glaube, dass wir im ganzen Bildungssystem eine wahnsinnige Scheu vor dem Wort „Leistung" haben. Daher führt auch jetzt die Diskussion in die völlig falsche Richtung. Denn sie zielt darauf ab, dass man den Leistungsdruck gänzlich aus der Schule herausnehmen will. Die jungen Menschen sind aber, wenn sie die Schule verlassen, ihr weiteres Leben lang permanent einem Leistungsdruck ausgesetzt, egal in welchem Bereich sie tätig sind. Wir brauchen wieder so etwas wie eine „Kultur der Anstrengung".

Ist es nur die mangelnde Leistungsorientierung der Schule oder vermittelt sie auch die falschen Inhalte?

Bei den Pflichtschulen haben wir ein Problem mit der Lehrerausbildung. Der Lehrerberuf in der Pflichtschule ist nicht attraktiv. Im städtischen Bereich sehen wir ein großes Defizit im Hauptschulbereich. Die Hauptschule ist irgendwie zu einem prestige- und imagemäßig ganz negativ besetzten Bildungsbereich verkommen.

Nur im städtischen Bereich?

Im städtischen Bereich vor allem. Auch im universitären Bereich ist das Thema Leistung und das Fordern von Leistung vollkommen in den Hintergrund getreten. Wir haben ja von der Studiendauer angefangen – das bessert sich jetzt mit den Studiengebühren –, bis zu den Studienabbruchsquoten Rekorde, auf die wir nicht stolz sind.

Die jungen Menschen werden von der älteren Generation ja nicht nur mit einer offenbar nicht ganz idealen Bildung ins Leben geschickt, sondern auch mit einer fast alljährlich wachsenden Schuldenlast. Ist das nicht eigentlich eine unmoralische Sache, Schulden zulasten einer nächsten Generation zu machen?

Das ist zweifellos so. Auch das erfordert in erster Linie ein Umdenken im grundsätzlichen Bereich. Denn wir haben viele Jahrzehnte die Theorie vorgesetzt bekommen, dass die Investitionen des Staates immer ausschließlich dem Wohlstand der Bürger und der Beförderung des Fortschritts dienen. Und das ist dann auch in den Bereichen, wo es nicht mehr um Investitionen in die Zukunft, sondern um die Finanzierung von bestehenden Strukturen geht, als Ausrede hergenommen worden.

Natürlich lässt sich Österreich aus der Vergangenheit her nach wie vor als ein Schuldenland darstellen. Meine politische Erfahrung zeigt, dass man das den Leuten sehr wohl erklären kann und dass es sehr wohl verstanden wird. Es ist nur schwierig, weil die Menschen bisher davon ausgegangen sind, dass von der Wiege bis zur Bahre irgendwoher vom Staat vorgesorgt wird. Dann kommt man an die sehr heiklen Punkte: Welchen Beitrag an Eigenleistung kann man von einem Bürger verlangen?

Der scheint aber nicht sehr groß zu sein.

Die Bereitschaft dazu ist nach wie vor nicht sehr groß. Aber sie wird größer, wenngleich es vielfach nicht aus Überzeugung geschieht, sondern aus der Notwendigkeit heraus, dass der Staat an die Grenzen seiner Leistungsfähigkeit stößt.

Aber ist das nicht fast so wie bei einem Alkoholiker, der auch weiß, dass Trinken eigentlich nicht gut ist für ihn, aber der es meistens

nur ein paar Wochen oder Monate durchhält. Und dann kommt schon wieder die nächste Versuchung auf ihn zu?

Das ist die große Herausforderung der Politik, diesen Versuchungen zu widerstehen. Ich weiß, dass das nicht leicht ist, weil man natürlich immer auch die guten Dinge präsentieren will. Und unter guten Dingen wird eben landläufig verstanden, dass man etwas gibt. Über den nächsten Wahltermin hinauszudenken, ist viel verlangt von einem Politiker. Es gibt ja viele Beispiele in der Geschichte, Schweden und Neuseeland etwa, wo große Reformer dann für ihre Reformfreudigkeit von den Wählern bestraft wurden. Aber trotzdem ist das die große Herausforderung.

Das könnte zu der eher pessimistischen These führen, es muss uns erst viel schlechter gehen, bevor die Menschen zu den notwendigen Einschränkungen bereit sind. Von der Leistungsorientierung in der Schule bis zur Zurückhaltung bei den öffentlichen Ausgaben: Da kann die Politik vielleicht nicht allzu weit vorausgehen, wenn die Menschen nicht bereit dazu sind. Und das sind sie erst, wenn sie durch eine Krise wachgerüttelt werden – Finnland hat 20 Prozent Wachstumsrückgang gehabt, bevor es jetzt eine tolle Erneuerungsphase eingeleitet hat.

Das ist ein deprimierender Gedanke, und er ist nicht ganz von der Hand zu weisen. Wir sehen ja in vielen Bereichen, dass wirklich große Reformschritte immer nur dann möglich sind, wenn der Druck so groß ist. Die EU ist ja auch so ein Beispiel dafür. Ich möchte trotzdem nicht ganz die Hoffnung aufgeben, dass die Einsicht möglich ist, wenn eine ehrliche Diskussion darüber stattfindet. Daran aber hapert es bei uns vielfach. Wir diskutieren sehr plakativ über komplexe Fragen; und man möchte eher dem Glauben schenken, der die heile Welt verspricht.

Sie haben gerade das Stichwort EU verwendet. Österreich hat mit ihr eine komplett neue, sehr aktive, offensive Verwaltungs- und Gesetzgebungsebene dazubekommen. Da könnte man ja fragen, warum schafft man nicht eine andere ab?

Gute Frage. Die verfassungsmäßige Struktur, so wie wir sie haben mit den verschiedenen Regierungs- und Gesetzgebungsebenen, ist ein zum Teil historisch gewachsenes Gebilde. Da stoßen Ideen wie die Zusammenlegung von Bundesländern natürlich auf eine unglaublich emotionale Empörung, weil sie jeglicher historischer Tradition widersprechen.

Die Verwaltung hat überdies Fetische kreiert und setzt etwa das Bezirksgericht gleich mit der Selbstständigkeit einer Region. Das war eines der Beispiele, wo kein einziger Bürger jemals zu mir gekommen ist und gesagt hat: Bitte sperren Sie mein Bezirksgericht nicht zu! Aber alle Bürgermeister und Landeshauptleute sind auf den Barrikaden gestanden. Das sind Diskussionen, die mit der Wirklichkeit nichts mehr zu tun haben. Der Bürger unterscheidet gar nicht, mit welcher Ebene er es zu tun hat. Der will nur, dass die Dinge schnell und rasch funktionieren.

Neben der Frage, was administrativ und kostenmäßig günstig ist, gibt es auch die emotionale Ebene. Wem fühlen sich die Menschen in diesen vielen Ebenen – Gemeinde, Bezirk, Land, Republik, Europa – am meisten verbunden?

Immer der nächsten Ebene.

Das sind die Gemeinden.

Also dort, wo die Bürger noch das Gesicht eines Verantwortungsträgers sehen. Die EU hat ja dieses Wort Subsidiarität (Anmerkung: Aufgaben werden auf einer möglichst niedrigen, bürgernahen Ebene erledigt, und die höhere Ebene wird nur, wenn es notwendig wird, zuständig) irgendwo in ihren Verträgen stehen – das ist nur nie mit Leben erfüllt worden.

Das Problem ist, wir diskutieren in Österreich diese Frage immer unter dem Gesichtspunkt, dass keine Gebietskörperschaft an Macht verlieren darf. Das heißt, wenn ein Bundesland eine Kompetenz an den Bund abtritt, dann muss es umgekehrt etwas anderes dafür kriegen. Das ist ein Machtspiel und das darf es eigentlich nicht sein. Das wird nie sachlich diskutiert. Die

Länder, die in der Gesetzgebung ja keine bedeutende Rolle spielen, haben unglaubliche Angst, noch etwas zusätzlich abgeben zu müssen. Dieses entsetzliche Kompetenzgerangel, das sich mehr als dreißig Jahre schon dahinschleppt, hat nie wirklich zu einem produktiven Ergebnis geführt.

Da könnte man jetzt aggressiv fragen: Je mehr Politiker es gibt, umso mehr teure Machtspiele haben wir zu finanzieren?

Das habe ich so noch nicht betrachtet. Ja, das ist vielleicht nicht ganz falsch.

Es gibt eine Studie, dass jene Regierungen, die international die meisten Minister haben, auch die höchsten Staatsausgaben produzieren, weil jeder Minister ...

Jeder Minister. Die Bedeutung eines Ministers misst sich oberflächlich am Budget, das er zu verwalten hat. Das ist letztlich ein Widersinn. Man verlangt von einem Minister zu sparen, gleichzeitig würde er durch Sparen seine eigenen Einflussmöglichkeiten reduzieren. Das verlangt schon fast ein heroisches Selbstbewusstsein der Verantwortungsträger, diesen Schritt auch wirklich zu tun. Ein paar tun es, Gott sei Dank.

Europa, und damit auch wir, hat sich das Ziel gesteckt, bis 2010 Amerika an Wettbewerbsfähigkeit zu überholen. Hat Europa eine Chance, dieses Ziel zu erreichen?

Nein, wenn sich Europa nicht auf die Dinge konzentriert, die wirklich wesentlich sind. Das ist etwa der Forschungs- und Entwicklungsbereich. Da hinken wir einfach hinten nach. Bei den Ausgaben für Forschung und Entwicklung gibt es in den europäischen Ländern, und zwar sowohl auf nationaler Ebene wie auch auf europäischer Ebene, die deutlichste Diskrepanz zu den USA und Japan. Die EU-Forschungs-Programme sind im Vergleich zu anderen Ausgaben mit Trinkgeldern dotiert. Hätte man in den letzten zwanzig Jahren das, was man aus dem EU-Haushalt im Bergbau oder in der Stahlindustrie oder auch in der Landwirtschaft versenkt hat, ohne dass es zu wirklicher Produktivitätssteigerung und Schaffung von Arbeitsplätzen geführt hat, in Forschung und Entwicklung investiert, würde Europa heute anders dastehen. Mit den gegenwärtigen Strategien Amerika einholen zu wollen, halte ich für eine Illusion.

Man könnte natürlich auch sehr selbstgenügsam sagen: Wir ziehen uns einfach in unser kleines Eckerl, diese Halbinsel am Rande Asiens, zurück und lassen die anderen ihre Händel treiben.

Das wird nicht funktionieren. Europa muss sich als Wirtschaftsstandort in irgendeiner Weise positionieren. Wir werden zwar mit Massenproduktionen in der Industrie im Vergleich zu China oder auch den USA nie mithalten können, aber die Qualität in Europa läge woanders, eben in den Produkten, die durch viel Forschung einen Vorsprung haben. Das ist für mich eines der größten Defizite der Europäischen Union, dass die Schwerpunktsetzungen einfach falsch sind. Die Agrarpolitik der Europäischen Union etwa verschlingt Unsummen, sie verfehlt ihre Zielsetzungen total; und für die Dinge, die eigentlich wichtig wären, bleibt kein Geld mehr übrig.

In Österreich haben wir in den achtziger und neunziger Jahren auf zahllosen Symposien sehr stark das Wort „Mitteleuropa" forciert, von einem engeren Zusammenrücken der kleinen Länder in diesem Raum geträumt. Ich habe den Eindruck, auf politischer Ebene ist da nicht viel weitergegangen, während die Wirtschaft, die Banken, die OMV da sensationell gut unterwegs sind – ohne dass sie viele Symposien abgehalten hätten.

So ist es. Europa hat bei den proklamierten Zielen einer gemeinsamen Außen-, Sicherheits- und Verteidigungspolitik eigentlich überhaupt nichts weitergebracht. Das böse Wort von Rumsfeld (Anmerkung: dem amerikanischen Verteidigungsminister) vom alten Europa entspricht ja immer dann, wenn es wirklich um konkrete Dinge geht, auch den Tatsachen. Das hat man auch in der Irak-Frage gesehen. Dort zerfällt Europa sofort wieder in die verschiedensten Blöcke.

Wenn man den Amerikanern hochmütig den moralischen

Zeigefinger zeigt, dann muss man selber zeigen, dass man es besser kann. Das hat Europa bisher eigentlich in keinem Fall getan. Auch nicht am Balkan. Der wäre vor der Haustüre gewesen, wo man eine Verantwortung Europas hätte umsetzen können.

Würden Sie Österreich empfehlen, sich mehr auf die großen, klassischen, westeuropäischen Staaten, etwa Deutschland, zu konzentrieren, oder soll man versuchen, rund um diese kleineren Staaten, die zum Teil der Habsburgermonarchie angehört haben, ein neues politisches Gravitationsfeld aufzubauen?

Ich glaube, dass die zweite Variante für Österreich eine Riesenchance ist. Das ist auch für Europa eine Chance, weil die neuen Mitgliedsländer kleine und mittlere Staaten sind. Österreich kann da eine durchaus gestaltende Rolle spielen: aufgrund der historischen Beziehungen, aufgrund der Kontakte, aufgrund der geografischen Situation. Österreich kann durchaus an Gewicht gewinnen auch innerhalb der Europäischen Union, wenn man dieses Netzwerk auch entsprechend nützt. Aber das haben wir in den ersten Jahren nach der Öffnung zuwenig beachtet.

Bedauerlich ist auch, dass an österreichischen Universitäten das Erlernen von Ostsprachen nicht gefördert wird. Österreichische Unternehmen haben vielfach Niederlassungen oder Töchter in den mittel- und osteuropäischen Staaten. Auch mein Unternehmen würde viel Geld zahlen für Österreicher, die Slowakisch, Tschechisch, Kroatisch, Polnisch oder irgendeine dieser Sprachen sprechen. Wenn Sie auf die Wirtschaftsuni schauen, lernen die meisten nach wie vor Englisch, Französisch und vielleicht ein bisschen Spanisch. Das war es dann aber schon. Für Austauschprogramme nach New York gibt es tausend Bewerbungen, nach Krakau vielleicht fünf. Das ist aber etwas, wo man auch ein Bewusstsein schaffen muss. Es wäre eine Riesenchance.

Wenn Sie so für Mitteleuropa plädieren: Wie stehen Sie denn emotional zu der alten Debatte: Gibt es eine österreichische Na-

tion oder gehören wir zur deutschen Nation? Das ist eine Debatte, die Ihnen ja aus der FPÖ nicht ganz unbekannt ist.

Österreich hat heute aus seiner Geschichte heraus eine eigene Identität. Dass diese Geschichte sich vielfach – positiv wie negativ – mit der deutschen Geschichte kreuzt, ist eine Tatsache. Aber die Identität Österreichs steht für mich heute außer Frage, so wie sie ist mit all ihren Stärken und auch mit all ihren Schattenseiten. Diese Diskussion geht heute am Bewusstsein des Großteils der Bevölkerung vorbei.

In Hinblick auf alle diskutierten Fragen könnte man auch zu dem Schluss kommen, dass wir uns diese Gedanken nicht mehr machen brauchen, weil Österreich ohnedies ausstirbt.

Das ist eine berechtigte Frage. Die demografische Entwicklung (Anmerkung: Demografie ist die Wissenschaft von der zahlenmäßigen Veränderung der Bevölkerung) führt uns eigentlich zu der deprimierenden Erkenntnis, dass das alles nur noch eine Frage der Zeit ist. Das gilt nicht nur für Österreich, sondern für Europa insgesamt. Es ist sehr schwierig, da jetzt ein Rezept zu finden, weil wir auf der einen Seite über viele Jahre – ich meine auch zu Recht – gefördert haben, dass die Möglichkeiten für Frauen im Berufsleben, in der Karriereplanung besser werden. Dass das natürlich auch umgekehrte Auswirkungen hat, musste klar sein. Da kann man das Rad der Zeit nicht zurückdrehen. Das ist ein Spannungsfeld, das nicht auflösbar ist durch einfache Maßnahmen. Dass Kinder zu haben keine finanzielle Frage sein darf, das ist eine Verantwortung des Staates. Aber mehr kann die Politik da nicht tun.

Aber dann muss man andererseits auch sagen, die Österreicher haben beschlossen auszusterben.

Na ja, 2004 hat es wieder einen Geburtenanstieg gegeben. Tausend Kinder mehr oder so.

Neue Lebensentwürfe erfordern auch neue Rahmenbedingungen. Die Vereinbarkeit von Beruf und Familie für Frauen zu schaffen erfordert Veränderungen. Das beginnt bei den Öffnungszeiten von Kinderbetreuungseinrichtungen, die nicht zu den Arbeitszeiten der Frauen passen. Es hat sich da aber in den letzten Jahren schon sehr viel in diese Richtung getan.

Vielfach hört man die Antwort: Na, dann füllt halt die Lücke mit Zuwanderung.

Das kann meines Erachtens nicht wirklich eine Lösung sein.

Warum?

Weil das ein Modell ist, das in der Geschichte eigentlich nirgendwo wirklich erfolgreich war. Das funktioniert nicht, ohne dass ein Land auch seine Prägung und seine Identität verliert. Und das kann man sich ja nicht wünschen. Gewiss ist es ein Faktum, dass das bis zu einem gewissen Grad sowieso laufend passiert. Aber das jetzt zu einer politischen Zielsetzung zu machen, hielte ich wirklich für falsch.

Bleibt der Appell „Vermehret Euch"?

Ja, es bleibt der Appell, in vielen Bereichen umzudenken. Wir haben von der Unterstützung der Alleinerzieherinnen angefangen noch viele Möglichkeiten, etwas zu tun. Es geht darum, in vielen Bereichen neue Arbeitsmodelle, neue Teilzeit-Möglichkeiten zu schaffen. Das ist in Ansätzen da, aber das sind natürlich Dinge, die man nicht auf Knopfdruck verordnen kann, wo die Entwicklung jedoch schon in die richtige Richtung geht.

Etwa in Künstlerkreisen wird Österreich der Vorwurf gemacht, seine Vergangenheit nicht aufgearbeitet zu haben. Hat Österreich einen faschistischen Restkern?

Nein, das glaube ich nicht. Österreich hat sich nur lange diesen Fragen nicht gestellt, weil es einfach der bequemere Weg war. Als man dann begonnen hat, sich mit diesen Fragen wirklich offen auseinanderzusetzen, hat man sie auch als Mittel der Auseinandersetzung in der aktuellen Politik verwendet. Das hat die ehrliche Auseinandersetzung so schwierig gemacht, das hat viele Argumente in eine wirkliche Schieflage gebracht.

Junge Österreicher gehen sehr viel unbefangener mit diesen

Fragen um. Wir haben – und das spricht für unser Bildungssystem – heute auch eine wirklich breite Diskussion und Auseinandersetzung damit. Die war früher einfach nicht da, sie ist in den Stundenplänen auch gar nicht vorgekommen. Die Jungen verwenden diese Themen auch nicht als Keule in der politischen Auseinandersetzung, wie das in der Vergangenheit vielfach von allen Beteiligten gemacht wurde.

Man könnte natürlich auch umgekehrt sagen, wir blicken derzeit zu viel zurück und nicht nach vorne.

Rückblick alleine ist es ja auch nicht, sondern das, was man aus einem Rückblick für die Zukunft lernen kann. Und da ist vieles noch nicht wirklich ausdiskutiert. Das Kapitel der österreichischen Nachkriegsgeschichte etwa wird immer noch relativ oft ausgeblendet.

Erst 1955 ist uns der Patriotismus eingeschossen

MARIA SCHAUMAYER,

1931 in Graz geboren. 1949 Matura in Fürstenfeld. Hochschule für Welthandel in Wien. 1952 Diplomkaufmann. 1954 Promotion in Innsbruck zum Doktor der Wirtschaftswissenschaften. 1954 Eintritt in die Creditanstalt. 1965–1973 ÖVP-Stadtrat in Wien. 1969–1982 im Gemeinderat. 1974 Vorstandsmitglied der Österreichischen Kommunalkredit. 1982 bis 1989 Vorstandsmitglied der ÖMV. 1990–1995 Präsidentin der Nationalbank, massives Engagement für den EU-Beitritt. 2000 Regierungsbeauftragte für die Zwangsarbeiterentschädigung.

Maria Schaumayer ist zweifellos eine der großen Frauengestalten der Nachkriegspolitik. Ihr sind sowohl die ÖVP-Führung wie auch die Position eines Bundeskanzlers wie Bundespräsidenten angeboten worden. Sie zog jedoch immer „technische" Führungsfunktionen vor. Ihre freundliche Art, aber auch ihr konsequenter Verhandlungsstil haben ihr in zahllosen Kommentaren die anerkennende Formulierung eingebracht, sie wäre der einzige Mann am Verhandlungstisch.

Was verbinden Sie mit Österreich, was ist das für Sie?

Österreich ist für mich seit dem Staatsvertrag 1955 Heimat geworden.

Vorher war es das nicht?

Vorher nicht. Ich bin ein Jahrgang, der in der Volksschule noch mit „Heil Österreich" grüßte, dann auf „Heil Hitler" umgestellt wurde, und ab 1945 in der russischen Besatzungszone lebte. Das war alles nicht geeignet, in jungen Menschen ein Heimatgefühl entstehen zu lassen. Ich war so pessimistisch wie viele meiner Generation, dass ich eine Auswanderung überlegt oder eigentlich schon geplant habe.

Aus persönlicher Not?

Ich habe keine Zukunft gesehen.

Für sich oder das Land?

Individuell und für das Land. Das Land war in seiner Teilung und Besetzung für mich kein Zukunftsbegriff. Ich habe eine Äußerung des früheren Präsidenten der Israelitischen Kultusgemeinde, Grosz, gefunden: Er hat gesagt, er ist 1951 weg von Österreich in die USA, er hatte hier während des Krieges überlebt, und kam 1956 zurück, und erst dann war Österreich für ihn ein Begriff.

Das ist bei mir sehr ähnlich. Ich hatte so wie meine Studienkollegen gar nicht die Absicht gehabt, zur Staatsvertragsunterzeichnung hinzugehen, obwohl ich in der Prinz-Eugen-Straße dem Belvedere sehr nahe war. Erst als ich die Radioreportage gehört habe, habe ich gedacht: Wenn das geschichtlich ist, dann kann ich die 300 Meter doch hingehen, und habe mich dann durchgearbeitet zum zwölften Liguster-Strauch hinten. Und ich war zuerst von Skepsis und dann eigentlich von Freude erfüllt.

Was war der Grund der Skepsis bis zu diesem Zeitpunkt?

Ich habe nicht geglaubt, dass man uns die Freiheit geben wird. Das ewige Scheitern der Staatsvertrags-Gespräche. Und noch als Raab und Figl im April aus Moskau zurückkamen, hatte ich kein sicheres Gefühl, dass die Wende erreicht ist. Vor dem Belvedere am 15. Mai da ist mir dann aber der Patriotismus so eingeschossen, dass ich am Nachmittag zum Stephansdom ins Tedeum gepilgert bin und auf der Straße unter denen war, die beschwingt Österreich gefeiert haben.

Von diesem Zeitpunkt an habe ich keine Zweifel mehr an dem Land gehabt. Ich habe auch das Gefühl bekommen, dass man an der Zukunft mitwirkt. Egal an welchen Platz einen das Schicksal, der liebe Gott hingestellt hat. Wenn man innerlich diese Mitwirkung verweigert und sich nur auf sich selbst konzentriert, wird man das Umfeld verlieren, und die Zukunft findet nicht im erhofften Maße statt. Ich habe mit Österreich Heimat, aber auch den Appell zur Aktivität, zur eigenen Initiative empfunden.

Das ist so ein bisschen wie Kennedy: „Frage nicht, was dein Land für dich tun kann ..."

... sondern frage, was du für dein Land tun kannst. Wir hatten in Österreich eine Persönlichkeit, die in ähnlicher Weise auf meine Generation wirkte, nämlich Reinhard Kamitz. Nicht Raab, obwohl ich ihn über meinen Vater persönlich kannte, der wirkte auf mich defensiv. Kamitz war offensiv, für das Land, für die Zukunft.

Sie stammen ja aus einer anti-nationalsozialistischen Familie, und Kamitz war doch ziemlich genau das Gegenteil, einer der wenigen in der ÖVP, der ein sehr schwer belasteter Nationalsozialist war.

So sieht man es heute. Und ich zitiere wieder einen derer, die ich für klug und weise in diesem Land halte, Otto Binder, den früheren Generaldirektor der Städtischen Versicherung.

Ein Sozialdemokrat und Schwiegervater des heutigen Bundespräsidenten.

Ein freiwilliger Rückkehrer aus Schweden ...

Was meinen Sie mit Freiwilliger?

Nicht gerufen. Weil immer gesagt wird, warum habt ihr sie

nicht gerufen zur Heimkehr. Binder hat kurz vor seinem Tod im Jänner 2005 gesagt, er leidet 50 Jahre darunter, dass die Dinge der Vergangenheit mit dem Kopf von heute gedacht werden.

Auf Kamitz übertragen: Wir haben uns über ganz andere Dinge bei Kamitz den Kopf zerbrochen, so etwa, ob er genügend internationale Beziehungen hat oder nicht. Aber ob er Nationalsozialist gewesen war, das war uns völlig egal. Er war Österreicher, hat das auch so gelebt und bekannt, und er hat die Taten für die Zukunft gesetzt.

Mein Vater hat seine leidvollen Erfahrungen mit dem NS-Regime gehabt und aus seiner Gegnerschaft kein Geheimnis gemacht. Aber die Stimmung in einer überschaubaren Gemeinschaft wie Fürstenfeld war versöhnlich, wo jeder wusste, der Briefträger war einmal Kommunist und der war einmal Blutordensträger (Anmerkung: Der Blutorden war eine NS-Auszeichnung für schon bei Hitlers Putschversuch 1923 Mitkämpfende sowie für Österreicher, die vor 1938 als illegale NSDAP-Mitglieder „verfolgt" wurden.) und der dritte war Victor-Adler-Anhänger. Ich konnte auch beim Zwangsarbeiter- und Sklavenarbeiterproblem die Versöhnung in den Vordergrund stellen. Dazu wurde ich erzogen. Wir haben uns nicht angemaßt, über die vergangenen Geschehnisse zu urteilen. Wir haben sie abgelehnt, aber damit war es erledigt.

Ist die heute ganz andere Sichtweise der NS-Zeit heuchlerisch? Jetzt, wo alle Ehemaligen tot oder betagte Pensionisten sind, kann man leicht richten, weil man sie nicht braucht.

Ich nenne es unrealistisch. Was hat uns damals bewegt? Das war Glas für die Fenster, Brennstoff zum Heizen, ein Krautkopf außerhalb der Ration. Es waren Notzeiten. Und in Notzeiten wird man entweder zum Philosophen oder zum Praktiker.

Wann ist Österreich nun eigentlich befreit worden, 1945 oder 1955?

Es ist zweimal befreit worden, es ist 1945 vom Gräuelregime

des Nationalsozialismus befreit worden, und es ist 1955 zum souveränen Staat geworden.

Österreich hat jetzt 60 Jahre ununterbrochen Frieden und Wohlstand gehabt. Das ist historisch eigentlich einmalig. Aber was verändert das in den Menschen? Werden sie bequem, satt, träge, nachlässig oder kann man das extrapolieren und liegen weitere 60 Jahre Aufstieg vor uns?

Wir haben durchaus die Chance, dass diese weiteren Jahrzehnte vor uns liegen, aber sie kommen nicht automatisch. Wenn mich etwas bewegt, dann die Frage: Wie kann man den jüngeren Menschen, ohne sie noch einmal mit jenem Kontrastprogramm zu konfrontieren, klar machen, dass weder Demokratie noch Freiheit noch Frieden Selbstverständlichkeiten sind, sondern dass sie permanent errungen werden müssen?

Für die nach 1955 Geborenen ist es in Summe eigentlich immer aufwärts gegangen. Wie macht man da klar, dass wir nur durch eine konstruktive Haltung aller Österreicher dieses Niveau erreichen konnten? Wie macht man klar, dass auch in der Völkerfamilie oft eine Feindseligkeit, die aus geringem Anlass entsteht, weit führen kann? Wie macht man klar, dass nicht Hass und Verfolgung, sondern eine Bereitschaft zur Versöhnlichkeit im Kleinen und im Großen friedensstiftend wirken?

Dieser Gedanke erinnert auch an einen Satz Rudolf Kirchschlägers, „Der Friede beginnt im eigenen Haus". Aber wenn Sie jetzt sagen, das ist Ihre große Sorge, kann man daraus schließen, dass dieses Bewusstsein im Schwinden ist.

Ja. Wir leiden politisch an einem Mangel an Zielvorstellungen. Das führt zu Misstrauen, Gleichgültigkeit, Vertrauensschwund. Es ist ein europäisches Phänomen, dass sich die Gesellschaft individualisiert, aber das kann sich ja nur auf einem Fundament relativer Sicherheit und Risikolosigkeit entwickeln.

Wenn es mir gut geht, brauche ich mich nicht ...

... dann brauche ich mich nicht um die anderen kümmern.

Damit ist man als Gesellschaft wohl weniger krisenresistent.

Das Verständnis für die Mitmenschlichkeit, das Gefühl für Gesellschaft als Gemeinschaft und auch für das Gemeinwohl kann nicht dekretiert werden, so wie Anständigkeit nicht dekretiert werden kann. Bleibt die Frage, wer lehrt sie, wer lebt sie vor? Und da sind uns natürlich einige institutionelle Hilfen weggebrochen: Familien, Kirchen …

Durch ihre rasch angewachsene Bedeutungslosigkeit.

Auch hier eine Wechselwirkung des Nicht-aufeinander-eingehen-Könnens. Die Familie ist sicher ein individuelles Sehnsuchtsziel, das kommt bei jeder Jugendumfrage heraus. Die Sehnsucht wäre da, aber die mentalen Hilfen, sie zu erreichen, die fehlen ein bisschen. Dazu kommt der Zeitdruck im Berufsleben. Früher ist man nach Büroschluss Pingpong spielen oder Kegeln gegangen, oder in den Schottenkeller auf ein Achterl oder ein Vierterl, und hatte so diese sozialen Kontakte, obwohl wir damals noch die 48-Stunden-Woche hatten. Da ist heute zuviel Druck, einerseits beruflicher Druck, andererseits gesellschaftlicher Druck: Man muss wegfahren in den Semesterferien, sonst ist man nichts; man muss dieses und jenes unternehmen.

Ist Österreich auf Dauer wettbewerbsfähig, ohne dass wir uns gewaltig in unseren Haltungen, Einstellungen ändern? Die Herausforderung aus den nicht-europäischen Ländern ist ja Tag für Tag in den Wirtschaftsseiten zu sehen. Glauben Sie, dass wir da unseren Wohlstandsvorsprung halten können?

Den Wohlstandsvorsprung halten zu wollen, ist eigentlich eine egoistische Einstellung. Denn eigentlich, wenn wir noch christlich oder humanistisch dächten, müssten wir sagen, unsere Aufgabe ist es, auch die anderen Teile der Welt heranzuführen. Ich sehe persönlich, aber das ist jetzt fast ketzerisch, das Lissabon-Ziel mit einem gewissen Unbehagen. Es wird aber, damit kann ich mich trösten, ohnehin nicht erreichbar sein.

Dabei geht es darum, dass die EU die Nummer eins in Sachen Wett-

bewerbsfähigkeit werden will, insbesondere den USA gegenüber ...

Ja, das geht heute sehr rasch auf und ab. Das wird auch stark von China und Indien abhängen. Aber bei diesem Ziel denkt man eigentlich in Blöcken, und das hab ich nicht so wahnsinnig gern.

Ist der Zusammenschluss Europas nicht eine Blockschaffung?

Aber nicht abgeschottet. Mir wäre es lieber, wir würden uns ein Ziel setzen, das Potenzial Europas innereuropäisch so zu entwickeln, dass es den optimalen Entwicklungsfortschritt für alle Mitglieder gäbe. Da müssten wir uns nicht an anderen Ländern oder Blöcken orientieren und könnten auf diesem Wege auch wiederum zu mehr Identitätsstiftung kommen.

Und die Sorge, dass Arbeitsplätze in immer rascherem Tempo in die Slowakei, in die Ukraine, nach Kasachstan und China abwandern, ist diese Sorge berechtigt?

Die Sorge ist verständlich, wenn wir nicht unsere Wettbewerbsfähigkeit weiterentwickeln. Deutschland allein hat in den letzten knapp zehn Jahren über zwei Millionen Arbeitsplätze ausgelagert.

Und hat heute fünf Millionen Arbeitslose.

Und hat unendlich viele Arbeitslose. Warum? Weil dieser Prozess Hand in Hand ging mit einer Rückzugsmentalität an den heimischen Standorten.

Was meinen Sie mit Rückzugsmentalität?

Ich meine das Sich-Zurückziehen auf sogenannte Kernkompetenzen. Ich weiß schon, es ist nicht gescheit, einen Bauchladen zu haben, und ich habe ihn bei der ÖIAG (Anmerkung: der Gesellschaft, die das Eigentum an der einst sehr großen verstaatlichten Industrie hält) auch nie für gut gehalten.

Das heißt, dass Firmen und Konzerne unabhängig von der Größe eher ans Schrumpfen denken ...

… ans Schrumpfen denken als ans Wachsen. Kostenbewusstsein ist unvermeidlich, das ist klar. Weil sonst alles flöten geht, nicht nur die Wettbewerbsfähigkeit, sondern auch die Arbeitsplätze. Aber wenn das ganze Sinnen und Trachten auf das Schrumpfen Richtung Kernkompetenz gerichtet ist, frage ich, wo soll da die Weiterentwicklungskompetenz, wo soll die Forschungskompetenz herkommen? Die erfordert ja einen Spielraum, im wahren Sinn des Wortes, dass nicht jeder Handgriff, den man macht, und jeder Gedanke, den man fasst, unmittelbar marktfähig sein muss, sondern dass im Zuge dieser Denk- und Probearbeit – trial and error – eben Weiterentwicklungen stattfinden. Und diese Kompetenz geht uns ein bisserl verloren.

Diese Dynamik, die Sie da vermissen, könnte aber auch in Ein-Mann-Unternehmen entstehen, in den Garagenbetrieben, wie es die Amerikaner nennen. Bill Gates hat in der Garage angefangen, einen Weltkonzern aufzubauen binnen weniger Jahre. Vielleicht ist dort der Wurzelboden für Neues besser, bei den Kleinen, die nicht so ein schwerfälliges Schlachtschiff wie ein Großkonzern sind.

Gut, aber ein Aidsmittel werden wir nicht in der Garage finden. Beides ist sinnvoll und wertvoll.

Dass Österreich keine wissenschaftlichen Nobelpreisträger mehr produziert, ist das nur Zufall, oder haben wir da doch strukturelle Defizite?

Die Jelinek haben wir produziert.

War das jetzt ein ironischer Satz?

Ja. Wie ich in den Universitätsbeirat in Leoben gekommen bin, habe ich als erstes gefragt, ob sich das Kollegium in der Lage sieht, einen Nobelpreisträger heranzuziehen. Und interessanterweise haben ein paar bejaht. Ich glaube, das Potenzial ist da. Wir haben Spitzenleistungen in der Forschung. Nur haben wir keine Nobelpreise dafür gekriegt. Von der geistigen Kapazität her sind wir nobelpreisfähig. In der Medizin haben wir sowohl auf der internistischen wie auf der chirurgischen Seite tadellose Ergebnisse, die weltweit beachtet werden.

Bei der Zahl der Patente sind wir jedenfalls unterdurchschnittlich.

Die Österreicher sind schwach im Marketing. Wir sind gut im Forschen, im Entwickeln, aber schwach im Marketing.

Gute Techniker, gute Forscher und Wissenschaftler, aber schlechte Kaufleute?

Ja, schlechte Kaufleute.

Spitzenleistungen konsumieren wir allerdings in Sachen Wohlfahrtsstaat. Längster Urlaub, längste Studien, frühester Pensionseintritt ...

Älteste Studenten, jüngste Pensionisten, wie Androsch lustig sagt.

... und in vielerlei anderer Hinsicht ist das, wo der Staat Einzelne stützt und schützt gegen alle möglichen Widrigkeiten des Lebens sehr, sehr ausgebaut. Werden wir uns das auf Dauer leisten können?

Im Übermaß nicht.

Und sehen Sie heute ein Übermaß?

Es gibt ein Übermaß, ja. Ich halte die Treffsicherheit der sozialen Systeme immer noch für ungenügend. Ich kenne noch genügend versteckte Armut, die durch die Netze durchfällt.

Da sagen dann manche, dann müssen wir die sozialen Systeme halt noch weiter ausbauen.

Nein, das ist nicht die Lösung.

Aber was ist die Lösung? Individuelle Nächstenliebe und Barmherzigkeit?

Nicht die Klostersuppen-Mentalität. Ich glaube aber, dass manche seelische und materielle Not am besten in Nachbarschaft und Familie behoben werden kann. Ich sehe auch eine hohe Hilfsbereitschaft der Österreicher etwa bei der Tsunami-Katastrophe. Es werden die Grundnetze der öffentlichen Hand haltbar gemacht werden müssen, und es wird eine größere Portion Eigeninitiative sowohl im Bemühen wie im Helfen notwendig werden.

Mit Bemühen meinen Sie Eigeninitiative: Hilf dir einmal selbst.

Hilf dir einmal selbst, bemühe dich selbst rauszukommen. Meine Physiotherapeutin erzählt mir, dass sie für das Arbeitsmarktservice Kurse hält. Das Interesse der Kursteilnehmer ist sehr schwach. Sie wollen sich nur „die Testur holen", wie wir früher beim Pedell (Anmerkung: Hausmeister einer Universität) …

Der Körper ist da, aber der Geist ist nicht da.

So ist es, ja.

Sie haben zuvor von seelischen Nöten gesprochen. In welche seelischen Probleme geraten die Menschen?

Viele Neurotisierungen entstehen aus der Reizüberflutung, für die der Mensch offenbar nicht ausreichend Abwehrkräfte hat. Auch da ist eine Balance nötig: Welchen Reizen kann ich mich aussetzen, und welche ist es gescheiter zu vermeiden, damit ich zu anderen Lebensinhalten oder Sinngebungen komme?

Irgendwann wird der junge Mensch sagen, es ist mir zu blöd, ich will nicht nur mit meinem Computer spielen, ich möchte Tarock lernen. Und der andere wird sagen, die Disco-Effekte sind mir zu blöd, die ja ein Äquivalent für Drogen-Effekte sind, ich möchte lieber was lesen oder eine Wanderung im Freundeskreis unternehmen oder einen normalen Ball besuchen.

Sie waren im Universitätsbeirat einer sehr technischen Fakultät. In Österreich fühlen sich die Geisteswissenschaften zunehmend zurückgedrängt, während die Natur- und die ökonomischen Wissenschaften als Zukunftswissenschaften gelten.

Geisteswissenschaften, die Kenntnis all dessen, was schon gedacht worden ist in der Welt, ist ein wichtiges Fundament für alle Sparten. Auch der reine Techniker und der reine Naturwissenschaftler können nicht ohne geistesgeschichtlichen Bezug sein. Sonst würde er frei im Lebensraum schweben. Ich glaube nicht, dass es eine bewusste Zurücksetzung der Geisteswissenschaften gibt. Sie brauchen halt einfach weniger technische Anlagen, und sie brauchen auch nicht mehr jene früher so imposanten Bibliotheken, wenn sie den Internet-Zugang haben.

Was aber nötig wäre ist, dass sie ein Angebot machen. Was Aristoteles gesagt hat, das kann ich selber lesen. Wo aber ist der Geisteswissenschaftler, der wirklich über die Grundfragen des Lebens, des Zusammenlebens nachdenkt? Kardinal König, Viktor Frankl, das waren Angebote. Und haben enormen Zuspruch gefunden. Aber in der reinen Geschichtswissenschaft – ich weiß nicht, ob man da noch was vermitteln kann.

Andererseits beginnen jährlich zehntausende junge Menschen geisteswissenschaftliche Studien, die nie eine Chance haben werden, einen einschlägigen Beruf zu erlangen. Die müssen dann Sekretärinnen werden, lebenslang Projekte machen oder Taxi fahren. Für Historiker gibt es halt nur wenige Berufe, auch wenn sie jetzt sehr offensiv dabei sind ...

Die haben eine unvermutete Blüte erfahren.

... durch die von jeder Firma verlangte Aufarbeitung der Jahre von 1938 bis 1945 als Beschäftigungstherapie für Historiker. Ist es eigentlich verantwortungslos, so viele in Studien ohne Berufsperspektive auszubilden, oder ist das halt ihr freies Recht?

Ja, das finde ich schon, das war im Mittelalter auch nicht anders. Die haben sich auch Wissen angeeignet zu einem noch nicht bekannten Zweck. Die Ausbildung sollte nur so beschaffen sein, dass eben der ausgebildete Soziologe oder Philologe auch in der Lage ist, dann zum Beispiel eine Selbsthilfegruppe zu führen.

In der Antwort auf meine allererste Frage haben Sie das Wort „Heimat" verwendet. Heimat hat bei manchen einen etwas negativen Beigeschmack, sie machen sich sofort über Lederhosenkultur lustig.

Ich würde diesen Menschen die Frage stellen, ob sie gern oder ungern nach Österreich zurückkehren, wenn sie sich in anderen Ländern bewegt haben. Wenn sie gern zurückkehren, haben sie Österreich eigentlich zur Heimat erklärt. Wenn sie ungern zurückkehren, ist es eh gescheiter, sie bleiben draußen und schaffen sich dort eine neue Heimat. Heimat hat sicher den Begriff der Verwurzelung, der Herkunft, des Erfahrenen, der Erinnerungen, des persönlich Tradierten. Es ist aber mehr: Heimat ist der Ort, wo ich mich geborgen fühle. Ich bin dem lieben Gott dankbar, dass ich in Österreich geboren wurde und leben kann.

Steckt da nicht irgendwie dahinter: Wir Österreicher sind etwas Besseres?

Nein. Es geht nicht darum, was besser ist, sondern was mir und meinem Wesen gemäß ist. Ich würde gerne in New York leben, aber ich würde mich nicht sicher fühlen. Physisch nicht sicher fühlen.

Die Kriminalität hat dort aber in den letzten Jahren stark abgenommen ...

Ist noch hoch genug.

... und in Österreich oder speziell in Wien zugenommen. Das macht Ihnen keine Sorge?

Ja. Natürlich. Das muss bekämpft werden.

Das hängt wohl mit der Öffnung nach Osteuropa zusammen.

Es gibt aber die Hoffnung, dass das nur ein vorübergehendes Phänomen ist.

Jenseits dieses Kriminaltourismus gibt es eine massive Zuwanderung nach Österreich, seien es die Arbeitsmigranten, seien es die Asylwerber. Das sorgt für etlichen Widerstand im Land.

Vom Kriegsende weg hat Österreich eine erstaunliche Aufnahmekapazität und auch Assimilierungskraft für Zuwanderer bewiesen. Das waren die Sudetendeutschen als erste große Welle. Wir haben auch etwas zurückbekommen.

Es waren viele sehr erfolgreiche Industrielle und …

… unternehmerische Menschen in hohem Maße darunter. Dann haben wir die Flüchtlingswellen mit Anstand bewältigt.

Ungarn 1956, Tschechien 1968.

Ja. Und die jüdische Emigration aus der Sowjetunion. Da war evident, dass Österreich die Funktion einer Durchzugsstation hat. Später haben wir aktiv Zuwanderer geholt, Krankenpflegepersonal aus den Philippinen. Ohne die hätten wir unsere Spitäler schon in den siebziger Jahren schließen müssen. Dann kam die große Gastarbeiterwelle aus dem Balkan, weil wir einfach keine Hilfsarbeiter gehabt haben, weil wir in einem wirtschaftlichen Aufschwung den eigenen Landsleuten offenbar Besseres zu bieten hatten. Da haben wir eine erhebliche Integrationskraft bewiesen, selbst wenn es nicht eine Integration im Sinne von voller Anpassung und Assimilation werden konnte.

Freilich regt sich meine Friseurin auf, dass Ausländer im Gemeindebau eine Wohnung haben; da hab ich ihr gesagt, aber die sind ja österreichische Staatsbürger; ihre Antwort: „Deswegen sind es trotzdem Ausländer“. Also ich weiß schon, diese Sorge um den knapp gewordenen Arbeitsplatz, die bewegt und ist ein Nährboden für unerfreuliche Haltungen, die man verstehen muss, um sie korrigieren zu können.

Jetzt aber kommen außereuropäische Völker aus islamischen und afrikanischen Kulturen. Da ist diese doch beachtliche Integrationsleistung vielleicht gar nicht mehr möglich.

Die afrikanischen Fälle sind vorwiegend Asylanten. Und das ist, glaube ich, von Vornherein nicht wirklich auf Integration abgestellt. Ich glaube, dass man mit einem gewissen Quantum an fremdländischen Kulturen – das ist auch schon ein diskreditierter Ausdruck, also: ungewohnten Kulturen sehr gut auskommen kann. Der Umstand, dass wir heute Muslime in einem Ausmaß haben, das dem der evangelischen Glaubensgemeinschaft nahe ist, spricht eigentlich für Österreichs Menschen, die ein friedliches Miteinander bewerkstelligen.

Kann dadurch das Geburtendefizit gelöst werden?

Ja, es kann. Es wird ja auch gelöst: Wenn wir nicht die Balkan-Gastarbeiter-Welle gehabt hätten, hätten wir das demografische Problem schon viel früher gehabt.

Sie sind der Inbegriff einer erfolgreichen Karriere. Hat unsere Gesellschaft aber nicht insgesamt die Frauen in eine allzu große Doppelbelastung hineingedrängt: einerseits die Belastung durch Karriereberufe und andererseits das schlechte Gewissen, weil die Rolle als Mutter vernachlässigt worden ist.

Ich habe da ein Schockerlebnis gehabt im Rahmen des Frauenvolksbegehrens. Ich habe Respekt vor der individuellen Entscheidung, ob jemand seine Lebensaufgabe, seinen Lebenssinn in einer steilen Karriere oder in einer etwas größeren Familie sieht. Das muss einem um Gottes willen frei gestellt sein.

Werden Frauen im Beruf heute noch diskriminiert?

Es wird sicher Fälle geben, aber generell würde ich sagen, nein. Es gibt auch Fälle, wo Männer diskriminiert werden. Aber wir haben jenen Punkt überschritten, wo immer das „Mein Gott, eine Frau!" mitgeschwungen ist. Und das erleichtert, wenn es nicht mehr um eine Kampfstellung geht, die individuelle Entscheidung. Weil kein Selbstwertgefühl verletzt wird.

Sie haben sich auch im Bereich der Kunst immer sehr engagiert: Können Künstler, insbesondere etwa Literaten, einen wirklich wichtigen, großen, sinnvollen Beitrag zur gesellschaftlichen und politischen Diskussion in diesem Land leisten? Sind sie das „Gewissen der Nation"?

Sie sind eine Stimme, die nicht fehlen sollte. Ob sie bahnbrechend sind, ist individuell zu beurteilen. Gewissen der Nation war Kardinal König, war Kirchschläger.

Wer ist es denn heute? Manche würden Sie nennen, aber das werden Sie jetzt sicher nicht tun.

Nein, ich glaube, dass Kardinal Schönborn hineinwächst in die Aufgabe.

Im Schlafwagen der Selbstgefälligkeit

KURT SCHOLZ,

1948 in Ernstbrunn (NÖ) geboren. Schulen in Weyer (OÖ) und Waidhofen/Ybbs (NÖ). 1966–1973 Uni Wien, Germanistik und Geschichte. Doktorat in Geschichte. Professor an Wiener höheren Schulen. 1975 Berufung ins Bundesministerium für Unterricht und Kunst: Aufbau des Bereiches Zeitgeschichte, staatsbürgerliche Erziehung, Mitbestimmung von Schülern, Eltern und Lehrern. 1984 wechselt er mit Unterrichtsminister Helmut Zilk ins Rathaus; Präsidialbüro des Bürgermeisters (Stadtaußenpolitik, Schul- und Kulturfragen). 1992 Amtsführender Präsident des Stadtschulrates in Wien. 2001 Sonderbeauftragter der Stadt Wien für Restitutions- und Zwangsarbeitsfragen.

Kurt Scholz war eine der prägenden Persönlichkeiten der Schulpolitik, bis ihn seine Partei, die SPÖ, abgesetzt hat. Scholz hat sich seither aber umso mehr als eine der führenden moralischen Instanzen Österreichs einen Namen machen können – dies sowohl bei öffentlichen Auftritten wie auch als gesuchter Ratgeber wichtiger Persönlichkeiten.

Herr Doktor Scholz, was assoziieren Sie mit Österreich?

Zuerst einmal die staatsbürgerliche Erziehung, der ich selbst als Jugendlicher ausgesetzt war.

Ausgesetzt ist ein sehr negatives Vokabel.

Ausgesetzt war – ich werde die Buntpapier-Pick-Orgien zum Tag der Fahne nie vergessen, wo wir immer Buntpapier bekamen und dann eine rot-weiß-rote Fahne an ein Holzstaberl kleben mussten. Und über diese Fahne sollte man dann so etwas wie ein Österreichbewusstsein entwickeln. Es war gut gemeint, aber zum überzeugten Patrioten ist man dadurch eigentlich nicht geworden.

Sind Sie es seither geworden?

Ja. Und das Seltsame ist, man geniert sich fast, das zu sagen, weil Patriotismus den Beigeschmack des Altmodischen bekommen hat. Es gibt in diesem Land eine Tradition, mit Schwächeren human umzugehen, Gegensätze nicht bis zum Exzess auszuleben, das Verbindende vor das Trennende zu stellen. Mir ist etwa nach meinem ersten Amerikabesuch in Österreich etliches verbesserungswürdig vorgekommen, aber unsere gesellschaftliche Konstruktion ist nicht böse.

Stimmt diese Definition eines österreichischen Nationalcharakters auch im Hinblick auf die erste Hälfte des zwanzigsten Jahrhunderts oder ist sie nicht erst 1945 Realität geworden?

Absolut richtig. Daher habe ich mich ja auch immer gewehrt gegen diese ideologische Glorifizierung der Parteipolitik in der Ersten Republik. Gerade in der Sozialdemokratie heißt es immer wieder, dass nach 1945 die Sozialdemokratie den Kapitalismus nur noch modernisiere und nicht mehr bekämpfe.

Das ist die Kritik der Linken in der SPÖ?

Das war die Kritik der Linken in den sechziger und in den siebziger Jahren. In der Ersten Republik, da hieß man zwar „sozialdemokratische“ Partei, hat aber sozialistische Werte gelebt und vermittelt. Ich habe diese Kritik nie mitgemacht. Das Signifikante an der Zwischenkriegszeit war ja das Gegeneinander. Ich war immer dagegen, dem Faszinosum des Gegeneinanders und des Konfliktes zu erliegen. Schon klar, dass einem vieles in Österreich nach 1945 kompromisslerisch, verwaschen und sehr, sehr mühsam vorgekommen ist. Aber dennoch ist es im Vergleich zur Ersten Republik ein unendlicher Fortschritt, der zuwenig bedankt ist.

Die Neo- oder Postmarxisten der 68er-Bewegung, die diese Kritik an Marktwirtschaft und Privateigentum geübt haben, sind ja heute auch schon dem Pensionsalter sehr nahe.

Noch etwas muss ich da selbstkritisch sagen. Man hat sich dann ab einem gewissen Zeitpunkt als Insel der Seligkeit auch gefallen. Die österreichische Neutralitätsdefinition hat de facto ja immer darin bestanden, dass uns alle helfen müssen, aber wir helfen niemandem. Diese Insel der Seligen hat auch manchmal die Züge des Feigen, des Profillosen oder in manchen Punkten fast des Charakterlosen gehabt. Kritik an dieser Fahrt im Schlafwagen der Selbstgefälligkeit ist nötig. Der EU-Beitritt hat uns aus dem Schlafwagen geweckt. Das Ende einer bipolaren Welt hat uns vor neue Herausforderungen gestellt. Das ist positiv.

Für ein Österreichbewusstsein gibt es noch zwei andere Annäherungsebenen: Das eine ist die Ebene der Hochkultur, von Mozart bis Grillparzer bis zur Schönheit des Wiens der Jahrhundertwende, und dann gibt es den anderen, nicht urbanen Patriotismus – Stichwort: Tracht, Jodeln bis hin zu den Siegen der Skifahrer und, selten genug, der Fußballnationalmannschaft.

Ich habe beides miterlebt. Ich bin am Land aufgewachsen und habe dort Kirche, Freiwillige Feuerwehr, Fußballbegeisterung und in meinem Fall besonders die Begeisterung für die österreichischen Alpinisten in den fünfziger und sechziger Jahren miterlebt, das war in Westösterreich ein ganz stark identitätsstiftendes Element. Buhl, Morawetz, Harrer: Das sind Namen, die heute niemandem mehr etwas sagen. Ich habe diesen ländlichen Patriotismus miterlebt, der immer ein stark illiberales Element hatte. Und dann habe ich diesen ein bisschen künstlichen Wien-1900-Boom erlebt, wo man Wien gerühmt hat als Heimat der Moderne. Was bei weitem nicht bedeutet hat, dass man die Moderne auch in der Gegenwart gelebt hätte. Ich bin immer skeptisch, wenn man den österreichischen Menschen aus den Tiefen der Geschichte steigen lässt. Viele der sogenannten großen Österreicher lebten hier alles andere als reibungslos.

Das ist das Schlagwort vom österreichischen Schicksal.

Nicht nur. Wenn diese Menschen groß geworden sind, dann immer auch dadurch, dass sie sich an einzelnen Strukturen in diesem Land gerieben haben, auch wund gerieben haben. Von Mozart, der in Salzburg mit einem Fußtritt verabschiedet worden ist, bis Grillparzer, der sich als grantiger Hofrat immer benachteiligt vorgekommen ist. Ich liebe die vier Zeilen Grillparzers zur „Stadterweiterung“:

Wiens Wälle fallen in den Sand.
Wer will in engen Mauern leben?
Auch ist ja schon das ganze Land
von einer chinesischen umgeben.

Für den grantigen Hofrat war die Monarchie das China Europas, Symbol der Rückständigkeit in Europa. Menschen wie ihn zu nationalen Identifikationsfiguren zu machen, ist immer auch eine Verkürzung von Biografien.

Stolz sein kann man in Österreich auf die Haltung, die Gegensätze mildert. Dass man zwar streitet, dass man seine Konflikte, seine Auseinandersetzungen hat, aber dass man dann wenigstens eine Viertelstunde lang auch eine Ebene findet, in der man einander privat begegnet und eine kleine Brücke des Vertrauens baut.

Gibt es aber nicht ziemliche Spannungen zwischen dem wienerisch-hochkulturellen und dem Alpin-Österreicher? In Wien verachtet man alles bäuerlich Wirkende und am Land verachtet man den Sündenpfuhl Wien, wo ...

„Korruption herrscht“ und „unsere Steuern versickern“.

Kann das eigentlich zusammengehen?

Ich bin aus einem kleinen Ort mit siebzehn Jahren nach Wien gekommen und habe mich in dieser Stadt überhaupt nicht zurechtgefunden. Sie schien mir dreckig und alt. Ich habe Wien erst nach Jahren schätzen gelernt in der Liberalität, die jede Großstadt bietet. Wo man zwar anonym lebt, aber ein höheres Maß an Freiheit hat als in der dichten Beobachtung am Land.

Im Unterrichtsministerium haben wir die Schülerfußballliga organisiert mit dem Ziel, die Bundesländer einander näher zu bringen. Irgendwann gab es eine Untersuchung über die Anti-Wien-Vorurteile. Die waren unter den Dreizehn-, Vierzehnjährigen beträchtlich. Nach der Schülerfußballliga wurde noch einmal gefragt und da ist man draufgekommen, dass die Vorurteile dann noch stärker waren …

Tief berührt hat mich da einer jener Menschen, die ich tief verehre: Der ehemalige Botschafter Ludwig Steiner – ein Tiroler und ehemaliger Widerstandskämpfer, der in Wien lebt – hat mir einmal gesagt, sein letztes großes politisches Ziel wäre, die Vorurteile der westlichen Bundesländer gegen Wien abzubauen.

Wir haben in Österreich zwei Kulturen. Da die städtische Kultur, Wien, Graz, Linz und mit Abstrichen Salzburg; und dort die sehr traditionsorientierte und konservative ländliche Struktur, mit einer ganz anderen Kultur der Musik …

Die unglaublich vielen Blaskapellen.

Die Blaskapellen sind die Integrationsvereine.

Und die bürgerliche Kultur hat den Musikverein. Herrscht dazwischen eine kreative Spannung oder leben da eigentlich zwei Welten nebeneinander?

Ich glaube, die leben nebeneinander her. Höchstens das Neujahrskonzert schafft da eine gewisse Brücke.

Wieweit ist nun dieses doppelte Österreich zukunftstauglich?

Wir sollen nicht immer eine spezifische österreichische Aufgabe für die Zukunft suchen. Es geht darum, die Strukturen des Landes so optimal wie nur möglich zu gestalten. Wir Österreicher leben zu sehr in der Vergangenheit. Man kann nicht nur für irgendeine Vision oder irgendeine Aufgabe in der Zukunft leben. Man hat die verdammte Verpflichtung, das Hier und Jetzt so gut und so vernünftig wie möglich zu gestalten. In diesem Punkt könnte uns die Schweiz ein Vorbild sein. Die haben keine besondere helvetische Vision, die sie vor sich hertragen, sondern schauen, dass sie die Gegenwart so erfolgreich und vernünftig und gut wie möglich gestalten. Unsere Aufgabe ist das zu sein, was wir sind: ein höchst erfolgreicher Kleinstaat in Europa. Wir sollen nicht traurig sein, wenn keine Gipfeltreffen mehr bei uns stattfinden.

Müssen wir nicht doch traurig sein, dass wir in den Zukunftswissenschaften seit langem keine hier forschenden Nobelpreisträger mehr haben?

Traurig und beunruhigt.

Also doch in die Zukunft blicken.

Na, selbstverständlich. Aber in die Zukunft blicken heißt, dass wir in der Gegenwart etwas tun. Wenn wir schon von einer Rolle gegenüber dem erweiterten Europa und dem südöstlichen Nachbarn reden, dann müssen wir deren Sprachen besser beherrschen. Die letzte, die das in den Mittelpunkt gestellt hat, war die Maria Theresia mit der Gründung der „Orientalischen Akademie" (Anmerkung: der heutigen Diplomatischen Akademie). Erfolgreich werden wir sein, wenn wir zur Technik nicht das Verhältnis haben, das viele Länder mit einer musischen Tradition haben, nämlich ein tendenziell entwertendes. Und erfolgreich werden wir sein, wenn wir nicht in der lächerlichsten Art und Weise Händel suchen wegen Atomkraftwerken oder Beneš-Dekreten, sondern wie die Schweizer schauen, dass wir uns möglichst erfolgreich in internationalen Organisationen einbringen. Ich habe es lächerlich gefunden, dass zum Beispiel die Funktion von Ferrero-Waldner in der EU, die meines Erachtens sehr respektabel ist, sofort von Österreich aus ins Zwielicht gezogen worden ist.

Sie haben einen interessanten Gegensatz angesprochen, zwischen einer musischen Nation und der Welt der Technik. Sind wir eigentlich wirklich noch eine musische Nation?

Wir tragen diese musische Nation vor uns her. Aber die aufregenden Brahms-, Beethoven-, Mozartbiografien werden schon längst nicht mehr in Österreich geschrieben, sondern von amerikanischen Wissenschaftlern. Wir genießen das, aber wir leben es in Wirklichkeit nicht mehr. Wir sind selbst dem Tourismusimage aufgesessen, das wir in der Welt verbreitet haben.

Sie haben die Schweiz in eine Vorbildrolle gerückt. Das überrascht, weil gerade in letzter Zeit die Schweizer zum ersten Mal eher Österreich zum Vorbild machen. Etwa weil seit dem EU-Beitritt Österreichs Wirtschaftswachstum 25 Prozentpunkte größer war als das der Schweiz.

Was mich beeindruckt an der Schweiz ist etwas anderes: die Solidität, die Sauberkeit, die Korrektheit, die Unnachgiebigkeit. Das basiert auf einer Freiheitstradition, die in der Schweiz deutlich weiter zurückreicht als bei uns. Von dieser pragmatischen Unaufgeregtheit könnte man einiges lernen.

Was mich aber erbittert: Wenn einmal in der „Neuen Zürcher Zeitung" ein positiver Artikel über Österreich auf Seite 1 steht, dann kommen fünf Leserbriefe von Österreichern, die alle diesen Leitartikel dementieren und sagen: „Was Sie da Positives über Österreich schreiben, das stimmt ja alles überhaupt nicht. Es schaut ja in Österreich ganz furchtbar aus."

Ist das ein österreichischer Charakterzug, dieser Hang zum Denunziatorischen, den man ja auch in der Waldheim- und der Sanktionenkrise beobachten konnte?

Das hat zumindest eine lange Tradition, dass man glaubt, selbst besser dazustehen, wenn man die Verhältnisse im eigenen Land möglichst dunkel porträtiert. Aber wenn man auf das eigene Land schimpft, wird man ja letztlich auch im Ausland nicht wirklich geachtet.

Das, was in Österreich schon ein bisschen den Charakter prägt, ist diese Bipolarität: Auf der einen Seite der Omnipotenzanspruch, am österreichischen Wesen soll die Welt genesen. Und wenn das nicht eintritt, auf der anderen Seite tiefe Versagensängste: „Niemand liebt uns, und die Welt ist so ungerecht zu uns." Ein bisschen von der biederen Gelassenheit der Schweiz täte uns gut.

In diesem Zusammenhang kommt in großer Regelmäßigkeit der Vorwurf, dass Österreich den Nationalsozialismus und die austrofaschistische Zeit nicht ordentlich aufgearbeitet hat.

Es ist eine bedrückende Tatsache, dass Österreicher in die Mordmaschinerie des Nationalsozialismus tief verstrickt waren. Ob überproportional oder nicht, kann diskutiert werden. Genauso klar ist, dass Österreich als Land und als Staat natürlich das ist, was die Moskauer Deklaration gesagt hat: eines der ersten Opfer der nationalsozialistischen Angriffspolitik.

Man soll den Schmerz benennen von 65.000 ermordeten Juden, tausenden hingerichteten Widerstandskämpfern, und man soll mit diesem Schmerz sorgsam umgehen. Aber niemand ist gut beraten, wenn er aus dieser Geschichte einzelne Ereignisse herausnimmt und daraus tagespolitische Waffen schmiedet. Auch da bin ich für einen versöhnlicheren, ruhigeren, humaneren Umgang. Manche Menschen waren Verbrecher, aber jetzt Österreich zum Nabel alles Unheils des 20. Jahrhunderts zu machen, das ist eine so grobe und abstoßende Vereinfachung, dass ich damit nichts anfangen kann.

Und die Vorwürfe in Hinblick auf den Umgang mit den Juden oder mit den Vertriebenen nach 1945?

Österreichs Politik hat in den ersten Monaten oder ersten zwei Jahren nach 1945 eigentlich relativ viel getan und gesagt. Im „Neuen Österreich" findet man 1945 und 1946 viele Artikel und Berichte über Ausstellungen, Aktivitäten, Vorträge, die das damalige Wissen über die Gräuel des Nationalsozialismus sehr ausführlich wiedergeben. Man hat sich dann ab 1946/47 eingepasst in eine neue Weltlage, die eher den Opferstatus Österreichs akzeptiert hat, und zu vieles vergessen, vor allem die tiefe Kränkung von über hunderttausend Emigranten, die ja in allen Winkeln der Welt noch gelebt haben. Und zu denen man rein psychologisch die Hand hätte ausstrecken sollen. Man hat übersehen, dass es hier hunderttausend Menschen und Familien gibt, deren letzte Erinnerung an Österreich eine äußerst negative sein musste. Nur tu ich mir heute schwer, das der Politik der Jahre 1947 bis 1949 vorzuwerfen. Die hatten damals wahrscheinlich wirklich das Problem, die Wasser- und Lebensmittelversorgung und das Funktionieren des täglichen Lebens zu garantieren. Alles andere war weit weg, so zynisch das klingen mag.

Herr Doktor Scholz, Sie sind einer von wenigen Menschen, die sowohl Angehöriger der Bundesbürokratie gewesen sind wie dann auch einer Landesbürokratie. Ist Österreich ein überbürokratisierter Staat?

Ich glaube ja, und das färbt stark auf das tägliche Leben ab. Ich glaube, dass die Überbürokratisierung eine große Tradition hat, die letztlich auch aus der Monarchie stammt. Möglicherweise hat uns aber diese starke Verbeamtung auch die Minderung sozialer Gegensätze gebracht, ein hohes Maß an Sicherheit und ein im Großen und Ganzen hohes Funktionieren des Alltagslebens. Ob man da ab den siebziger, achtziger Jahren nicht mutigere dezentralere Ansätze hätte verfolgen sollen, das weiß ich nicht, ich glaube eher ja. Bei uns sind Bereiche verbeamtet, die man woanders ganz einfach ausgelagert hätte.

Braucht Österreich eine neue Verfassung?

Ich habe den Verfassungsentwurf besonders in einem Punkt sehr mutig gefunden: Er hätte die Doppelgleisigkeiten zwischen Bundesverwaltung und Landesverwaltung klarer gestaltet und jenem Zustand ein Ende bereitet, dass etwa im Schulwesen die Länder das bestellen, was der Bund zu bezahlen hat.

Letztlich scheint ja die Verfasssung wieder am Gegensatz zwischen dem ländlichen Österreich und der Metropole zu scheitern.

Ja, es ist natürlich auch das Problem Peripherie–Zentrale. Die Länder verfolgen Eigeninteressen und leben bequemer, solange sie die Gelder vom Bund bekommen. Sie können sich dann immer beklagen, dass das zuwenig ist und bei notwendigen Reformschritten sagen, der Bund soll es finanzieren. So gesehen bin ich ein Zentralist. Wenn der Bund Aufgaben finanziert, dann soll er auch ein Durchgriffsrecht haben auf die Struktur, in denen seine Gelder …

Man könnte auch den Ländern die Verantwortung geben, die Steuern selbst einzuheben.

Oder das, ja. Auch das ist ehrlicher als das System, das wir haben. Das ist in Wirklichkeit ein System der Schuldzuschreibung, der gegenseitigen Schuldzuschreibung. Mir gefällt das nicht.

Als Zentralist passen Sie ja nicht ganz zum Modell Schweiz. Hätten Sie Sympathien für eine Verfassung mit direkter Demokratie?

Ja. Nur ist das ein Prozess, den man nicht von heute auf morgen implantieren kann. Aber mir missfällt diese Stellvertreterdemokratie in Österreich: Sich selbst nicht zu exponieren, sondern sich jemanden zu suchen, meistens einen Politiker, der stellvertretend meine Anliegen lösen soll und wenn er das nicht so tut, wie ich mir das wünsche, dann schimpf ich auf ihn.

Themenwechsel zum Bildungssystem: Was wären denn dort die wichtigsten Maßnahmen, um der von Ihnen angestrebte erfolgreiche Kleinstaat zu werden?

Wir müssen eine Niveaudebatte führen. Da soll man keine Scheu haben vor dem, was es in anderen Ländern gibt, nämlich externe Niveaukontrollen, etwa nach dem Muster der französischen Matura. Zur Erreichung dieses Niveaus soll man aber maximale Autonomie gewähren. In diesem Doppelpack, extern kontrolliertes und definiertes Niveau sowie Autonomie des Weges dorthin, bestünde eine vernünftige Phantasie für das Bildungswesen. Unsere Schulaufsicht kontrolliert nicht primär das Niveau, sondern die Einhaltung von Vorschriften. Die Autonomie der Schulen ist eng beschränkt. Schulen dürfen sich nicht einmal von Lehrern, die von allen als schlecht empfunden werden, trennen.

Wem würden Sie mehr Macht im Schulsystem geben? Den Direktoren, dem Minister, den Kindern, den Eltern, den Lehrern?

Einerseits dem Schulleiter und andererseits einem pluralistisch zusammengesetztem zentralen Gremium mit Eltern, Erziehungswissenschaftlern, Pädagogen, das das wünschenswerte Niveau definiert. Alles dazwischen – und ich weiß, dass ich Teil dieses Dazwischen war, – ist mir tendenziell suspekt.

Sie wollen auch noch mehr Differenzierung?

Mehr Differenzierung und, auch wenn das immer als ungeheures Schreckgespenst empfunden wird, die durchaus marktwirtschaftliche Konkurrenz der Schulen untereinander.

Den Universitätsbereich sehen Sie weniger in der Krise?

In Österreich herrscht im Vergleich zu amerikanischen Spitzenuniversitäten ein Studienbetrieb, wo Vorlesungen abgespult werden und Seminare halt durchgeführt werden. Während ich in Amerika ganz entgegen dem Vorurteil, das viele Europäer und Österreicher gegen Amerika haben, an den Spitzenuniversitäten ein begeistertes Forschen, Nachdenken und Publizieren dieser Ergebnisse erlebt habe. Die Besten sind in Amerika meines Erachtens besser als bei uns.

Ist es nicht auch ein Aspekt dieser Dominanz amerikanischer Unis, dass sie halt in der Weltsprache Nummer eins lehren und publizieren?

Ja. Man muss den Mut haben, an unseren Unis zu sagen, publiziert, kommuniziert, haltet Vorträge auch auf Englisch. Punkt.

Aber ist das nicht umgekehrt wieder ein Verlust der kulturellen Identität?

Jetzt kann man natürlich heiße Tränen darüber vergießen, dass unter Umständen unendlich gescheite Aufsätze auf Deutsch erscheinen, die aufgrund der Sprachbarriere die restliche Welt ignoriert. Nur, mit dieser Erkenntnis nachts die Kissen zu netzen, hilft auch nicht besonders weit.

Was fangen Sie eigentlich mit dem Satz an: „Österreich wird immer wohlstandsbequemer; uns werden andere, heute hungrige, vielleicht auch hemmungslosere Kulturen überholen."

Ich habe seinerzeit einige Wiener Schulen geöffnet für Schüler aus östlichen Nachbarländern und da sind bei einer Handelsakademie im elften Bezirk slowakische Schüler täglich von Bratislava nach Wien gependelt. Diese Schüler habe ich mir angeschaut: Die haben in der Maturaklasse fließend Deutsch gesprochen, Englisch gesprochen, Französisch gesprochen, Slowakisch gesprochen, von der Familie her oft auch noch Russisch verstanden. Diese hungrigen Jugendlichen sind fitter für die EU als unsere satten Kids. Das hat mir damals sehr zu denken gegeben. Bei uns ist es fast wie bei Fafner im „Ring des Nibelungen“: „Ich liege und besitze, lasst mich in Frieden.“

Das heißt noch überspitzter zusammengefasst: Der Satz „Wir amüsieren uns als Couchpotatoes zu Tode", ist nicht ganz falsch.

Ist nicht ganz falsch. Wenn wir den Ehrgeiz haben, beim Skifahren die Besten zu sein, dann sollten wir das vielleicht in einigen anderen Bereichen auch haben. Der Stolz auf die Vergangenheit ist das eine, aber man könnte daraus auch den Ehrgeiz lernen, es in der Gegenwart ähnlich gut und in der Zukunft besser zu machen.

Würde es Sie emotional stören, wenn Österreich in Europa aufginge und verschwände?

Ich würde einen Restschmerz verspüren, weil vieles in der österreichischen Kultur nicht eingeebnet werden sollte in eine europäische oder eine internationale McDonalds- und Starbuckskultur. Mir würde sicherlich viel abgehen, aber umgekehrt muss man auch wieder sagen, dass jene Schriftsteller, die ich am meisten liebe, also Robert Musil, Karl Kraus und Elias Canetti, immer bei deutschen Verlagen publiziert haben, in der Schweiz gelebt haben wie der Musil oder in England ihre wichtigsten Werke geschrieben haben wie der Canetti. Wahrscheinlich würde ich mich damit abfinden, dass Österreich ein regional wertvoller Sonderfall in Europa ist.

Es zeigen ja alle Studien, dass das österreichische Nationalgefühl eigentlich erst ganz stark in den vierziger Jahren aus der Negation zum Deutschen Reich entstanden ist.

Das habe ich immer ein bisschen provinziell gefunden, diese Haltung: Die Deutschen sind zwar in der Überzahl, aber der Österreicher ist sozusagen die exquisite Ausgabe eines deutschsprechenden Menschen. Das ist immer so ein bisschen auch ein Kleinstaatenkomplex gewesen, der interessanterweise sowohl links als auch rechts besteht. Wir sollten da durchaus ein unverkrampftes Verhältnis zum großen deutschsprechenden Nachbarn haben. Nicht alles, was dort geschieht, ist von Übel. Diese ängstlichen Abgrenzungen, dass unsere Skifahrer besser sind als die deutschen und die Fußballer immer gewinnen sollen gegen Bayern München, was sie eh nie tun, das habe ich immer ein bisschen als einen Kleinstaatenkomplex empfunden. Das hat mir nie imponiert.

Wenn man in die Zukunft blickt, sind das ja wirklich vielleicht überholte Debatten. Denn in wenigen Generationen dürfte Europa von heute nicht europäischen Kulturen beherrscht werden.

Ich bin da gespalten. Die übliche reflexartige Antwort aus liberaler Position ist, dass gerade Wien immer ein Schmelztiegel war. Der Peter Turrini hat einmal sehr despektierlich gesagt, der österreichische Mensch ist immer eine Promenadenmischung gewesen, aber die ist sozusagen das Dauerhafteste und das Leistungsfähigste. Der liberale Reflex heißt: In einem Melting pot verschmelzen die Kulturen. Die Realität auch in Wien ist eine andere. Man soll sich nicht der Illusion hingeben, dass die Zuwanderung gerade im großstädtischen Bereich nicht tatsächlich Probleme geschaffen hat. Weniger aus nationalen Gründen, sondern aus sozialen Gründen und Gründen des kulturellen Hintergrunds. Ich bin sehr für einen Schmelztiegel der Kulturen, aber das heißt natürlich auch immer, dass man sich der Kultur, in der man lebt, auch bewusst ist. Sonst wird es ein Ragout aus Bestandteilen, die halt irgendwie nebeneinander existieren.

Wenn heute die Zuwanderer überwiegend aus islamischen oder afrikanischen Kulturen kommen, könnte das Zusammenleben noch schwieriger werden.

Es gibt Errungenschaften, die wir mühsam über hundert, hundertfünfzig Jahre erworben haben. Zum Beispiel den säkularen Staat. Wenn jetzt der säkulare Staat ersetzt werden sollte durch eine religiöse, fundamentalistische Politik, dann bin ich dagegen. Zweitens hat es über hundert Jahre gedauert, dass Frauen eine bestimmte Position in unserer Gesellschaft bekommen haben. Ich persönlich bin nicht bereit, darauf zugunsten einer vagen Toleranz zu verzichten.

Was heißt das nun in Hinblick auf eine Massenmigration aus islamischen Kulturen nach Österreich?

Wir müssen nur ganz klar jetzt unterscheiden, welche islamische Kultur? Bei fundamentalistischen, rückwärtsgewandten Kulturen würde ich einen klaren Diskussionsprozess führen über das, was wir wollen, und das, was wir nicht wollen. Aber natürlich gibt es auch einen europäisierten Islam.

Wo sehen Sie den signifikant realisiert?

Ich habe hier in der islamischen Religionsgemeinschaft Menschen kennengelernt, gerade die Spitzen der islamischen Religionsgemeinschaft, die meines Erachtens hoch achtbare Persönlichkeiten sind. Wenn man allerdings die Schwierigkeit einzelner islamischer Lehrer erlebt hat, einer österreichischen Schulaufsichtsbeamtin die Hand zu geben, geschweige denn, deren Fachmeinung zu akzeptieren, das ist für mich inakzeptabel.

Ich bin nur dagegen, das man jetzt sagt, wir sind das christliche Abendland, und das ist der böse Islam. Weder sind wir noch das christliche Abendland, das Christentum prägt unsere Kultur und unser Leben und unser politisches Leben bei weitem nicht mehr so wie vor …

Wir sind heute mehr durch die Aufklärung geprägt als durch das Christentum...

Das ist der Punkt.

... die natürlich auch christliche Wurzeln hat, was man einst übersehen hat, aber im distanzierteren Blick immer deutlicher sieht.

Die Aufklärung ist ja bei uns auch schon verflacht zu einem beliebigen Toleranzbegriff, der in der Praxis von der Gleichgültigkeit nicht mehr zu unterscheiden ist. Auf diesen riesigen Prozess des Humanismus, der Aufklärung, der Französischen Revolution mit allen Folgen für die bürgerlichen Freiheiten zu verzichten, hielte ich für selbstmörderisch. Aber gleichzeitig muss man auch aufgeschlossenen Politikern der Türkei eine Perspektive eröffnen. Wie man aus dieser Schere rauskommt, weiß ich nicht. Islamischen Ländern zu sagen, bleibt, wo ihr seid, wird sie wahrscheinlich eher fundamentalistisch machen, als wenn man eine Türe des Verständnisses öffnet.

Sie haben zuvor die Position der Frau angesprochen. Wie bilanzieren Sie denn diese heute, insbesondere in Hinblick auf die Doppelbelastung, die den Frauen auferlegt worden ist, und auf den Rückgang der Kinderzahlen?

Die Entwicklung der Frauen ist sicherlich positiv und bemerkenswert. Da soll niemand das Rad zurückdrehen. Zum Nachdenken geben sollte uns, dass der gesellschaftliche Aufstieg um den Preis der Kinderlosigkeit erkauft wird. Aber ich glaube, dass man das jetzt nicht mit einer Mann-Frau-Problematik abhandeln soll, sondern man soll als Gesellschaft glaubwürdige Unterstützung für Kinder schaffen. Das Kindergeld ist, wie die Statistik zeigt, nicht die Antwort. Ganztägige Betreuungsformen, die nicht einen Krippencharakter haben, wären es.

Was meinen Sie mit „Krippencharakter"?

Dass die Kinder nicht schon mit einem halben Jahr oder einem Jahr in eine triste Aufbewahrungssituation abgeschoben werden. Ganztägige Schulformen, Kinderbetreuung, Ausbau des Kindergartenwesens, das würde den Kinderwunsch oder die Möglichkeit, Kinder zu haben, mehr fördern, als wenn ich einen Scheck in die Hand drücke.

Nur sinkt halt generell in modernen Gesellschaften die Geburtenrate. Die Gründe dafür sind vielfältig.

Ist das nicht auch eine Frage der grundsätzlichen Wertorientierung?

Ich weiß es nicht, ich würde es nicht moralisierend beantworten. Ich lerne immer wieder junge Frauen kennen, die durchaus den Wunsch haben, ein, zwei, drei Kinder zu haben, die aber dann real nicht wissen, wie sie es noch schaffen können – auch in Hinblick auf die Scheidungsraten. Die Tatsache, dass Familien mit drei Kindern mit hoher Wahrscheinlichkeit unter die Armutsgrenze rutschen, die ist eigentlich ein Schandfleck für eine reiche Gesellschaft.

Aber das hieße dann doch mehr direkte Transferleistungen wie den Kinderscheck.

Ja. Oder indirekt.

Indirekte Leistungen werden halt bei der Armutsmessung nicht einberechnet. Aber unabhängig davon: Müssen wir uns letztlich nicht einfach mit dem Gedanken anfreunden, dass es in hundert Jahren kaum noch Österreicher gibt?

Das führt natürlich zu der Frage: Was ist der österreichische Mensch? Warum klammern wir uns eigentlich so daran, dass unser Volk sozusagen in Ewigkeit prolongiert wird?

Ein Immigrationsdruck, der vielen Angst macht

CHRISTOPH SCHÖNBORN,

1945 in Skalken (Skalsko) in Böhmen bei Leitmeritz geboren. Vertreibung der Familie, neue Heimat in Vorarlberg, Schule in Schruns und Bludenz. 1963 Dominikaner, Studium in Walberberg bei Köln, Wien, Paris und Regensburg. 1970 Priesterweihe. 1974 Doktorat in Paris. 1973–1975 Studentenseelsorger in Graz. 1975–1991 Professor für Dogmatik und Ostkirchenkunde in Fribourg/Schweiz. 1991 Weihbischof von Wien. 1987–1992 Redaktionssekretär des Weltkatechismus. 1995 als Nachfolger des umstrittenen Hans Hermann Groër Erzbischof von Wien. 1998 Kardinal.

Christoph Schönborn ist einer der führenden Theologen der Weltkirche. Der nicht ideologisch denkende Konservative war als Bischof anfangs eher konfliktscheu, ist heute unbestritten die Führungspersönlichkeit der österreichischen Kirche. Deren tiefe Spaltung konnte er überwinden. Er hat in allen politischen Lagern gute Kontakte. Gegen die Überalterung des Klerus und das Schrumpfen der Gläubigenzahl fand er bisher kein Rezept.

Herr Kardinal, Was bedeutet Österreich für Sie?

Meine Heimat. Und jenen inzwischen sehr kleinen Fleck der Erde, mit dem ich etwas verbinde, was schwer zu definieren ist, Zuhause, Zugehörigkeit, Vertrautheit.

Inzwischen sehr klein: Ist das eine Anspielung auf das größere Österreich vor 1918?

Österreich war einmal ein Weltreich. Es gab eine Zeit, wo es zumindest von der Casa d'Austria (Anmerkung: Das Haus Österreich, die Habsburger) hieß, dass die Sonne in ihrem Reich nicht untergeht. Das tut sie im heutigen Österreich sehr schnell.

Das ist aber schon 500 Jahre her.

Das ist schon einige Jahre her. Aber das Jahr 1918 ist noch nicht so lange her. Österreich hat eine imperiale Vergangenheit und eine kleinstaatliche Gegenwart. Das ist eine gewisse Grundspannung, die es noch immer in der österreichischen Seele gibt. Ich komme aus Altösterreich, aus Böhmen, fühle mich dort auch durchaus geschichtlich zugehörig, bin in Österreich aufgewachsen und zuhause und betrachte mich als Österreicher. Aber Österreich alleine wäre mir zu klein als Beschreibung der Identität und der Heimat.

Was ist dann nun wirklich Heimat für Sie?

Heimat ist für mich in ganz spezieller Weise die katholische Kirche, und die ist zugleich etwas sehr Örtliches für mich. Das ist zum Beispiel ganz einfach die Dorfkirche in dem Ort, wo ich aufgewachsen bin.

In dem böhmischen Dorf?

Nein, in dem Vorarlberger Dorf. Es ist zugleich das Sich-Zuhause-Fühlen in Brasilien und in Sambia und in Indonesien, wo immer ich in eine katholische Kirche gehe. Und diese Beheimatung ist natürlich mindestens so wichtig wie die Beheimatung in Österreich.

Hat dieses Österreich eigentlich, wenn Sie es jetzt einmal von der

kirchlichen Dimension abstrahieren, so etwas wie eine besondere Aufgabe in der Welt?

Ich glaube tatsächlich, dass Österreich das hat. Es ist durchaus nicht bloße Sonntagsrhetorik, wenn man von einer österreichischen Sendung spricht. Österreich hat, daran hat auch der Papst erinnert, eine Brückenfunktion. Ich erlebe das in vielerlei Hinsicht, natürlich vor allem im kirchlichen Bereich: Österreich hat, wegen seiner Kleinheit, früher mehr wegen seiner Multinationalität oder Multikulturalität, eine Chance. Es ist auf dem politischen Parkett nicht gefährlich, aber doch für nicht wenige ein Zugangstor. Für manche Länder, auch kirchliche Kreise, die sich mit den größeren Ländern schwer tun, geht der Kontakt zur Europäischen Union über Österreich leichter.

Also Brücke zwischen Osteuropa und Westeuropa, aber auch Brücke zwischen Groß und Klein?

Zwischen Groß und Klein, und Brücke hin zu Europa. Ob von Europa in die Welt hinaus wage ich nicht zu sagen, aber sicher hin zu Europa. Ja, da spielt Österreich eine Brückenrolle und kann das auch.

Wenn Sie als österreichischer Staatsbürger nachdenken, was macht Ihnen für die Zukunft dieses Landes besondere Sorgen und was besondere Hoffnungen?

Besondere Sorgen macht mir, dass wir in ganz Europa so etwas wie einen kollektiven Beschluss der Nicht-Zukunft getroffen haben. Wir haben in einer sehr dramatischen Weise Abschied von einem Weiterleben in den nächsten Generationen genommen. Das hat sehr viel mit der Einstellung zur Zukunft zu tun. Das macht mir Sorge. Wenn ein Land sehr offen ist für die nächste Generation, dann heißt das, dass die leitende, die führende Generation sich dessen als selbstverständlich bewusst ist, dass sie vorübergehend ist und dass sie eigentlich ihren Lebenszweck auch darin sieht zu übergeben.

Und dieses „vorübergehend" ist vergessen worden, meinen Sie?

Dieses „vorübergehend“ ist von Europa in einer erschreckenden Weise vergessen worden. Das muss uns Sorgen machen.

Jetzt kann man ganz zynisch fragen: Vielleicht ist es gar nicht schade um Österreich oder Europa, wenn die Menschen es nicht mehr für wert befinden, dass ihre Gene oder ihre kulturelle Identität weitergetragen werden. Die Weltgeschichte hat viele Kulturen gekannt, die untergegangen sind.

Eine Kultur ist nicht ein absoluter Wert, dessen bin ich sicher. Und Kulturen vergehen. Es ist manchmal schade; manchmal ist es durchaus auch wünschenswert, wenn gewisse Zivilisationen untergehen, weil sie einfach zu unmenschlich waren.

Bei welchen Zivilisationen meinen Sie, ist der Untergang gut?

Wie das Römische Reich untergegangen ist, hat man zum Teil den Christen den Vorwurf gemacht, dass sie Schuld seien an seinem Untergang. Augustinus hat darauf geantwortet in einem seiner größten Werke, im „Gottesstaat“, wo er das schreckliche Wort geprägt hat, dass das Römische Reich eine Räuberbande war. Das Römische Reich hatte sicher seine Größe und eindrucksvollen Seiten. Aber sein Untergang war in der Perspektive, wie Augustinus sie zeichnet, durchaus nicht nur negativ zu sehen.

Man kann natürlich in manchen Dingen Parallelen zwischen dem Römischen Reich und dem heutigen Europa zeichnen: ein unglaublicher Wohlstand, eine Zivilisation, die aber müde geworden zu sein scheint, die die innere Kraft verloren hat, die sich mit Brot und Spielen von den Machthabern abspeisen lässt. Auf der anderen Seite junge, aggressive Kulturen, die ringsherum gleichsam in den Startlöchern scharren. Wird denen Europa auf Dauer gewachsen sein?

Eines ist sicher: So wie die Entwicklung in Europa ist, wird der Immigrationsdruck in den nächsten Jahrzehnten enorm sein. Das lässt sich aus den historischen Parallelen ablesen. Es wird in diesem Vakuum der europäischen Geburtenverweigerung ein Immigrationsdruck entstehen, der verständlicherweise vielen Menschen Angst und Sorge macht. Das ist, wenn man ein wenig in Ländern der sogenannten Dritten Welt war, überhaupt nicht verwunderlich. Ich denke etwa an Nigeria, an Iran, zwei sehr unterschiedliche, auch vom wirtschaftlichen Niveau her unterschiedliche Länder, aber beide haben gemeinsam, dass sie eine sehr junge Bevölkerung mit einem erstaunlich hohen Bildungsniveau haben. Verständlicherweise werden diese jungen Menschen mit allen Mitteln versuchen, in Länder zu kommen, in denen sie sich Arbeit und Lebensmöglichkeiten erhoffen.

Und das haben Sie jetzt nicht nur rein sachlich kommentierend festgestellt, sondern mit einem bedauernden Unterton. Oder irre ich da?

Das ist natürlich immer auch mit Trauer verbunden. Weil diese europäischen Kulturen sind ja nicht so einfach etwas, von dem man so leicht Abschied nimmt. Das sehe ich tatsächlich mit einem gewissen Bedauern, aber nicht hoffnungslos. Ich erlebe das in der Erzdiözese Wien, wir sind eine Kirche, die immer internationaler wird, immer multinationaler wird, und deren vitale Kräfte zum Teil in den vielen fremdsprachigen Gemeinden liegen.

Kann man überhaupt noch von einem christlichen Österreich sprechen? Oder verschwindet das immer mehr, löst sich gleichsam ins Homöopathische auf?

Das glaube ich ganz und gar nicht, dass sich das Christentum in Europa so sehr verdünnen und verflüchtigen wird, dass man es als homöopathisch bezeichnen kann. Das Christentum ist, das ist ein ganz nüchternes Faktum, nach wie vor die stärkste Kraft in Europa. Ich sehe keine andere Kraft, die eine solche Präsenz in alle Bereiche hinein hat wie das Christentum in seinen verschiedenen Kirchen – ich denke dabei sicher in sehr starker Weise an die katholische Kirche, aber auch an die evangelischen und orthodoxen Kirchen. Die christlichen Wurzeln sind lebendig. Es sind gute 80 Prozent der Europäer Christen. In mehr oder weniger engagierter Weise, aber sie bekennen sich dazu.

Aber wenn die Türkei diesem Europa beitritt, sagen uns die Hochrechnungen der Demographen, dass es an der nächsten Jahrhundertwende eine islamische Mehrheit in der Europäischen Union geben wird.

Ich bin kein Bevölkerungsexperte. Solche Prognosen sind mit Vorsicht zu genießen. Tatsache ist, dass das Christentum nicht nur die stärkste Religionsgemeinschaft in Europa ist, sondern auch in seinen vielen Verästelungen prägend wirkt. Denken Sie nur an den karitativen Aspekt, der selbst dort, wo er ganz profan geworden ist, doch noch sehr stark aus den christlichen Wurzeln lebt. Der sozialistische Sanitätsverband heißt Arbeitersamariterbund, das ist zweifellos eine biblisch-christliche Inspiration. Wie sehr haben christliche Motive in der bildenden Kunst, der Musik, der Architektur die Menschen in Europa bewegt! Zumindest bis vor wenigen Jahrzehnten.

Aber auch heute noch?

Heute noch? Das Fragezeichen ist berechtigt. Diese Frage kann man aber auch an unsere Zeit zurückspielen. Gibt es heute eine prägende Gestalt der Architektur, der bildenden Kunst, der Musik?

Wenn Sie so überzeugt sind vom christlichen Charakter Europas, dann fällt mir das Stichwort Buttiglione ein. Der italienische Politiker ist an der Mehrheit des Europäischen Parlaments gescheitert, weil er bei einem sogenannten Hearing Positionen bezogen hat, insbesondere zur Homosexualität, die klassische Doktrin der katholischen Kirche sind, ob man sie jetzt teilt oder nicht. Buttiglione durfte genau deswegen nicht Kommissar der Europäischen Union werden. Und das im gleichen Zeitpunkt, da der sehr fundamentalistisch-islamische türkische Ministerpräsident den europäischen Verfassungsvertrag als Schöpfer mitunterschreiben

durfte, der übrigens zur Homosexualität sicher noch negativer steht als Buttiglione. Das katholische Kroatien aber nicht. Da kann man doch mit gewisser Skepsis fragen, was da noch christlich sein soll.

Das kann man. Ich würde das aber noch etwas ausweiten. Denn die Reaktionen auf Buttiglione sind nicht nur Reaktionen gegen seine christlichen Positionen, sondern es ist einfach die Feigheit der Political correctness, Dinge beim Namen zu nennen, von der ein Großteil der Bevölkerung überzeugt ist, dass sie beim Namen zu nennen wären, wo man es nicht tut.

Was meinen Sie jetzt konkret?

Ganz konkret, dass es zwischen Menschen gleichen Geschlechtes keine Ehe gibt. Das ist nicht eine Frage von Religion, das ist eine Frage – pardon – von Physiologie, von Psychologie, das ist eine Frage dessen, was wir Natur nennen. Das gehört nicht nur zum christlichen Erbe, sondern auch zum klassischen antiken Erbe, dass es so etwas wie die menschliche Natur gibt, und dass die dauerhafte Beziehung zwischen Mann und Frau Ehe genannt wird und die Fruchtbarkeit dieser Beziehung Familie genannt wird. Das nicht in dieser Klarheit zu sagen, ist die Feigheit der Political correctness.

Die Political correctness ist …

Die Political correctness ist eine Eigenschaft, die, ich schließe mich da durchaus ein, die uns allen, die wir in der Öffentlichkeit stehen, Angst macht. Es bedarf eines ganz beachtlichen Maßes an Mut, an Zivilcourage, Dinge, die an sich jedermann vom Common sense her einsichtig sind, auch nüchtern beim Namen zu nennen. Dazu bedarf es großen Mutes. Herr Buttiglione hat diesen Mut gehabt. Ob er klug gehandelt hat, ob andere politische Intrigen mit hereingespielt haben, das sind alles sekundäre Fragen. Faktum ist, dass hier ein Mann politisch zu Fall gebracht worden ist, weil er Dinge beim Namen genannt hat, die an sich gar nichts primär mit Religion, sondern mit der Natur zu tun haben, mit der menschlichen Natur und dem, was jeder einsehen kann, der sich ein bisschen mit der Wirklichkeit befasst.

Da fällt mir aber auch ein österreichisches Beispiel ein, das ähnlich liegt, wo ich auch nicht das Gefühl habe, dass sich da die Kirche sehr artikuliert hat. Als die Unterrichtsministerin Gehrer, die ich selber übrigens in vielen bildungspolitischen Dingen sehr kritisiere, den eigentlich eher unverdächtigen Satz gesagt hat, der Sinn des Lebens kann nicht nur im Partygehen liegen, ist sie öffentlich beinahe vernichtet worden, ohne dass ihr irgendwer in diesem angeblich christlichen Land zur Seite gestanden wäre.

Meine Entschuldigung ist, dass ich damals im Ausland auf Urlaub war. Sie haben völlig Recht, es ist manchmal erfrischend, wenn man Stimmen in unserem Land hört, die sich trauen, Dinge einfach unaggressiv, unaufgeregt, aber klar beim Namen zu nennen. Und ich denke, wir haben uns da schwer an der Nase zu nehmen, ob Exponenten der Kirche, ob Politiker, ob Medienleute, ob wir uns genügend trauen, hier gegen den Mainstream Dinge einfach klar zu sagen.

Samuel Huntington hat in seinem letzten Buch mit viel Datenmaterial relativ schlüssig bewiesen, dass eigentlich der ganze Erdball religiöser wird, mit einer Ausnahme: nämlich Europa. Sie haben mir zuvor widersprochen, wie ich gesagt habe, in Europa verdünnt sich das Christentum. Auch Huntington kann Sie nicht überzeugen?

Ich stimme Ihnen zu, dass es eine Verdünnung gibt. Ich glaube nur nicht, dass das Christentum sozusagen verdunsten wird, sondern dass es durchaus auch in Europa so etwas wie eine Trendwende weg von der Säkularisierung gibt. Ich denke an einen Leitartikel in der „Zeit" zu Weihnachten, wo sich der Autor die Frage stellt, wir müssen eigentlich ein Wort finden, das das Gegenstück zur Säkularisierung ist, und dieses Wort müsste so etwas wie „Religionisierung" sein. Denn es ist, so meinte er, auch für Europa ein unleugbares Phänomen, dass es ein stärkeres Bewusstsein für die religiösen Grundfragen und auch für die religiöse Praxis gibt.

Vollzieht sich das vielleicht in Europa stärker mit esoterischen Inhalten als mit Inhalten der klassischen Religion?

Das ist in der Tat sehr stark da. Ich glaube aber, dass der Esoterismus nicht ein so zentrales Phänomen ist. Es entspricht sicher einer zeitgenössischen Grundhaltung, dass man sich eine Religion zusammenstellt, so wie man sich im Supermarkt mit seinem Wagerl die Sachen zusammenstellt, und dann seinen eigenen Religionsmix macht. Aber ich bin nach wie vor überzeugt, dass die Prägekraft und die Präsenz der katholischen Kirche, der orthodoxen Kirchen, auch der protestantischen, nach wie vor zu den zentralen Phänomenen dieses Kontinents gehört. Das ist nicht Zweckoptimismus.

Wenn man die öffentlichen Reaktionen auf die Kirche analysiert, schätze ich, dass 70 Prozent der Kommentare der Kirche vorwerfen, durch diverse Skandale sei sie selbst schuld am Rückgang ihrer Bedeutung, und 20 Prozent würden gleichsam im Gegenteil sagen, die Kirche sei selbst schuld, weil sie sich zu sehr liberalisiert, aufgeweicht hat, die Tendenzen seit dem Vatikanischen Konzil hätten die Kraft der Kirche nicht mehr überzeugend darstellen lassen.

Ich glaube, beide haben partiell Recht. Natürlich haben die Skandale, die menschlichen Defizite der Kirche in Österreich enorm geschadet. Natürlich gibt es einen gewissen Prozentsatz an Menschen, denen die Kirche nach dem Konzil zu angepasst, zu stromlinienförmig geworden ist und die sich von der Kirche mehr Profil und mehr Wehrhaftigkeit erwarten würden. Aber beide haben nicht ganz Recht. Sie haben nur einen Teil der Wahrheit. Das Bild wird erst vollständig, wenn man die enormen gesellschaftlichen Veränderungen betrachtet, in denen wir leben. Ich besuche viel die kleinen Landpfarren unserer Diözese. Wie hat sich das Leben der Menschen im Piestingtal oder im Weinviertel in den letzten 50 Jahren verändert? Vor 50 Jahren lebten 42 Prozent der Menschen in der Landwirtschaft, heute sind es vier Prozent.

Der Reichtum hat die Menschen das Beten verlernen lassen?

Das stimmt zum Teil. Nur ist die Religiosität anders geworden. Sie ist punktueller, sie hat weniger traditionelle Wurzeln, aber sie ist sehr stark da. Ich erinnere an Beispiele, wo das ganz stark greifbar wird. Bei der Kaprun-Katastrophe haben wir hier im Dom eine Messe gefeiert, da war der Dom brechend voll, und das waren viele, viele Menschen, die nicht praktizierende Katholiken sind. Aber in so einer Situation war es offensichtlich ein ganz starkes Bedürfnis, der eigenen Betroffenheit, dem eigenen Schmerz einen religiösen Ausdruck zu verleihen.

Das hieße: Kaum geht es einem schlecht, greift man wieder nach dem Halt, den man in guten Zeiten beiseite gelegt hat?

Das ist das eine Element. Das andere Element ist: Das Wallfahrten boomt in einer unglaublichen Weise. Europaweit. Das hat ein bisschen mit Sport zu tun, mit Fitness, mit Wellness. Das hat aber auch mit einer, ich würde fast sagen unverwüstlichen Religiosität zu tun, die sich im besten Fall als Glauben entfaltet und nicht nur so ein vages religiöses Gefühl bleibt. Das hat nicht nur mit der Not der Menschen zu tun, sondern das ist Ausdruck jenes vitalen menschlichen Verlangens, über den Horizont des unmittelbaren Lebens hinauszuschauen in die Perspektive nach dem Tod, aber auch in die Perspektive der Gegenwart Gottes in meinem Leben.

Zum Abschluss noch ein ganz anderes Thema: Glauben Sie, wenn wieder eine Bedrohung von Rechtsstaat und Demokratie entstünde wie vor 60, 70 Jahren, würde die junge Generation da heute kämpfen, die den Alten vorwirft: Warum habt ihr euch nicht gewehrt?

Das ist schwer zu prognostizieren. Es gibt ein paar ganz entscheidende Faktoren heute nicht mehr, die es damals gegeben hat, die zur Ideologisierung geführt haben und dann auch zur Katastrophe des Nationalsozialismus, aber auch des Kommunismus. Das ist erstens der Nationalismus. Wir können uns heute kaum noch vorstellen, vielleicht ein bisschen im Drama

Südosteuropas, was die Nationalitätenkonflikte in Europa bedeutet haben. Ich denke nur an meine eigene Heimat, diese ungeheuren Spannungen zwischen Tschechen und Deutschen in der Tschechoslowakei, diese Verhärtungen, Ideologisierungen des Nationalen, die dann in der Extremform zum Nationalsozialismus geführt haben. Das ist weggefallen, weil wir in einer so globalisierten Welt leben, dass junge Menschen heute nicht mehr mit diesem Nationalismus aufwachsen.

Die andere Quelle, die kann natürlich wieder kommen. Das ist die wirtschaftliche Not. Sicher hat die wirtschaftliche Not der zwanziger Jahre entscheidend zum Aufstieg des Nationalsozialismus, auch des Kommunismus, oder sagen wir des Marxismus, auch des Austromarxismus, beigetragen. Das kann natürlich wiederkommen.

Wie würde sich unsere Gesellschaft entwickeln, wenn große soziale Spannungen entstünden?

Da muss man die heutige Entwicklung mit Sorge beobachten, dass tatsächlich die Schere zwischen den vielen immer mehr Verdienenden und denen, die tendenziell eher weniger verdienen, größer wird. Und dass sozusagen das Mittelfeld eher in Gefahr ist, ausgedünnt zu werden. Das ist eine Entwicklung, die mir tiefe Sorge macht. Ich nenne Ihnen ein Beispiel: Einer der großen europäischen Konzerne beschäftigt in seiner österreichischen Niederlassung inzwischen schon ein Drittel seiner Mitarbeiter nur noch auf Werkvertragsbasis und nicht mehr auf Angestelltenbasis. Das heißt, ein großer Teil der vor allem jüngeren Berufstätigen in diesem Betrieb lebt in einer sozialen Unsicherheit, die für die Zukunft Schlimmes verheißen kann.

Das sind ganz große Fragen auch an die Gewerkschaften. Die verlieren ja sehr viele Mitglieder, darüber wird nur weniger gesprochen als über den Verlust der Kirchenmitglieder. Die Gewerkschaften befassen sich zuwenig mit einem Gutteil der neuen sozialen Wirklichkeit der Arbeitswelt. Das kommt nicht in ihr Blickfeld. Dort aber gibt es große Potenziale für soziale

Spannungen, wenn sich das dramatisch verschlechtern sollte. Ob es dann wieder zu so etwas wie dem Kommunismus kommen könnte, dem Marxismus als Ideologie, das kann ich nicht prophezeien. Aber soziale Spannungen haben sich in früheren Jahrhunderten auch anders entladen als durch Ideologien, sie haben zu Bürgerkriegen geführt, sie haben zu Gewaltausbrüchen geführt. Und das kann auch bei uns wieder kommen.

Zurück zum Beginn unseres Gesprächs: Sie haben Österreich als Heimat bezeichnet, aber wenn man es jetzt eine Spur kleinräumiger fasst, sind Sie nun eigentlich in Böhmen, in Vorarlberg, in Wien am meisten beheimatet?

Das ist eine schwierige Frage, weil tatsächlich der Begriff Heimat für mich nicht mehr so lokalisierbar ist, wie es für Menschen ist, die wirklich eine stabile Heimat haben. Wir sind Heimatvertriebene, und auch wenn ich keine persönliche Erinnerung an die böhmische Heimat habe, ist es ein Faktum, dass wir als Fremde, als „Zuagraste" nach Vorarlberg gekommen sind, und das bei aller Inkulturation im Ländle doch geblieben sind. Dass ich in Wien nun eine neue Heimat gefunden habe, ist ja für Wien nicht etwas Neues. Jemand, der einen Vater aus Pilsen, eine Mutter aus Brünn hat und selber in Leitmeritz geboren ist, der hat ja eigentlich gute Voraussetzungen, in Wien heimisch zu werden. Und ich glaube doch sagen zu können, dass ich mich nach inzwischen 14 Jahren bischöflichen Lebens in Wien hier heimisch fühle. Wie weit es einmal ganz Heimat wird, da muss ich als Christ sagen: So ganz Heimat hat man nie auf Erden. Es ist immer eine Nostalgie und auch eine Hoffnung auf eine andere Heimat, von der der christliche Glaube sagt, dass wir dort wirklich zu Hause sind.

Wir müssen da und dort zurücknehmen

FRED SINOWATZ,

1929 in Neufeld/Leitha (Burgenland) geboren. Eltern zählten zur kroatischen Minderheit. Geschichte, Germanistik und Zeitungswissenschaften an der Uni Wien. 1953 Promotion. 1954 Landesbeamter. 1961 Landtagsabgeordneter und SPÖ-Landesparteisekretär. 1964 Landtagspräsident. 1966 Kulturlandesrat. 1971 Minister für Unterricht und Kunst. 1981 auch Vizekanzler. 1983 Bundeskanzler und SPÖ-Vorsitzender. 1986 Rücktritt nach verlorener Bundespräsidentenwahl. Verurteilung wegen falscher Zeugenaussage in Prozessen um die Frage, ob er die „braune Vergangenheit" Waldheims im Wahlkampf gezielt eingesetzt hat. Freispruch in einem Verfahren um Waffenexporte.

Fred Sinowatz hatte in einer Periode der Abwärtsentwicklung der SPÖ als treuer Parteisoldat die Verantwortung übernommen. Bruno Kreisky hatte ihm große Probleme hinterlassen: den tiefen Zwist mit Hannes Androsch und die schwere Schuldenkrise der verstaatlichten Industrie. Sinowatz traf es tief, dass sein Abgang von Prozessen überschattet war.

Herr Dr. Sinowatz, wie würden Sie Ihre Beziehung zu Österreich beschreiben? Sind Sie ein Patriot?

Ich fühle mich als Österreicher und freue mich, wenn Österreich Erfolge hat. Ich bin bei dem Begriff Patriot vorsichtig, weil der einhergeht mit etwas Billigem, mit Volkstümelei.

Zugleich sind die Menschen in ihren Dörfern verankert und identifizieren sich vor allem im Westen und Süden Österreichs mit dem jeweiligen Bundesland. Jetzt ist Europa als Bezugsebene dazugekommen. Wozu braucht es dieses Österreich eigentlich noch in der Zukunft? Was hat ein Burgenländer wie Sie mit dem Vorarlberger gemeinsam?

So widersprüchlich das klingt, gemeinsam haben die beiden Bundesländer, dass sie eine eigene Geschichte haben. Die Burgenländer, die ständig ein Teil von Ungarn gewesen sind, haben ihre Muttersprache gegen einen harten Magyarismus verteidigen müssen. Die Vorarlberger haben im alemanischen Charakter ihre Identität. Man soll diese Besonderheiten der einzelnen Länder pflegen und erhalten. Das ist auch etwas, was ich unter Patriotismus verstehen könnte. Das ist berechtigt.

Aber das ist ein Bundesland-Patriotismus, kein ...

Insgesamt ist das schon ein Österreich-Patriotismus. Man freut sich an der Vielfalt.

Vielfalt gibt es in Europa auch zwischen dem Baskenland und der Toskana und Irland.

Das muss auch so sein. Wenn diese Vielfalt anerkannt wird, dann werden wir in Europa unsere Aufgaben bewältigen können. Aber wenn man die Vielfalt zerstören würde, weil man rein technologisch denkt und fragt: „Wozu brauchen wir überhaupt die Bundesländer? Wozu brauchen wir in Europa noch eigene Regierungen?“, das wäre gefährlich.

Emotional verstehe ich das. Andererseits ist das unlogisch, Europa immer mehr Rechte zu geben und gleichzeitig zu glauben, man nimmt niemand anderem an Rechten etwas weg.

Ich bin immer etwas überrascht, wenn Verfassungsfragen nur von Verfassungsrechtlern diskutiert werden. Das ist eine politische Frage. Bei aller Anerkennung von Fiedler und Korinek (Anmerkung: der Vorsitzende des Verfassungskonvents zur Formulierung einer neuen Bundesverfassung und der Präsident des Verfassungsgerichtshofs): Wie die Verfassung aussieht, ist eine politische Frage.

Die haben ja den Auftrag dazu bekommen.

Das ist kein Vorwurf. Aber es klingt nach außen so: Das sind die Experten, die wissen, wo es langgeht.

Aber das war wie bei unserer geltenden Verfassung von 1920: Da sagt jeder, der Hans Kelsen hat die Verfassung gemacht, aber entscheidend waren ja trotzdem der Otto Bauer und der Ignaz Seipel, die Chefs von Sozialdemokraten und der Christlichsozialen. Kein Mensch sagt aber: die Bauer-Seipel-Verfassung.

Ja, so ist es. Letzten Endes ist eine Verfassung auch Ausdruck des politischen Denkens ihrer Zeit.

Wohin sollen aber die Politiker Österreich führen? Das ist eine schwierige Aufgabe, in der die Politik offenbar nicht wirklich weiter weiß.

Die Politik kann nur das, was die Gesellschaft zulässt. Oder nur ganz wenig mehr. Jetzt kann man nur eine Bereinigung der Verfassung anstreben, weil sich da so viel angesammelt hat, das man straffen kann. Ich glaube aber nicht, dass wesentliche Veränderungen etwa bei der Kompetenzfrage erreicht werden können. Wenn man auch rein technisch fragen kann: Wozu brauchen wir die vielen Bundesländer?

Sie gehören einer Politikergeneration an, die sich schon Jahrzehnte zurückgezogen hat. Denkt man da mit einem weiteren Horizont als manche junge Menschen, die vielleicht nur an den Tag denken?

Ja, aber viele der Alten wollen noch mitreden, im Grunde genommen noch mitmachen. Und das ist gefährlich.

Dieser Gefahr sind Sie nicht unterlegen, weil Sie sich sofort nach Ihrem Ausscheiden als Bundeskanzler zurückgezogen haben. Sie waren noch ein bis zwei Jahre Parteivorsitzender ...

Das war aber nur ein Ausklingen der Tätigkeit. Ich habe auch keine Entzugserscheinungen gehabt.

Ist das auch wirklich gut und richtig, dass die Alten gar nicht mehr angehört werden? Es gibt ja viele Kulturen in der Geschichte, die Chinesische gehört auch heute noch dazu, wo die Erfahrung und das Wissen der alten Menschen nicht nur genutzt, sondern auch viel mehr geschätzt werden, als es bei uns ist.

Das stimmt schon. Nur mit dem Unterschied, dass wir, dass unsere Generation eine Zeit erlebt hat, in der die technische Veränderung gigantisch gewesen ist. In meiner Kindheit war es eine Sensation, wenn ein Flugzeug geflogen ist. Wir haben stundenlang im Straßengraben gespielt. Meine Enkelkinder leben heute in einer ganz anderen Welt, daher ist es schwer, mit den Erfahrungen von gestern Politik von heute machen zu wollen. Die Erfahrung ist schon gut und wichtig und richtig; es ist auch gut, dass so viel publiziert und gesagt wird. Aber die Konfrontation mit der Gegenwart ist doch sehr schwierig.

Trotz all dieser Veränderungen frage ich Sie: Was antworten Sie, wenn ein junger Mensch Sie fragt, was Sie ihm als Botschaft für die Zukunft mitgeben?

Also ganz vordergründig: Achtung vor der Simplifizierung, vor dieser maßlosen Vereinfachung, sprich Kronenzeitung. Bemühen um ein differenziertes Denken. Auf die Dauer wird der demokratische Prozess überhaupt nur funktionieren, wenn man das zur Kenntnis nimmt. Ich bin zwar von den Journalisten absichtlich missverstanden worden, mit dem Satz, bei mir ist alles sehr kompliziert, aber in Wahrheit habe ich gesagt, es muss endlich zur Kenntnis genommen werden, dass in einer Zeit der Vernetzung und der technischen Entwicklung, der Globalisierung vieles so komplex geworden ist, dass es nicht nur eine Antwort, sondern mehrere Antworten auf schwierige Fragen gibt.

Sehen Sie einen wachsenden Trend zu immer mehr Vereinfachung, oder war das immer eine konstante Gefahr, auch vor 30 oder 50 Jahren?

Es ist natürlich die Gefahr insofern größer als vor 30, 40 Jahren, weil damals die Medien nicht in der starken Form da gewesen sind, vom Fernsehen bis hin zu den Printmedien. Daher muss man heute besonders darauf achten, dass man nicht dieser Vereinfachung unterliegt.

Vereinfachung wird von Politikwissenschaftern als ein Hauptelement von Faschismus skizziert. Weil Ihnen diese Gefahr so spontan in den Sinn gekommen ist, möchte ich fragen: Sehen Sie die Demokratie in Österreich für die Zukunft bombenfest verankert oder muss man sich Sorgen machen?

Die Demokratie ist nie bombensicher. Aber wir sind relativ sicher, gemessen an der Zeit vor 50, 60, 70 Jahren, als uns andere Fragen noch stärker bewegt haben, materielle Fragen, soziale Fragen. Ich glaube nicht, dass heute oder in Zukunft eine wirkliche Abkehr von der Demokratie gewünscht wird, auch bei den jungen Menschen nicht. Sie sind schon Teil einer Demokratie und wollen sie.

Vor 50, 60 Jahren, als die Demokratie gerade auf etliche Jahre zerstört gewesen ist, war man sich deren Wert vielleicht besser bewusst als heute, wo sie für viele eine lebenslange Selbstverständlichkeit ist, da sie nichts anderes kennen gelernt haben.

Das stimmt schon. Aber es hat auch seine Vorteile, dass die Demokratie zu einer Selbstverständlichkeit geworden ist, dass es selbstverständlich gewünscht ist, dass jeder seine Meinung sagen kann.

Herr Dr. Sinowatz, Sie leben im Burgenland, Sie sind ein Burgenländer, jenem Bundesland mit einer sehr langen Außengrenze zu einer lange kommunistisch beherrschten Welt. Wird diese dramatische Öffnung und Befreiung seit 1989 als große Chance gesehen oder ist nicht manches Mal auch Sehnsucht da nach dem Eisernen Vor-

hang? Man war unter sich und hat nichts von denen da drüben zu hören und sehen bekommen.

Es beeindruckt mich tief – auch im negativen Sinn –, wie schnell das alles vergessen wird. Wie schnell man vergisst, dass da der Eiserne Vorhang war, dass man, wenn man einen Schritt hinüber gemacht hat, niedergeschossen wurde, dass man Jahrzehnte am Rande der freien Welt gelebt hat. Das ist alles plötzlich weg und es wird kaum noch daran gedacht. Daher bin ich ein bisschen enttäuscht, dass die Frage Europa von allen möglichen Standpunkten gesehen wird, aber weniger von dem Standpunkt, dass hier im Herzen Europas jetzt wirklich eine Periode des Friedens ermöglicht wird. Offensichtlich stehen die unmittelbaren Bedürfnisse der Menschen im Vordergrund. Ob jetzt ein paar Ungarn kommen und schwarzarbeiten, berührt die Menschen mehr als die Tatsache, dass der Eiserne Vorhang weg ist.

Aber es gibt noch negativere Erscheinungen als die Schwarzarbeit, es gibt etwa einen starken Zuwachs von Einbruchsdiebstählen im Grenzgebiet. Ich kenne Burgenländer, die die Haustür immer offen gelassen haben, jetzt sperren sie diese zu. Was noch eine harmlose Konsequenz ist, doch es ist ein Kulturwandel auch mit negativen Auswirkungen.

Die ganze Sache ist viel weniger tragisch, als es dargestellt wird. Ich lebe hier, allerdings am Rande des Burgenlandes, wir sind schon viel mehr nach Wiener Neustadt und Wien orientiert. Es gibt wenige Einbruchsdiebstähle. Aber meine Freunde aus der Volksschulzeit sind ganz konsterniert und glauben, sie leben im unsichersten Teil der Welt. Wenn irgendwo ein kleiner Diebstahl passiert, der noch dazu in der Zeitung steht, dann ist der Teufel los. In Wahrheit ist fast nichts los.

Sind die Österreicher also zu sehr zukunftsängstlich?

Ja, natürlich.

Übertrieben zukunftsängstlich?

Es ist wie bei den kommunizierenden Gefäßen. Wenn man,

was wir ja zu Recht tun, darauf aus ist, den Menschen ein hohes Maß an sozialer Sicherheit zu vermitteln, da muss man auch in Kauf nehmen, dass die Menschen sensibel werden für all das, was die Sicherheit beeinträchtigen könnte.

Glauben Sie, dass dieses hohe Maß an sozialer Sicherheit nachhaltig auf diesem Niveau verteidigt werden kann?

Nicht in Einzelheiten. Natürlich muss man Veränderungen in Kauf nehmen, die Gesellschaft hat sich verändert, und zwar sehr stark, gewaltig. Vom Prinzip her bin ich aber ein großer Verfechter des Sozialstaates. Ich halte das für ein hohes Maß an politischer Zivilisation, an politischer Kultur, die wir in diesem Teil der Welt erreicht haben.

Eines der aktuellen Probleme ist ja, dass Arbeitsplätze durch die Grenzöffnung verschwinden. Ich habe gerade mit einem Industriellen gesprochen, der alle Kosten durchkalkuliert und herausgefunden hat, dass er in der Slowakei genau 21 Prozent gegenüber den österreichischen Kosten für die effektiv geleistete Arbeitsstunde zahlt.

Jetzt frage ich mich, wieso sich eigentlich in letzter Zeit immer mehr ausländische Firmen hier in Österreich etabliert haben, wenn das so ist.

Sie glauben nicht, dass die Arbeitsstunde drüben so viel billiger ist?

Natürlich gibt es in diesen Ländern den Umstand, dass sich die bei Steuern so zurückgehalten haben in der Hoffnung, dass sich Betriebe ansiedeln. Aber die Steuerfrage ist nicht allein Ausschlag gebend für den Standort. Wir haben schon etwas Besseres zu bieten als die Slowakei: Die Ausbildung, die Arbeitsbereitschaft der Menschen, die Struktur überhaupt. Natürlich verstehe ich, dass man trachtet, Vorteile daraus zu ziehen, dass man sagt, man müsse die Betriebsstandorte absichern. Der Finanzminister hat den Unternehmen ohnehin mit der Körperschaftssteuer ein ungeheures Geschenk gemacht.

Geschenk heißt, deren Kürzung war überflüssig?

Ja.

Diese Argumente sind in Ihren Augen nur von der Wirtschaft vorgeschoben, um Löhne und Steuern zu drücken?

Ich will gar nicht bestreiten, dass man das im Auge behalten muss. Natürlich. Aber man kann das nicht so einseitig sehen, wie das jetzt geschieht.

Aber in Deutschland sieht jetzt auch ein sozialdemokratischer Bundeskanzler ähnliche Gefahren?

Das sind auch andere Voraussetzungen in Deutschland. Man darf nicht übersehen, dass die Osterweiterung gewaltige Kosten mit sich bringt. Die sind unterschätzt worden am Anfang. Zweitens gibt es in Deutschland gewisse soziale Strukturen, die tatsächlich überdacht werden müssen. Drittens neigen unsere deutschen Freunde zu einem Perfektionismus, der uns Österreichern zum Glück fehlt.

Sie haben in Ihrer Regierungszeit oft das Wort vom dritten Weg zwischen Kommunismus und freier Marktwirtschaft verwendet. Glauben Sie noch immer an einen solchen dritten Weg?

Ich habe das deswegen damals getan, um in der SPÖ die Bereitschaft zu stärken, dass man nicht eine artifizielle Linkspartei sein darf, sondern das mit einschließen muss, was man landläufig die Mitte bezeichnet. Es gibt ja nicht mehr den Arbeiter von vorgestern, den gibt es nicht mehr. Wenn Sie heute von Wien hergefahren sind, sind Sie ununterbrochen durch kleine Gemeinden gefahren, wo es damals in jeder Gemeinde eine Textilfabrik gab. Heute gibt es fast keine einzige mehr. Das hat natürlich gewaltige Veränderungen mit sich gebracht. Die Leute haben andere Berufe, da hat ein tiefer Kulturwandel stattgefunden. Ich bin dafür, dass dieser Sozialstaat immer wieder überprüft wird, immer an die Veränderungen angepasst wird.

Aber umgekehrt muss jeder, der in Amerika war, sagen, dass dieser Darwinismus, der dort Platz greift, unmenschlich ist.

Zumindest die Amerikaner selbst sehen das – vielleicht mit Ausnahme des filmemachenden Clowns Michael Moore – nicht so und die kennen Amerika noch viel besser.

Die haben noch nichts anderes kennengelernt.

Warum glauben Sie eigentlich, dass das amerikanische System unmenschlich ist? Die Lebenserwartung ist die gleiche wie bei uns, das Durchschnittseinkommen deutlich höher, und Amerika ist das Lieblingsziel der meisten Migranten.

Weil so viele durch den Rost fallen. Das ist eine Frage, die sozialdemokratisch ist, die Frage der Chancengleichheit. Viele können aus irgendwelchen Gründen nicht mit. Es fehlt die Bildung, die innere Einstellung. Es sind dort nicht alle Menschen gleich, sodass manche wirklich durch den Rost fallen.

Wenn Sie Amerika den Mangel an Gleichheit vorhalten, so müssen wir uns im Klaren sein, dass Gleichheit in vielerlei Hinsicht definiert werden kann: gleiche Würde, gleiche Chancen oder gleiche Ergebnisse im Status des Menschen. Wie würden Sie Gleichheit definieren?

Jedenfalls ist es ein Prozess. Es ist unmöglich, alle Menschen gleich zu machen. Zum Glück geht das nicht, man wird das nicht machen können. Es geht um die Chancen, für möglichst viele die gleichen Möglichkeiten zu haben, um die geht es. Und darum geht es weiterhin. Wir sind bei den materiellen Fragen weit gekommen, das ist gar keine Frage. Vielleicht da und dort zu weit, wir müssen das da und dort zurücknehmen.

Aber es geht auch um anderes: Im Grunde genommen sind wir, die durch höhere Schulen gegangen sind, und die wir die Güter der Kultur aufnehmen können, ja auch schon privilegiert gegenüber der Masse der Menschen, die nicht teilhaben können am Kulturleben. Das ist die nächste Aufgabe, die in 40 oder 50 Jahren die Politik beherrschen wird.

Heißt das etwa – von Ihren Ämtern übten Sie ja jenes eines Unterrichtsministers am längsten aus –, dass es ein sozialdemokratisches

Ziel für die Zukunft sein muss, jeder Österreicher solle Matura haben?

Ob er die Matura hat oder nicht, ist weniger bedeutsam. Jeder Österreicher soll so ausgebildet sein, dass er teilnehmen kann am kulturellen Leben.

In Ihre Zeit als Bundeskanzler fallen massive Krisensymptome eines wohl überholten Sozialstaatsdenkens: Die verstaatlichte Industrie, vor allem die Linzer Betriebe standen im Mittelpunkt von Skandalen oder wirtschaftlichen Problemen. Heute ist der Prozess der Privatisierung dieser verstaatlichten Industrie weitgehend abgeschlossen. Sind wir da in eine richtige Richtung gegangen oder hätte man das alles im Staatsbesitz bewahren sollen?

Ich gebe zu, dass es sehr schwer gewesen ist, die überbordende Verstaatlichung der sechziger, siebziger Jahre einzudämmen. Wenn es einmal so weit gekommen ist, dann ist es in der Politik gar nicht so leicht, die Verstaatlichung abzubauen.

Weil man unter dem Druck der Betriebsräte und der lokalen Interessen steht.

Die lokalen Interessen, überhaupt das Denken der Menschen. Der spätere Minister Lacina war der erste, der die Verstaatlichte allmählich aus dieser Situation herausgenommen hat. Ich bin nur der Meinung, dass die Privatisierung allein nicht ein Allheilmittel für eine Wirtschaftsverfassung ist. Es ist gut, dass sie da und dort geschieht. Es ist gut, wenn der Staat manche Bereiche nicht mehr so beeinflusst, wie das der Fall gewesen ist. Aber ich bin auch der Meinung, dass Österreich heute mit der Kreisky'schen Politik von damals noch immer eine so geringe Sockelarbeitslosigkeit hat. Damals herrschte eine Denkweise vor, die der Bruno Kreisky ins Extrem getrieben hat, nämlich jedem Arbeitsplatz nachzulaufen.

Ein Instrument, das gerade in der Kreiskyzeit entwickelt worden ist, war die extrem frühe Pensionisierung von Menschen aus Industrien, die in Schwierigkeiten sind. Bei den Bundesbahnen ist das

System ja heute noch weitgehend vorhanden. Was sagt der Pensionist Sinowatz: Werden die Menschen in Zukunft deutlich länger arbeiten müssen?

Wir arbeiten jetzt schon länger als die Deutschen zum Beispiel. Ich verschließe mich nicht der Überlegung, dass man da und dort länger wird arbeiten müssen. Nur wäre es ein Irrtum zu glauben, dass man damit alle Probleme beseitigt: Ich kann ja den Leuten, die jetzt in Frühpension gehen, nicht einen Arbeitsplatz geben. Ich habe gar nicht die Arbeitsplätze für die alten Menschen.

Die Zukunft wird ein Umdenken bringen müssen. Man wird die technische, ökonomische Entwicklung, die viele neue Werte schafft, auch dafür verwenden müssen, um diesem Sozialstaat die Grundlage zu sichern.

Wenn ich eine kurze Zwischenbilanz unseres Gespräches ziehe, was Sie da an spezifisch Österreichischem aufgezählt haben, dann sind da von Ihnen der Pragmatismus und die Vielfalt betont worden. Was fällt Ihnen sonst noch ein an spezifisch österreichischen Eigenschaften?

Die Geschichte. Die Geschichte, die letzten Endes auch durch die Lage zwischen Westen und Osten in Europa geprägt ist.

Aber die ist im Burgenland erst seit 1918 österreichisch.

Ich meine ja nicht das Burgenland alleine. Aber selbst im Burgenland hat man sehr rasch österreichisch gedacht, obwohl es bei Ungarn war und sich die Leute als Ungarn gefühlt haben.

In der Geschichte Österreichs haben die Habsburger eine große Rolle gespielt. Die Sozialdemokratie hat sich nach 1918 schwer getan mit den Habsburgern; erst in den siebziger Jahren machte Bruno Kreisky einen Friedensschluss. Dennoch ist bis heute im sozialdemokratischen Umgangston eine distanzierte Haltung zur Geschichte der Monarchie spürbar.

Natürlich ist die Tradition der Sozialdemokratie in Österreich verbunden mit dem Ende der Monarchie 1918.

Obwohl die Sozialdemokratie um die Jahrhundertwende durchaus nicht antihabsburgisch war.

1918 haben die Sozialdemokraten mit dem Karl Renner bei der Begründung des Staates republikanisch gedacht. Das ist in der Zwischenzeit ohnehin zurückgedrängt worden. Heute ist das Verhältnis zu den Habsburgern überhaupt keine Frage.

Heute kann der Sozialdemokrat und Historiker Fred Sinowatz die Habsburger auch uneingeschränkt positiv sehen? Oder wie würden Sie heute diese Familie betrachten?

Ich wäre natürlich dagegen, wenn unter Berufung auf die Zugehörigkeit zu einer Familie politische Ansprüche gestellt würden. Aber wenn Angehörige der Familie Habsburg in der Politik tätig sind und sich diesem demokratischen Willensbildungsprozess stellen, habe ich dagegen nichts einzuwenden. Jedenfalls habe ich nicht die Geschichte des Landes wegzuwischen, die da ist und die für uns sehr interessant ist.

Ein anderer Aspekt, der auch stark mit jenem Ressort zusammenhängt, das Sie lange geführt haben: In der Geschichte war Österreich oft Schauplatz besonderer geistiger Leistungen. Glauben Sie, ist Österreich, ist Wien noch so stark, um noch einmal wirkliche intellektuelle Weltgeltung zu bekommen?

Man darf nicht vergessen, dass das zu einem relativ hohen Grad durch jüdische Meinungsträger geschehen ist. Viele dieser Nationalökonomen, Mediziner oder Künstler waren Juden. Wien war die deutschsprachige Stadt mit dem größten jüdischen Anteil an der Bevölkerung. Und das Wien der Jahrhundertwende ist natürlich auf kulturellem Gebiet geprägt von Künstlern, die von dort herkommen.

Das heißt aber für die Zukunft ...

Das heißt, wir können dort nicht anschließen. Wir müssen unsere eigene Position finden. Das könnte unterstützt werden durch die Entwicklung in Europa. Ich möchte das wieder am Beispiel Burgenland darstellen. Tatsache ist, dass das Land zu der westungarischen Region gehört hat. Das ist auch jetzt noch so. Ödenburg ist bei Ungarn geblieben, aber Ödenburg wird in der Region die bestimmende Stadt werden. Das heißt also, es sind neue Aufgabengebiete entstanden, die Menschen werden daran gemessen werden, ob sie das bewältigen. Wien ist eine Stadt, die heute schon in verschiedenen wirtschaftlichen Bereichen, siehe etwa die Banken, nach Osten ausstrahlt. Wenn das gut gemacht wird, dann haben wir wieder einen Ausgangspunkt für kulturelle Entwicklungen. Aber ohne weiteres direkt an diese Zeit der Jahrhundertwende, die ja wirklich für uns attraktiv und interessant gewesen ist, anschließen können wir da nicht.

Ist unser Bildungssystem zukunftstauglich? Von den unerfreulichen Ergebnissen der sogenannten Pisa-Studie bis zu den Universitäten gibt's da Zweifel. Viele meinen, wir brauchen eine „University of exellence".

Ein bisschen muss ich lächeln, wenn ich denke, dass alle die Begriffe, die in meiner Zeit als Unterrichtsminister mit allen möglichen Verunglimpfungen abgelehnt worden sind, von der Zwangstagsschule bis zum Einheitsbrei im Schulwesen, dass diese Begriffe jetzt auf einmal durch eine Statistik, die plötzlich aufgetaucht ist, spruchreif geworden sind. Ich glaube nicht, dass die Pisa-Studie die riesige Bedeutung hat, wie das jetzt nach außen aussieht. Zweitens glaube ich, dass man sich hüten muss zu meinen, man könne von heute auf morgen finnische Verhältnisse in die Schulen bringen. Die Schule besteht aus 120.000 Lehrern, die kann ich nicht per Knopfdruck auf eine neue Linie festlegen. Das geht nicht. Das ist ein Prozess.

Wir haben in den siebziger Jahren etwas gehabt, das dann ungeheuer diskriminiert worden ist, auch von den Zeitungen: Die Schulversuche für die Schule der 10- bis 14-Jährigen, die Ganztagsschulen. Jetzt auf einmal ist das kein Tabu mehr.

Die Lehrer sind da in der Tat ein zentraler Faktor. Ist es nicht ein zentrales Problem unseres Schulsystems, ganz unabhängig davon, ob die Schule in der Früh oder am Nachmittag endet, dass es relativ schwer ist, unfähige, überforderte Lehrer aus dem Schuldienst zu entfernen? Die werden weiterhin, ob nun in einer Halbtags- oder Ganztags- oder Gesamt-Schule, auf die Kinder losgelassen.

Es ist an sich sehr unterschiedlich. Wir haben eine gute Lehrerausbildung für Pflichtschulen an den pädagogischen Akademien. Die Ausbildung der Lehrer für die höheren Schulen, die universitäre, ist zwar fachlich hervorragend, aber pädagogisch nicht wirklich gut. Es muss mir erst einmal einer sagen, ob ein System der Absonderung von ungeeigneten Lehrern funktionieren wird. Aber ich habe nichts dagegen einzuwenden.

Wichtiger ist, dass man trachtet, von vornherein für den Umgang mit jungen Menschen nicht geeignete Lehrer in einen anderen Beruf gehen zu lassen. Das kann man nicht von heute auf morgen erreichen.

Ich bin aber jedenfalls der Meinung, dass unsere Schule viel besser ist, als es aussieht.

Unsere Universitäten sind zumindest im Image genauso im Gerede. Da gibt es unter anderem das Thema Zugangsbeschränkungen oder Zugangsauslesen. Halten Sie das für ein Thema, das man weiter diskutieren soll?

Ich halte nicht sehr viel von diesen Bemühungen um eine Beschränkung beim Eingang. Das ist meistens ungerecht. Bei unseren Schulversuchen hat sich gezeigt, dass die Aufnahmsprüfungen in den höheren Schulen keinen prognostischen Wert gehabt haben. Bei jungen Menschen ändert sich vieles von Jahr zu Jahr. Es gibt halt viele, die werden das Studium nicht beenden, na gut, kann man nichts machen. Das ist dennoch nicht umsonst, wenn man einige Jahre studiert hat.

Man könnte aber auch sagen, die jungen Menschen verlieren dabei viele Lebensjahre.

Aber sie gewinnen wieder einige Jahre an zusätzlichem Wissen, an Flexibilität im Denken. Das ist ja auch etwas, vielleicht mehr als das andere.

Vielleicht wird es in ein paar Jahren kaum noch junge Menschen geben, um die wir uns Sorgen machen müssen. Die Bevölkerungswissenschaft, die Demografie warnt uns, dass Österreich ausstirbt. Ist das etwas, was auch Ihnen Sorge macht?

Ich habe zwei Kinder gezeugt, ich habe meine Pflicht getan.

Aber es gibt viele Menschen, die diese Pflicht eben nicht tun, wenn man das als Pflicht bezeichnen will.

Ich glaube nur, dass das auch einer weiteren Überlegung bedarf. Das ist eine Frage der Lebenshaltung, der Lebenseinteilung, der Lebensgestaltung. Man muss trachten, dass es den Eltern leichter gemacht wird, die Kinder aufzuziehen. Allein mit Kindergeld geht das nicht. Damit kommen nicht mehr Kinder zur Welt.

Was würden Sie sonst empfehlen?

Na, zum Beispiel, dass wirklich in den Kindergärten und Schulen für die Zeit, in der die Eltern berufstätig sind, die Kinder versorgt werden.

Sie glauben nicht, dass darüber hinaus Kinder immer eine gewisse Unbequemlichkeit darstellen werden, die sich viele ersparen wollen?

Wir leben in einer Zeit zunehmenden Egoismus. Ich bin der Meinung, dass die Kirchenaustritte und die Austritte aus ÖGB und Parteien nicht darauf zurückzuführen sind, ob der Krenn da ist oder nicht da ist. Das sind vielmehr Zeichen des Egoismus. Junge Menschen fragen sich im zunehmenden Maße: Was habe ich davon?

Ist das ein Krisensymptom der Gesellschaft?

Ja. Dem muss man entgegenwirken. Da muss man sich Gedanken machen und trachten, dass man das überwindet.

Wobei manche sagen würden, dieser Egoismus ist logisches Produkt einer Ära gesicherten Wohlstandes, wo man den Wert des solidarischen Zusammenstehens, den man in Krisenzeiten tagtäglich oft in seiner Bedeutung spürt, wo man den Wert von Nachbarschaft, Gewerkschaft, Kirche oder einer Solidarität zwischen den Generationen nicht mehr lebensnah erfährt.

Ja, aber wir werden doch deswegen nicht diese Idee der sozialen Sicherheit und eines halbwegs gesicherten Lebens aufgeben? Deswegen weil wir glauben, dass der Egoismus zu groß ist – er wird dadurch nicht eingedämmt. Ich glaube, dass das eine vorübergehende Erscheinung ist, dass weniger Kinder zur Welt kommen. Die Freude am Kind wird wieder größer werden. Aber es ist sicherlich etwas, was uns jetzt zu denken geben muss, das gebe ich zu. Ich glaube aber nicht, dass wir aussterben werden. Es werden sowieso, wie es immer der Fall gewesen ist, aus anderen Ländern Menschen kommen, die trachten, dass die Bevölkerung trotzdem größer wird in Österreich.

Wie aus Mitteleuropa immer Leute gekommen sind, die sehr rasch integriert worden sind. Aber zunehmend kommen heute die Zuwanderer nicht aus Europa, sondern aus islamischen Kulturen, aus afrikanischen Ländern, wo man sich doch die Frage stellen kann, ob die genauso leicht ...

Unterschiedlich. Aber in zweiter Generation werden sie Österreicher sein.

Sie erwarten da keine gröberen Probleme? Ghettobildungen, rassische ...

Gibt es schon. Natürlich, das ist keine Frage. Aber es ist auch unterschiedlich, wir haben in den Dörfern sehr viele Türken und sehr viele Zuwanderer aus den früheren jugoslawischen Ländern. Es ist viel schwieriger, die türkischen Kinder anzupassen als jugoslawische. Das dauert zwei, drei Generationen.

Wohlstand ist keine Folge von Umverteilung

RAHIM TAGHIZADEGAN,

1979 in Wien geboren, Sohn eines iranischen Vaters und einer österreichischen Mutter. 1997 Matura mit Auszeichnung. Dipl. Ing. in technischer Physik an der TU Wien und der ETH Lausanne 2004. Soziologie-Studien an der Uni Wien und Handelswissenschaften an der WU. Leiter des Bundesjugendausschusses im Liberalen Forum. Trainer der Friedrich-Naumann-Stiftung in Südafrika. Fellow der liberalen Mont Pèlerin-Gesellschaft. 2004–2005 Gedenkdienst bei der Auschwitz-Stiftung in Brüssel. Mitbegründer des Instituts für Liberalismus und Marktwirtschaft. Chefredakteur der Internetpublikation www.liberalismus.at.

Rahim Taghizadegan hat sich trotz seiner Jugend einen Namen als pointierter liberaler Denker und Aktivist gemacht. Er hat dabei – als typischer Liberaler – schon mehrfach seinen organisatorischen Bezugsrahmen gewechselt. Er ist sehr eng an der (in Österreich kaum gelehrten) Österreichischen Schule der Nationalökonomie orientiert.

Was bedeutet für Sie der Begriff Österreich?

Österreich ist für mich vor allem eine Identität, die ich zu schätzen gelernt habe. Ich bin an sich als Liberaler ein international orientierter Mensch, erachte aber doch persönliche Bindungen für sehr wichtig. Für eine freie Gesellschaft sind auch Dinge wie Tradition, Religion, nationale Identität wichtig. Österreich ist ein relativ kleines Land, was grundsätzlich eine gute Voraussetzung für eine freie Gesellschaft ist. Und es ist ein Land mit wunderbaren Menschen. Das Potenzial Österreichs werden Sie weniger in Kaffeehäusern und Salons finden als in Gesprächen mit einfachen Menschen, die mich immer wieder überraschen mit ihrer Tüchtigkeit. Ich halte es für einen Irrtum vieler Intellektueller, dass bloß die Übernahme eines vollständigen Ideengebäudes wichtig sei, sondern es geht auch um Werte, um die kulturellen Voraussetzungen eigenverantwortlichen Lebens.

Und die sehen Sie bei den Österreichern überdurchschnittlich gut ausgeprägt?

Ja. Aber es geht auch um die Rahmenbedingungen. Europa war historisch sehr fragmentiert, was wesentlich größere Freiräume ermöglicht hat als zum Beispiel in China. Es gab Freiräume für das individuelle kreative Schaffen. Wir haben auch in Österreich eine wunderbare Tradition sehr vieler Identitäten, die noch weitaus stärker sind als die österreichische Identität: auf Bundesländerebene, in den Gemeinden. Reichtum durch Vielfalt in Europa, und auf kleinerer Ebene in Österreich.

Sie haben China genannt, aber sind nicht die Vereinigten Staaten als großes Land sehr erfolgreich?

Sie sind quasi eine Fortsetzung Europas und stellen eine Ausnahme dar. Allerdings sind trotz zunehmender Zentralisierung die USA noch immer ein föderales Gebilde. Steuerwettbewerb zwischen den Bundesstaaten ist gang und gäbe.

Sie definieren sich als Liberaler. Liberalen wird oft der Vorwurf gemacht, dass sie furchtbar herzlos seien. Sind Sie herzlos?

Nein, überhaupt nicht. Es ist auch meine persönliche Erfahrung, dass Liberale meistens engagierter sind als andere: für ihre Umgebung, für ihre Mitmenschen. Je liberaler, je wohlhabender eine Gesellschaft, desto mehr sind wir von unseren Mitmenschen abhängig.

Aber liberale Gesellschaften zeichnen sich doch dadurch aus, dass die Unterschiede zwischen Reich und Arm größer sind als in sozialdemokratischen Wohlfahrtsstaaten. Das sehen zumindest manche als ungerecht und herzlos an.

Sehr viele Begriffe sind in ihr Gegenteil verkehrt worden, wie zum Beispiel Gerechtigkeit. Diese ist für Liberale sehr wichtig, aber kein Synonym für Gleichheit. Eine Ordnung, wo jeder dasselbe hat, kann keine freie und gerechte Ordnung sein. Jene Gleichheit, die Liberale fordern, ist ausschließlich Gleichbehandlung der Menschen vor dem Gesetz.

Wir sehen deutlich, dass Armut und Säuglingssterblichkeit abnehmen, Lebenserwartung und Gesundheit zunehmen, je freier eine Gesellschaft ist, je höher die Handelsbeziehungen mit anderen Ländern sind, je freier, liberaler die Politik ist. Der Wohlstand, den wir in Europa haben, ist keine Folge der Umverteilung, sondern von Arbeit, Sparen und Investitionen.

Sie behaupten damit, den Arbeitern würde es genauso gut gehen, hätte es keine Gewerkschaften gegeben?

Es ist ein Irrtum zu glauben, dass die Verbesserung der Situation der Arbeitnehmer durch Gewerkschaften errungen wurde. Höhere Löhne sind die Folge eines höheren Kapitaleinsatzes, durch Gewerkschaften erzwungene Lohnerhöhungen über jene Höhe hinaus, die sich aufgrund des Marktniveaus ergeben, hingegen verursachen Arbeitslosigkeit.

Aber einst gab es doch das Massenelend der Arbeiterschaft.

Das ist ein Mythos, der historisch nicht haltbar ist. Das Elend ist erst aufgefallen, als es seltener geworden ist. Vor der industriellen Revolution war Armut die Regel. Der Naturzustand des

Menschen war bitterste Armut. Erst im Zuge der industriellen Revolution hat sich breiter Wohlstand entwickelt. Die Menschen dieses angeblich verelendeten Massenproletariats hatten vorher oft gar nicht überleben, nicht heiraten und Familien gründen können. Das Lumpenproletariat konnte erst durch Massenproduktion günstige Güter erwerben und Arbeitsplätze außerhalb des engen Schemas einer Zunftordnung finden, das für viele keinen Platz hatte. Sehr viele fanden kein Auskommen und starben sehr jung. Erst die industrielle Revolution hat das alles aufgebrochen, hat ermöglicht, dass Menschen sparen und investieren konnten. Die Anti-Liberalen glauben hingegen, dass Konsum Wohlstand schafft, was nicht funktionieren kann.

Tatsache ist jedenfalls, dass die Österreicher heute sehr zufrieden sind, weil sie viel konsumieren können. Zum Teil über eine hohe Staatsquote finanziert, über Wohlfahrtsstaats-Ausgaben. Werden wir uns diese hohe Quote auf Dauer leisten können?

Nein. Konsum ist auch kein Wohlstand, der muss irgendwo her kommen. Wenn man über seine Verhältnisse lebt, dann wird man früher oder später die Rechnung serviert bekommen.

Wir leben über unsere Verhältnisse?

Ja, leider. Im Moment sehen wir in Europa, sogar in den USA eine Politik der Kapital-Aufzehrung.

Das sehe ich aber nur in den USA mit ihrer geringen Sparquote, in Österreich haben wir eine sehr hohe Sparquote.

Ja, aber wir haben eine ähnliche Politik. In Amerika haben wir höhere Rüstungsausgaben als in Europa, wo wir wieder mehr Geld in die Sozialbürokratie investieren. Aber überall wird über die Verhältnisse gelebt. Liberale verkünden oft unangenehme Wahrheiten, was sie nicht sonderlich beliebt macht. Vor allem, dass Wohlstand nur durch Arbeit, Sparen, Investieren entsteht, dass unsere Umwelt durch Knappheiten bestimmt ist.

Aber Wohlstand wird – zumindest von den meisten Menschen – am Konsumniveau gemessen. Sie hingegen wollen den Wohlstand

sichern, indem wir weniger Wohlstand haben. Das klingt nach einer logischen Diskrepanz.

Das sehen Sie in jeder Familie, dass man nicht mehr konsumieren kann, als man einnimmt. Natürlich ist auch der absolute Geiz schädlich. Aber langfristigen Wohlstand kann ich nur dadurch schaffen, dass ich auf heutigen Konsum verzichte: für späteren Konsum, wenn ich es eher brauche, für den Konsum meiner Kinder, meiner Enkelkinder. Wenn die Enkelkinder unsere Altlasten übernehmen müssen, verringern wir deren Optionen.

Wenn Menschen in einer Gesellschaft höheren Wohlstand möchten, dann gibt es das ganz klare liberale Rezept: durch Arbeit – dies erfordert als Anreiz Privateigentum –, durch Sparen – dies erfordert Stabilität und Herrschaft des Rechts –, durch Investieren – dies erfordert eine Marktwirtschaft, in der sich Preise berechnen lassen. Das ist das liberale Angebot.

Es gab natürlich auch viele Irrtümer in der liberalen Denktradition. So waren viele Liberale Verfechter eines Zentralismus, weil sie annahmen, dass es dadurch zu höheren Effizienzen kommt, wenn wir etwa lokale Zölle abschaffen. Dass der aufgeklärte Nationalstaat auch ein liberales Projekt war, das möchte ich gar nicht in Zweifel ziehen.

Die Kosten, einer falschen Politik auszuweichen, werden in zentralistischen Systemen viel höher. Wenn wir eine total harmonisierte europäische Politik haben, dann ist die Wahrscheinlichkeit hoch, dass falsche Entscheidungen fallen. Das ist dann gefährlich und beängstigend, weil auch die negativen Folgen europaweit harmonisiert sind.Die Gefahr ist größer, sich in Sackgassen zu begeben.

Sie glauben daher auch nicht, dass die Nationalökonomie irgendetwas dazugelernt hat?

Der Zustand der Ökonomie ist ein furchtbarer im Moment. Das Studium ist ein halbherziges Mathematikstudium mit einem Sammelsurium aus unzusammenhängenden Ideen. Es produziert die sprichwörtlichen „zweiarmigen“ Ökonomen: Wann immer sie eine Frage bekommen, ist die Antwort: auf der einen Seite, aber auf der anderen Seite …

Die Ökonomie wurde verwässert durch den Anspruch, die Naturwissenschaft zu imitieren. Sie ist dem Irrglauben verfallen, komplexe Erscheinungen, die auf individuellen Entscheidungen beruhen, durch mathematische Modelle erklären zu können.

Der Liberalismus ist bei uns in den letzten Jahren ja weniger durch diese Thesen ins Gespräch gekommen, sondern vor allem durch eine Partei, aber auch Intellektuelle, die unter liberal vor allem antiklerikal verstanden haben und den Kampf für die Rechte der Homosexuellen und für eine Freigabe der Immigration. Heide Schmidt hat Liberalismus als „untrennbar" bezeichnet, dann aber fast nur von den letztgenannten Dingen geredet.

Das ist richtig. Das war eine andere Betonung. Ich war lange Wegbegleiter Heide Schmidts aufgrund der Aussage, dass Liberalismus untrennbar ist, dass Liberalismus wesentlich mehr ist als nur ökonomische Theorie, sondern auch ein Menschenbild bedeutet, ein sehr lebensbejahendes Menschenbild. Die Betonungen, die dann im Liberalen Forum dominiert haben, waren Teil des kontinentaleuropäischen Missverständnisses von Liberalismus, sie waren eher an der Französischen Revolution orientiert. Daher gibt es etwa dieses antiklerikale Element.

Die klassischen Liberalen, die Schweizer Freisinnigen, die FDP in Deutschland, die sind wieder an einer sehr egoistischen Ökonomie orientiert. Sie sind die Parteien der Zahnärzte, die das viele Geld, das sie verdient haben, gegen alle Anfeindungen wohlfahrtsstaatlichen Sozialismus verteidigen.

Aber das ist auch eine Verkürzung des Liberalismus. Genauso einseitig wie das Liberale Forum in seiner späteren Phase. Liberalismus als Parteipolitik muss letztendlich Wählerschichten bedienen. Das ist etwas grundsätzlich anderes als das, was mir wichtig ist. Ich glaube nicht, dass Liberalismus als Partei eine starke Rolle spielen kann. Er setzt beim Individuum und dessen Freiheit an.

Welche Sorgen machen Sie sich aus dieser Gesinnung heraus für Österreich?

Wir werden das Scheitern des Staatsinterventionismus sehen, in vielen Bereichen. Interventionismus führt in einer Spirale zu immer neuen Interventionen. Durch ein illiberales Mietrecht, z. B. eine Begrenzung der Mieten, entsteht eine Verknappung von Wohnraum, was neue Interventionen erfordert. Durch ein illiberales Arbeitsrecht wird die Arbeitskraft verteuert, was eine steigende Arbeitslosenrate auslöst.

Sie sind mit konservativen Denkern einig in der Kritik an der hohen Staatsverschuldung?

Ja, auch an der hohen Staatsquote. Eine hohe Staatsquote führt zu kurzfristigem Handeln der Menschen, zu erhöhtem Konsum und weniger Sparen, was auch dafür verantwortlich sein mag, dass weniger Kinder auf die Welt gebracht werden. In vielen Bereichen trifft man sich da mit konservativer Kritik.

Es gibt auch Gemeinsamkeiten mit Linken, weniger mit den staatsorientierten Wohlstandslinken, aber sehr wohl mit Linken, die sich auf die Institutionenkritik konzentrieren, die die Bedrohung der Freiheit durch gesellschaftliche Strukturen betonen.

Das letzte Jahrhundert war ein hoch interventionistisches, viele sagen auch eines der Sozialismen. Das führt für einen Liberalen zu anderen Schwerpunkten: Die Bedrohung durch den Staat war viel größer als durch andere Strukturen, 170 Millionen durch Regierungsapparate Ermordete, das ist eine schlimme Bilanz.

Da addieren Sie die Toten des Kommunismus und des Nationalsozialismus?

Da addiere ich die Toten, die im letzten Jahrhundert von verschiedenen Regimen von Staats wegen umgebracht worden sind, ohne die Kriegsopfer mitzuzählen.

Wie verbindet man nun die von Ihnen so betonte individuelle Autonomie und die starke Skepsis gegenüber staatlichen Autoritäten mit der Notwendigkeit von Entscheidungen gesellschaftlicher Fra-

gen? Etwa über Immigration und die Asylfrage, um ein ganz konkretes Thema zu nennen.

Wo wird die Immigration relevant? Hauptsächlich auf lokaler Ebene. Wer soll mein Nachbar sein? Das ist eine Entscheidung, die nicht durch nationale Quoten gefällt werden darf, wo wir am ehesten das Problem fremdenfeindlicher Politik haben.

Aber in der unmittelbaren Nachbarschaft werden wir ja noch viel stärker das, was man als fremdenfeindlich definieren könnte, als Ergebnis bekommen. Es sagen ja viele Leute, ich bin zwar für liberale Einwanderungspolitik, aber in meinem Haus oder an meinen Zaun angrenzend ...

Und das sind genau die relevanten Konflikte. Diese Konflikte kann man nicht wegreden, die bestehen und die sind relevant. Und die Lösungen können auch darin bestehen, dass es gewisse Formen von diskriminierenden Nachbarschaften gibt, dass die Gemeinde soundso sagt: Nein, das geht nicht mehr. Ich hoffe aber natürlich darauf, dass genug engagierte Österreicher bereit sind, aus ihrer Sicht gerechtfertigte Asylwerber aufzunehmen.

Ganz konkret: Wer, welche kleine Gemeinschaft, soll da etwa bei der Immigration entscheiden, ob ein junger Mann aus Nigeria, dessen Asylantrag abgelehnt worden ist, der hier Arbeit welcher Art auch immer sucht, wer soll da entscheiden, ob er dableiben darf, oder ob er in ein Flugzeug gesetzt wird?

Aber jetzt wird es schon interessant für den Liberalen. Jetzt ist es nämlich der eine Nigerianer, den wir kennen, über dessen Schicksal wir befinden können, und es ist nicht mehr eine diffuse Flut von Asylwerbern, sondern es sind Einzelschicksale.

Es sind immer Einzelne. Die Masse besteht daraus.

Ja, das ist ganz wichtig aus liberaler Sicht. Meine Familie hat einem Asylwerber Unterkunft gewährt für einige Zeit. Das war eine individuelle Person, wo ein Schicksal nachvollziehbar war.

Aus welchem Land ist der gekommen?

Aus dem Iran.

Da muss man wohl erwähnen, dass Sie eine zu fünfzig Prozent iranische Abstammung haben.

Ja, richtig. Mein Vater ist vor langer Zeit aus Mangel an Perspektive in seiner Heimat nach Europa emigriert. Er musste hart arbeiten wie so ziemlich jeder Emigrant, um sich ohne Bindungen, ohne Familie eine Existenz aufzubauen in einem fremden Land mit einer fremden Sprache.

Probleme haben Sie im Wesentlichen nur durch eine erzwungene Integration, durch subventionierte Migration und auch durch die Unmöglichkeit, dass sich eine Nachbarschaft dagegen entscheiden kann, neue Menschen aufzunehmen. Da ist die Schweiz ein schönes Beispiel, wo teilweise Gemeinden darüber bestimmen, wer die Staatsbürgerschaft erhält. Das ist teilweise ein harter Prozess, das kann für die Menschen, um die es geht, sehr hart sein. Aber diese Härte kommt aus den Bedingungen, die sie in dieser Welt vorfinden. Der Blinde hat keinen Anspruch auf das Auge des Sehenden. Ich kann keine Umverteilung vom Sehenden fordern. Sondern er hat vielleicht das Glück, auf eine Gesellschaft zu treffen, die es durch kreatives Schaffen ermöglicht, dass Techniken zur Verfügung stehen, um die harten Bedingungen seiner Existenz zu verbessern.

Wir wissen ja, in der Schweiz führt diese Erteilung der Staatsbürgerschaft nur durch Kantone oder Gemeinden zu sehr restriktiven Ergebnissen.

Ich glaube auch, dass direkt demokratische Entscheide eher zu einem Einwanderungsstopp führen. Bestimmte Ängste dominieren einfach, weil auch in Europa die Menschen in den letzten Jahren einen pessimistischeren Ausblick bekommen haben. Man spürt ein bisschen Andeutungen einer Krise, es gibt mehr Sorge um den Arbeitsplatz und darum, dass die Kinder ein besseres Leben haben werden. Wenn Sie Umfragen machen, hören Sie oft, dass es die Kinder schwerer haben werden. Das ist an sich in einer Wohlstandsgesellschaft nicht die Regel, da sagt man eher, die Kinder werden es leichter haben.

Deswegen kommen immer weniger Kinder zur Welt?

Aus liberaler Sicht ist es eine individuelle Entscheidung, wie viele Kinder jemand in die Welt setzt. Warum glauben wir, als Gesellschaft mehr Kinder zu brauchen? Weil leider unsere Altersversorgung auf einem nicht nachhaltigen Pyramidensystem basiert und wir Beitragszahler brauchen, die uns unsere Illusion des Wohlstands ohne Werte fortsetzen. Es ist zweifellos kein schönes Zeichen, wenn viele Menschen keine Kinder mehr in die Welt setzen. Das machen sie, weil sie keine Perspektive sehen für ihre Kinder, weil sie zu kurzfristig denken. Es ist aber auch eine ungeheure finanzielle Belastung, ein Kind zu haben, und eine sehr langfristige Investition. Wir haben eine ungeheuer hohe Steuerquote. Das macht es schwieriger, ein Auskommen zu finden, in einem Arbeitsmarkt, der immer umkämpfter wird.

Auch im Bildungs- und Schulsystem wollen Sie alles den Nachbarschaften überlassen?

Ich glaube nicht, dass es ein Monopol in der Schulversorgung geben muss. Der Schulsozialismus zeigt deutliche Krisenerscheinungen, also der Gedanke, dass Bildung ein über Zwangsabgaben zu finanzierendes Gut sein muss, das für alle in derselben Art und niedrigen Qualität zur Verfügung gestellt werden muss.

Wollen Sie eigentlich den Staat ganz abschaffen?

Liberalismus ist nicht Anarchismus, der die Notwendigkeit von Institutionen leugnet. Aber das ist auch eine Betonungsfrage. Es kann natürlich sein, dass ein Gewaltmonopol die beste Lösung ist, aber wir haben immer das Problem bei Monopolen, dass sie mit der Zeit anfangen, Ungüter zu produzieren. Nicht nur dass sie Güter schlechter produzieren, sondern sie produzieren Ungüter. Unter dem Versprechen, Sicherheit zu produzieren, wird etwa tatsächlich Unsicherheit produziert.

Sehen Sie in Österreich die Gefahr eines solchen Missbrauchs des Gewaltmonopols?

Ja, der ist da.

Sagen Sie mir, an welchen konkreten Dingen Sie das sehen.

Die meisten Menschen haben das Gefühl in Österreich, dass ihre subjektive Sicherheit abnimmt.

Durch den Staat oder durch eine Zunahme von Kriminellen, die ja wahrscheinlich keine Agenten des Staates sind?

Woher kommt Kriminalität? Ein großer Teil …

Woher sie kommt? Die Statistiken sagen ziemlich klar: aus Rumänien, Moldawien, Georgien, Nigeria.

Wenn Sie das so hochrechnen, dann haben Sie da sehr hohe Zahlen, das ist richtig.

Aber wieso ist da der Staat das Problem?

Ich habe im Gegensatz zu manchen Linken, die glauben, ohne Gefängnisse gibt es keine Verbrecher mehr, ein realistischeres Menschenbild, es wird immer Verbrechen, Kriminalität geben, auch in einer freien Gesellschaft. Die staatliche Antwort auf Kriminalität ist meistens die, dass dann Verbrecher auf Steuerkosten in großen Gebäuden untergebracht werden. Es ist die Frage, ob das in jedem Fall Sinn macht.

Was würde eine private Struktur mit Verbrechern tun?

Das ist im Wesentlichen ein Entschädigungsaspekt. Bei Verletzung von Leib, Leben und Eigentum habe ich Anspruch auf eine Situation, die gleichwertig oder annähernd gleichwertig mit jener ist, die ich vor dieser Verletzung hatte. Das haben wir nicht, oder nur in sehr geringem Ausmaß.

Sie meinen also, dass jemand, der einen Familienvater umbringt, halt dann die Familie ernähren muss. Aber es braucht ja trotzdem eine Zwangsinstitution, die das durchsetzen kann.

Die Frage ist, wie finanziert sich diese Institution? Finanziert sie sich durch freiwillige Beiträge zufriedener Kunden, oder finanziert sie sich über Zwangsabgaben, die dieselbe Zwangsinstitution bei ihren Kunden eintreibt?

Was halten Sie eigentlich von Europa? Sie haben jetzt an einigen

Beispielen den Gedanken durchdekliniert „vom Staat herunter", „kleinere Einheiten". Europa ist ja das Gegenteil.

Da haben Sie leider Recht. Ich war immer ein begeisterter …

Sie waren?

Ja, ich war ein begeisterter Anhänger des EU-europäischen Einigungsprozesses. Als Friedensprojekt hat das die liberale Sympathie. Aber es ist eine Illusion, wenn man Frieden erzeugen will, indem man Interventionismus und Protektionismus einfach nur auf eine höhere Ebene verschiebt. Und die EU ist zu einer sehr interventionistischen Kraft geworden.

Immerhin hat sie viele Monopole, viele marktbeherrschende Zusammenschlüsse verhindert.

Wenn Sie das Wettbewerbsrecht ansprechen, dann beruht das teilweise auf ökonomischen Irrtümern, was ein Monopol ist. Eine dominante Stellung am Markt ist noch kein Monopol. Die zentrale Frage ist: Kann dieser Monopolist oder vorgebliche Monopolist den Eintritt zusätzlicher Marktteilnehmer verhindern, wie das staatliche Monopole können oder private, indem sie sich Privilegien erkämpft haben? Dann muss er bekämpft werden. Kann er das aber nicht, dann muss er sich nach den Kundenwünschen richten. Dann habe ich auch kein Problem mit marktbeherrschenden Gruppen.

Wie kann Österreich in Zukunft große Leistungen schaffen, in der Wissenschaft, in der Kunst?

Österreich selbst kann gar nicht. Aber die Österreicher sind kreativ, haben großes Potenzial, das heute nicht zur vollen Entfaltung kommen kann. Wie kommt es dazu, dass Menschen etwas schaffen? Es ist ein sehr langfristiger, mühsamer Weg. Das Genie fällt selten vom Himmel, es ist vielmehr mit harter Arbeit verbunden, ist mit Entsagen verbunden und braucht bestimmte Bedingungen zur Entfaltung. Und auch eine Kultur oder Mentalität, die dazu führt, dass Individuen Selbstvertrauen, Selbstwertgefühl haben.

Wir schicken unsere Talente weg

JOSEF TAUS,

1933 in Wien geboren. Uni Wien (Rechtswissenschaft) und Hochschule für Welthandel. 1955 Dr. iur., Gerichtsjahr, Wiener Zeitung. 1956–1958 Institut für Wirtschaftsforschung. 1958–1975 Girozentrale (Vorstandsvorsitzender). 1959 Konsulent im Finanzministerium. 1966/67 Staatssekretär für die Verstaatlichte Industrie. 1967–1975 Aufsichtsratsvorsitzender der ÖIAG. 1975–1991 Nationalrat. 1975–1979 Bundesparteiobmann der ÖVP. 1979–1989 führende Funktionen in der Industriegruppe Constantia. 1989–1991 Präsident des Hauptverbandes der Sparkassen. Seit 1989 Management Trust Holding.

Josef Taus ist einer der wenigen Österreicher, die sowohl in Politik wie Wirtschaft, in der Bank- wie in der Industriewelt absolute Spitzenfunktionen erreicht haben. Er ist in den letzten Jahren ein überaus erfolgreicher Unternehmer geworden. In der Politik hat er versucht, wieder verstärkt Grundsatzdebatten zu führen. Bei Wahlen ist er aber zweimal an Bruno Kreisky auf dessen Höhepunkt an Macht gescheitert.

Was ist Österreich für Sie?

Meine Heimat. Damit ist alles gesagt. Ich bin Österreicher, fühle mich auch als solcher. Ich stamme aus Österreich, alle meine Vorfahren, so viel ich weiß, auch.

Man hat einfach genauso einen Bezug dazu, wie sechs Milliarden andere Menschen auf der Welt auch einen Bezug zu ihrer Heimat haben?

Ja, so verschieden sind die Menschen nicht.

In der Geschichte ist immer wieder versucht worden, so etwas wie eine österreichische Mission, die über die Grenzen hinausreicht, zu definieren. Sehen Sie so etwas?

Dass sich das „kleine" Österreich, ein Ergebnis des Ersten Weltkrieges, mühsam genug und eigentlich ganz gegen alle Vorhersagen und Voraussetzungen zu einem recht anerkannten kleinen Industriestaat der westlichen Welt entwickelt hat: Das stand nicht in den Sternen, dass das so geht. Aber österreichische Mission, das halte ich für überzogen.

Ist die fortschreitende europäische Integration für Sie eigentlich unbedenklich?

Ja. Die europäische Einigung ist ein gewaltiges politisches und wirtschaftliches Unternehmen. Europa – eine Friedens-, Fortschritts- und Wohlstandszone. Europa wird, wie die Dinge liegen, kein Bundesstaat, sondern es bleibt ein Staatenbund sui generis. Und je mehr Mitglieder dazukommen, umso weiter rückt die Bundesstaatsidee in die Ferne. Die Mitglieder der EU werden einen erheblichen Selbständigkeitsbereich behalten. Es wird auch beim Wettbewerb der Mitgliedsstaaten bleiben. Das wird ein wesentlicher Entwicklungsmotor sein.

Sollen wir die Vorteile Europas nutzen oder bei der Integration an der Spitze reiten wollen?

Wie alle anderen auch, unsere Orientierungsmarke ist das Verhalten der anderen kleinen Industriestaaten. Wir sollten unsere Position, vor allem wirtschaftlicher Natur, so weit wie möglich halten, als kleiner Industriestaat, so wie die anderen kleinen Industriestaaten der EU auch.

Sollen österreichische Industriebetriebe in den Händen der Republik bleiben, damit sie nicht an ausländische Käufer verkauft werden können?

Ja, in den Händen von Österreichern, wenn's geht.

Gibt es genug Interessenten, die dazu bereit und imstande sind, große Industriebetriebe zu kaufen und zu halten?

Aber sicher. Man muss es nur richtig organisieren.

Als Mann der Wirtschaft ist es doch auch für Sie klar: jeder private Österreicher kann natürlich an einen Ausländer verkaufen. Das kann man niemandem verbieten. Oder glauben Sie an den Patriotismus in den Aktionären?

Warum verkaufen die Schweden nicht, warum verkaufen die Holländer nicht, warum verkaufen die Dänen nicht, warum verkaufen die Finnen nicht, warum verkaufen die Norweger nicht, warum verkaufen die Schweizer nicht? Das muss ja einen Grund haben. Die sind ja nicht hinterwäldlerisch. Das sind erfahrene industrielle Kleinstaaten.

Und dieser Patriotismus fehlt den Österreichern?

Zu einem guten Teil ja, weil wir es, historisch gesehen, gar nicht verstehen. Aber man muss wissen, unsere ganze Ordnung beruht auf der Verfügung über die Produktionsmittel, auf dem Eigentum. Und das kann man doch nicht so leicht aufgeben.

Wenn man diesen kritischen Ansatz weiterdenkt, dann fragt man sich aber umso mehr, warum ist Österreich eigentlich heute ein Land, das eines der reichsten der Welt ist?

Aber das ist doch Unsinn.

Das ist Unsinn?

Wir sind ein gutes Mittelmaß, alles andere ist doch größenwahnsinnig. Das ist schon sehr viel, viel mehr, als man noch vor einigen Jahrzehnten geglaubt, erwartet und erhofft hat.

Aber jedenfalls geht es uns besser als 90 Prozent aller anderen Menschen auf der Welt ...

Ungefähr eine Milliarde Menschen leben in dem Bereich der Erde, den man den „Westen“ nennt. Nur mit denen können wir uns vergleichen, unter den westlichen Staaten sind wir gutes Mittelmaß. Dass wir überhaupt dorthin gekommen sind, ist eine ungeheure Leistung. Ich halte es auch für sinnlos, ununterbrochen zu sagen, wir sind das x-reichste Land. Was soll denn das, was bringt uns das?

Wie stehen Sie eigentlich dem Begriff Patriotismus gegenüber?

Man muss an seinem Land hängen, an der Bevölkerung hängen. Da bin ich hineingeboren, da gehöre ich hin, das ist meine Heimat.

Wenn man jetzt Ihre Kritik an dieser EU-Hörigkeit zusammenfassen möchte ...

Darf ich Sie unterbrechen: Es geht nicht um Hörigkeit, sondern wir verhalten uns anders als manche andere, das sollten wir ändern. Ich bin ein Anhänger des Subsidiaritätsprinzips in der EU, das ist die Zukunft Europas.

Könnte diese von Ihnen beobachtete Haltung damit zusammenhängen, dass Österreich ein Land ist, wo alle Änderungen fast immer von oben gekommen sind? Die Aufklärung hat der Kaiser angeordnet, anderswo ist sie von der Straße erfolgt.

Na ja, das hängt schon mit unserer Geschichte zusammen. Als kleines Land gibt es uns ja mit Unterbrechung erst seit dem Jahr 1918. Vorher war das etwas anderes, vorher waren wir im heutigen Österreich ein Teil der Habsburger-Monarchie. Und dann sind wir reduziert worden. Dann sind wir ganze 20 Jahre ein mühsamer Rest gewesen, haben uns damit überhaupt nicht zurechtgefunden, weder politisch noch wirtschaftlich. Dann kam der Anschluss ans Dritte Reich, an Hitlerdeutschland. Eine politische, wirtschaftliche und menschliche Katastrophe.

Erst nach 1945 ist so etwas wie eine neue österreichische

Identität entstanden. Das ist gut gelungen. Und es ist Gott sei Dank nicht nur von oben angeordnet worden.

Wenn man da jetzt für Gegenwart und Zukunft eine Lehre zu ziehen versucht: Heißt das eigentlich, Sie fürchten, dass die Österreicher auch heute noch mit ihrem Kleinstaat-Dasein emotional nicht ganz fertig geworden sind?

Nein, ich würde sagen, es wird ihnen zu oft von der Politik irgendwas von irgendwelchen Missionen erzählt. Den Schweizern wird das nicht erzählt, den Schweden wird das nicht erzählt, den Finnen wird das nicht erzählt, den Dänen wird das nicht erzählt, und den Holländern schon gar nicht.

Die Schweizer, die Sie als Erste genannt haben, denken doch eigentlich, sie seien in allem besser als der Rest, sie wollen dort nicht mittun, sie wollen da nicht mitmachen.

Die Schweizer haben eine andere Geschichte, ihnen ist mehr als 200 Jahre lang ununterbrochen gesagt worden, dass die Unabhängigkeit das Allergrößte sei. Das hat man den Österreichern nicht gesagt, weil sie es ja in dieser Form nie erlebt hatten. Ich war daher politisch hundertprozentig für das Hineingehen in die EU, habe aber nie geglaubt, dass angesichts der ständigen und bislang richtigen Ausweitungspolitik der EU – auch Österreich profitiert davon – die Idee der Römischen Verträge rasch verwirklichbar sein wird. Sie waren gedacht für die sechs Gründerstaaten, für ein Kerneuropa. Und in Wahrheit war es gedacht für die Überwindung des Konflikts Deutschland-Frankreich, das war ja in Wahrheit die Wurzel der EU. Gar kein schlechter Ansatz, und wenn ich heute mit dem Auto über die deutsch-französische Grenze fahre, und dort steht weder ein Polizist noch ein Grenzwächter noch sonst irgendwer, ist das etwas ungeheuer Positives.

Auch an der österreichisch-italienischen Grenze ...

Genauso nahezu unglaublich, was hier gelungen ist. Aber natürlich, der große europäische Konflikt der Moderne in Kontinentaleuropa war Deutschland-Frankreich. Immerhin haben diese beiden Länder von 1870 bis 1940 drei blutige Kriege geführt.

Halten Sie es für unwahrscheinlich, dass in Österreich noch einmal etwas weltbewegendes Geistiges entsteht wie in der Vergangenheit auf vielen Gebieten?

Es gibt immer Hochbegabte. Es gibt Untersuchungen, die sagen, dass im Prinzip der Prozentsatz der Begabten in allen europäischen Völkern gleich ist. Daher ist unsere Ressource klein, und wir dürfen mit unseren Pfunden nicht wuchern, wir tun das aber. Wir schicken die technisch-naturwissenschaftlichen Talente noch immer weg, weil wir ihnen in Österreich zu wenig anbieten.

Bei uns bleibt das Mittelmaß?

Nein, es bleiben schon auch gute, aber wir exportieren zu viele Hochbegabungen. Wir sollten sie halten, oder zumindest in der Nähe halten, und wenn sie zurück wollen, sollten wir ihnen ein Angebot machen. Nach 1945 haben Mediokritäten gesiegt. Manch ein Großer wäre recht gerne zurückgekommen, hätte er ein vernünftiges Angebot bekommen.

Soll man in Österreich eigentlich die Liebe zum Vaterland, den Patriotismus künstlich forcieren?

Ich würde nicht künstlich sagen, sondern man soll einfach ein österreichisches Heimatgefühl ansprechen, auch einen gewissen Stolz auf unser Land.

Aber Sie sind in unserem Gespräch eigentlich immer wieder zu Dingen gekommen, wo man sich fast ärgern müsste, ein Österreicher zu sein. Die gescheiten Leute werden nicht angesprochen, und wir verschleudern unsere wirtschaftlichen Besitztümer.

Ja, das ärgert mich sehr, das gebe ich zu. Wir haben viele Hochbegabte nicht zurückgeholt, und wir lassen noch immer zu viele weggehen.

Wenn wir nachdenken über die Zukunft Österreichs, könnte man ja mit gutem Grund sagen, in wenigen Jahrzehnten wird es Österreich, seine Menschen, kaum noch geben, weil dieses Volk ja ziemlich im Aussterben ist.

Ja, mein Gott, das geht ja vielen europäischen Völkern so, und so schnell sterben wir schon nicht aus. Die neuen EU-Mitglieder haben noch geringere Geburtenraten als wir. Es geht um ein grundlegendes Problem: Auf einmal brauchen wir viele Menschen. Vor vielleicht 20 Jahren noch war man besorgt, dass sich zu viele Menschen auf dieser Erde drängen werden. Die letzten Schätzungen, die ich gelesen habe, lauten so um 2050 rund 9,5 Milliarden Menschen. Ich halte diesen Zustrom nach Europa für keinen Vorteil, er übersteigt bei weitem die Integrationsmöglichkeiten. Hoffentlich geht das gut aus.

Was heißt das alles für Österreich?

Zur Zeit ist die statistische Lebenserwartung der Österreicher 79 Jahre. In der Art, wie wir heute leben und ausgestattet sind, sagen mir meine biologischen und medizinischen Freunde, können wir 120, 125 Jahre alt werden. Daher gibt es nur eine einzige mögliche Lösung: Wir müssen die Lebensarbeitszeit erhöhen. Es geht gar nicht anders.

Erich Streissler hat ein Pensionierungsalter von 75 vorgeschlagen ...

Als erster Schritt wäre einmal 65 Jahre gut gewesen, und man hätte sich viel erspart. Wir haben ja die Lebensarbeitszeit verkürzt. Die früheren Pensionierungen dienten nur der Schönung unserer Arbeitslosenstatistik, die genauso hoch war wie anderswo in Europa; wir waren nicht tüchtiger als die anderen. Unsere Arbeitslosen wurden Pensionisten genannt.

Der erste Politiker in einer Spitzenfunktion, von dem ich gehört habe, man müsse das Pensionsalter erhöhen, war der SPÖ-Klubobmann Sepp Wille Anfang der achtziger Jahre.

Das war mein Nachbar im Parlament, den schätzte ich sehr.

Sepp Wille war sehr gescheit. Ich habe das bisher nicht gewusst, was Sie mir jetzt sagen, aber ich trau ihm das zu, der war gescheit genug, um zu erkennen, wie das läuft, dass das so nicht geht.

Reden wir wieder über die Zukunft. Wir sollen stolz sein auf ein Land – um Ihre Gedanken zusammenzufassen –, das sein Eigentum verschleudert, das die besten Köpfe gehen lässt, und das in ein paar Jahrzehnten nur noch zu einem relativ kleinen Prozentsatz aus den Nachfahren jener Menschen bestehen wird, die halt heute so die Österreicher darstellen?

Ich habe jedenfalls gesagt, dass das, was wir Österreicher erreicht haben, erstaunlich ist. Das hat niemand vorhergesehen 1945. Uns ist es gelungen, zum guten Mittelstand der westlichen Industriestaaten zu werden, da sind wir jetzt seit mindestens 30 Jahren. Wenn man etwas schätzt, dann muss man kritisch sein und auf Probleme hinweisen. Noch besser, versuchen, sie zu lösen.

Darauf kann man also doch ein bisschen stolz sein?

Natürlich.

Aber worin genau besteht die Leistung?

Die überwiegende Mehrzahl der Österreicher ist fleißig und gut ausgebildet, im Durchschnitt sogar sehr gut. Gut ausgebildet, und auch arbeitswillig, leistungswillig. Schauen Sie sich doch nur an, was die Leute alles für sich leisten, um sich ihr Haus zu bauen, die sogenannten kleinen Leute, was sie sich schaffen, wie gut sich kleine Firmen schlagen.

Da könnte man gleich wieder kritisch fragen: Ist es gut, wie mit so viel Wohnbauförderung die österreichischen Täler zugehüttelt werden?

Damit habe ich ein Riesenproblem, ich bin ja selber auch Hotelier. Da kommen wir in eine Sackgasse, erkennbar in eine Sackgasse.

Aber es stellt sich auch eine andere Frage: Die Alpen haben, vielleicht noch vor 80, 100 Jahren, zu den ärmsten Gebieten unseres Landes gehört, und das war ein großer Teil Österreichs. Die Monokultur des Fremdenverkehrs hat sie wohlhabend gemacht. Aber jetzt darf man nicht übertreiben. Die Suche nach dem richtigen Maß ist ja ein Problem, das schon die antiken Philosophen beschäftigt hat.

Vor hundert Jahren mussten österreichische Bergbauern ihre Kinder noch nach Bayern und Schwaben schicken, dort haben sie für einen Pappenstiel gearbeitet.

Waren Sie selbst arm?

Ich bin ein Kind, wie das so schön heißt, braver und anständiger kleiner Leute, die sich um ihre Söhne sehr gekümmert haben, so gut sie das eben konnten. Ich war nur nebenberuflich Student, ich habe immer gerne gearbeitet, und das habe ich schon als kleiner Bub gelernt.

Wie schaffen wir es, dass Österreich mehr Unternehmer bekommt, seien es Leihunternehmer oder seien es Kapitalbesitzer?

Sicherlich: Eine Marktwirtschaft funktioniert nur, wenn es hinreichend unternehmerisch tätige Menschen gibt. Europa hat heute meines Erachtens die mit Abstand gebildetste Bevölkerung dieser Erde, das müssen wir nützen. Bei den Amerikanern sehen wir immer nur die kleine Anzahl von Eliteschulen vor uns, Stanford, Harvard, MIT usw. Die Amerikaner importieren deshalb ja auch Intelligenz aus der ganzen Welt. Das machen sie virtuos. Die müssen wir, soweit sie Europäer sind, bei uns in Österreich halten. Und was spricht dagegen, dass wir in Europa den hochintelligenten Asiaten Studienmöglichkeiten anbieten? Was hält uns davon ab? Die Amerikaner zeigen, wie das geht.

Sie holen sich die Besten.

Na, die Schlechten werden sie holen.

Aber wie unterbindet man, dass die Besten aus Österreich weggehen?

Sie müssen schneller Karriere machen können.

Wenn man jetzt auf die Österreicher und Europäer blickt, dann kommen viele im Vergleich zu den Asiaten zu einem gewissen Kulturpessimismus, der sagt, wir werden eigentlich immer wohlstandsbequemer, wir amüsieren uns zu Tode.

Freude an der Arbeit haben, das ist halt zu einem erheblichen Teil eine Erziehungssache. Was ist Arbeit? Die Arbeit ist unsere Überlebenschance. Ohne Arbeit können wir nicht überleben. Die Spaßgesellschaft ist kein tragfähiges Zukunftsmodell.

Aber ist das nicht ein Bewusstsein, das zunehmend verloren geht? Wir haben die längste Wohlstandsperiode der ganzen Geschichte ...

Dann werden wir aber so, wie wir wollen, nicht überleben, politisch und wirtschaftlich nicht, wenn wir aufhören ordentlich zu arbeiten. Es werden andere Menschen auf dieser Erde arbeitswilliger, unternehmerischer, kreativer sein. Das waren immer diejenigen, die gewonnen haben.

Gewinnen heißt, sie haben dann die Macht?

Ja, sicher. Die Menschen waren immer so. Es ging nie um etwas anderes. Was neu sein sollte, ist Humanität, gerechte Einkommensverteilung. Mein Traum: Die Mittelstandsgesellschaft.

Auch bei unseren Vorfahren haben meistens die gewonnen, die härtere Disziplin geübt haben?

Ja, natürlich. Daran hat sich im Prinzip nichts geändert.

Das ist freilich kein politisch korrekter und modischer Gedanke...

Meines Erachtens ja. Wir haben zur Zeit, ich nehme Bulgarien und Rumänien schon dazu, fast fünf Millionen Quadratkilometer EU, die fast alle besiedelbar sind. Die Amerikaner haben, wenn man die Wüsten und den hohen Norden abzieht, ungefähr 7,5 bis 8 Millionen Quadratkilometer, die besiedelbar sind. Die Chinesen haben ungefähr 9,7 Millionen Quadratkilometer, haben große Wüsten, und wohnen mit dieser riesigen Bevölkerung von 1,3 Milliarden im Wesentlichen an den Küsten und in den Flusstälern, riesige Teile des Landes sind ganz dünn besiedelt. Und auch Indien ist übersiedelt, hat ungefähr 3,3 Millionen Quadratkilometer und ungefähr 1,1 Milliarden Menschen. Wir haben rund 500 Millionen Menschen, rund fünf Millionen Quadratkilometer. Die Amerikaner haben im Moment 290 Millionen.

Wir haben doch jede Chance, die wirtschaftlich und wissenschaftlich führende Position auf dieser Erde zu erreichen. Ein lohnendes Ziel.

Sie waren etliche Jahre Spitzenpolitiker. Wenn man sich die österreichischen Parteien anschaut, hat man heute fast überall Berufspolitiker.

Ich war nie Berufspolitiker. Aber vielleicht geht es gar nicht mehr anders, als Berufspolitiker zu haben. Die ÖVP war einmal eine Honoratiorenpartei. Das ist vorbei. Geht ja auch nicht mehr im Medienzeitalter. Ob es gut ist, weiß ich nicht.

Dasselbe Problem haben wir an den Schulen und Universitäten oder an den Gerichten genauso. Gerade dort, wo über andere Menschen entschieden wird.

Das ist ein System der Spezialisten, die sich in die anderen gar nicht leicht hineindenken können. Das ist meiner Meinung nach eine nicht ungefährliche Entwicklung. Der Lösungsansatz ist immer der gleiche: Lernen und arbeiten. Kenntnisse erarbeiten. Auch die „soziale Intelligenz“ entwickeln.

Wird deswegen auch den jungen Menschen an den Schulen von manchen Lehrern ohne Berufserfahrung außerhalb der Schule eine gewisse Wirtschaftsfeindlichkeit vermittelt?

Man sagt ihnen nicht, dass Wirtschaft Überleben ist. Dass Arbeit nichts anderes ist als eine Tätigkeit zum Überleben.

Überleben ist ein großes Wort.

Wir sind sehr viele auf dieser Erde geworden und werden immer mehr. Nicht, dass ich ein Malthus-Jünger bin, aber wenn eine Art so zahlreich wird, dann hat das Konsequenzen.

Jetzt sind wir bei einer sehr eskatologischen Fragestellung angelangt. Das führt nahtlos zur Frage nach der Religion. Man kann empirisch beweisen, Amerika und der Rest der Welt werden immer religiöser, während Europa immer areligiöser wird.

Es gibt einen schönen Dostojewski-Satz: „Wenn es Gott nicht gibt, ist alles erlaubt." Im europäischen Kulturkreis ist doch letztlich alles, was wir tun, christlich fundiert, sogar die Atheisten bauen auf christlichem Fundament. Die Menschenrechte und letztlich auch der Wohlfahrtsstaat, den man durchaus aus der Bergpredigt herauslesen kann. Niemand wird in einer freien Gesellschaft gezwungen, an Gott zu glauben. Niemandem darf es aber auch verboten werden.

Manche Philosophen haben auch aus naturrechtlichen Überlegungen goldene Regeln oder einen Kategorischen Imperativ abgeleitet.

Ja, gewiss. Aber der Gottesbegriff ist immer in unsere Erkenntniswelt hineindenkbar.

Sie bezweifeln also, dass diese Beobachtung stimmt, Europa entwickle sich von der Religion weg?

Glaube ich nicht, nein. Die christlichen Kirchen in Europa sind im Moment allerdings in einer Phase ihrer historischen Entwicklung, wo sie offensichtlich nicht die Kraft haben, sich manchen Herausforderungen zu stellen. Wobei ich das gar nicht so fundamental sehe wie viele andere, z. B. halte ich als Katholik das Problem „Frauen in der Kirche" für lösbar. Aber auch das wird kommen. Es steht nirgends, dass eine Frau nicht zum Priester geweiht werden darf. Auch der Zölibat spielt eine gewisse Rolle in dieser Krise der Kirche. Ich würde ihn aber nicht so dominant sehen. Im Hinblick auf den Priestermangel gibt es die „Viri probati" (Anmerkung: Erwachsene, verheiratete Männer, die gleichsam die Stürme des Lebens schon bestanden haben). Warum fängt die Kirche nicht zumindest damit an, diese Männer als Priester heranzuziehen? Das ist jedenfalls besser, als die Pfarren allein zu lassen. Überdies: Die den römischen

Papst anerkennenden Griechisch-Unierten kennen den Zölibat nicht.

Die zentrale Frage ist: Brauchen wir starke Religionen, damit sich Europa gut entwickelt?

Es ist unsinnig zu sagen, dass Europa nicht christlich ist, das halte ich für fast lächerlich. Und daher wäre ich schon zufrieden, wenn es in Europa eine sehr starke, allgemein anerkannte ökumenische Bewegung gäbe und eine Wertordnung, die ihre christliche Herkunft nicht krampfhaft leugnet. Den lieben Gott in Gesetze hineinzuschreiben, davon halte ich nichts.

Welche Erwartungen stellen Sie an die Künstler, die Schriftsteller, die Schauspieler? Erwarten Sie von ihnen substanzielle Beiträge zur Diskussion, sind die so etwas wie das Gewissen der Nation, oder sind es weltfremde Spinner, sind es zeitgeistige Opportunisten?

In jedem Beruf ist es das Gleiche. Es gibt die Hochbegabungen, und dann gibt es die Masse, die als Menschen auch nicht weniger wert sind. Ein reiches Kulturleben ist einfach eine Bereicherung des Lebens. Was ist der Sinn, für sich allein etwas zu schaffen, ohne an die anderen zu denken? Man schreibt eine Komposition nicht für sich. Das sind Menschen, die öffentlich wirken wollen, die sich ihren Unterhalt mit öffentlicher Wirksamkeit verdienen wollen. Das ist auch ein Brotberuf bei den meisten. Kunst verfeinert das Leben.

Ist Kultur etwas, was uns nur einen Sinneskitzel intellektueller Art geben soll, oder haben die Künstler noch eine Botschaft, haben sie uns zu belehren, zu führen? Und was ist, wenn ihre Botschaft etwa im Widerspruch zur Wissenschaft steht?

Na, dann wird sie wieder verschwinden, die Botschaft. Allerdings hat die Kultur im Gegensatz zur Naturwissenschaft eine viel höhere Emotionalität. Wenige Prozente unserer Handlungen sind rational, der Rest ist emotional. Die Kultur hat einfach einen Anteil an der menschlichen Entwicklung. Genauso wie die Naturwissenschaften und wie viele andere Dinge auch. Wir entwickeln uns ständig. Und wir entwickeln uns, hoffentlich, immer höher.

Letzter Gedanke, den ich Ihnen vorlegen möchte: die These, es muss uns eigentlich erst schlechter gehen, bevor es uns wieder besser gehen wird.

Helmut Schmidt hat in einem Interview einmal gesagt, es gibt jetzt eine Generation ohne Krisenerfahrungen. Er hat damit die Nachkriegsgeneration gemeint. Und da bin ich erschrocken und habe gemeint: Der gescheite Schmidt sagt so was? Das ist ja schrecklich. Das Prinzip der schöpferischen Zerstörung hat für mich Grenzen. Wenn das so sein sollte, wäre das furchtbar. Das heißt, man braucht eine Krise, eine gesellschaftliche Krise, Krieg, Mord, Totschlag, Hungersnot, Arbeitslosigkeit, um vernünftig zu sein? Dann ist unsere Vernunft eine sehr schwache Kraft. Das wäre eigentlich ein Armutszeugnis. Die Logik dieser Argumentation ist furchtbar. Das heißt also, der Herr Dr. Unterberger hat noch keinen Krieg erlebt. Was sind Sie denn für ein Jahrgang?

1949.

Na, dann müssen Sie so eine schreckliche Geschichte erleben, damit Sie wissen, wie man sich zu verhalten hat. Das will, kann und darf ich nicht akzeptieren.

Statt Österreich: eine Welt ohne Grenzen

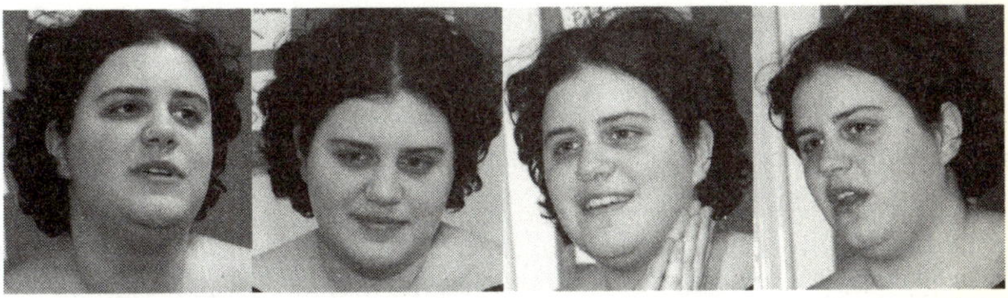

BARBARA WITTINGER,

1979 in Oberösterreich geboren. Studium an der Uni Wien, zuerst Biologie, nun Pädagogik. 2001 Frauenreferentin an der Uni Wien, 2002 bildungspolitische Referentin in der ÖH-Bundesvertretung, zuerst fraktionslos, dann Beitritt zu den grünen und alternativen Studenten (GRAS). Ab 2003 Vorsitzende der ÖH.

Barbara Wittinger kann einen historischen Erfolg auf ihre Fahnen schreiben: Sie führte bei den ÖH-Wahlen 2003 die Grünen an die erste Stelle. Bis dahin war immer eine bürgerlich ausgerichtete Liste Nummer eins gewesen. Damit kamen die Grünen auch zum erstenmal bei einer bundesweiten Wahl überhaupt an die erste Stelle. Weniger erfolgreich war sie in der Auseinandersetzung mit der Regierung. Nach einigen im Unterrichtsministerium und von den Rektoren als aggressiv aufgefassten Aktionen wird die ÖH nun weder dort noch bei den Rektoren als ernstzunehmender Gesprächspartner angesehen. Innerhalb der Grünen hat Wittinger auch eine eventuelle Koalition mit der ÖVP abgelehnt.

Frau Wittinger, was assoziieren Sie ganz frei mit dem Stichwort Österreich?

Wenn ich an Österreich denke, denke ich natürlich vor allem an die Bildungspolitik, das Universitätswesen und was hier in diesem Bereich schiefläuft.

Österreich besteht aber nicht nur aus Bildungspolitik.

Es ist für mich nur das Erste, woran ich denke. Ansonsten assoziiere ich insbesondere in Wien die Vielfalt, die es in Österreich einfach noch gibt. Und dass die Vielfalt an Menschen, an Bevölkerungsgruppen, seien es jetzt Ausländerinnen, Inländerinnen, da ist und bis zu einem gewissen Punkt auch zugelassen wird. Man sagt zwar, die Ausländerinnen können hier leben, sollen hier leben, nur die Umstände sind dann katastrophal.

Sie wollen mehr Vielfalt an Menschen?

Genau. Vor allem eine akzeptierte Vielfalt. Denn Vielfalt, worüber viele Leute einfach schimpfen oder wo sich viele Leute benachteiligt fühlen, ist ja nichts, wo man sagen kann, das ist gut gelöst so.

Was ist aber eigentlich für Sie der Kern Österreichs? Vielfalt kann es ja überall geben. Österreich war einmal die Welthauptstadt der Musik, die Welthauptstadt der Medizin, oder der bessere deutsche Staat, oder Österreich bedeutet für andere noch immer den Raum der einstigen Monarchie. Vielfalt kann es in Honolulu genauso geben. Gibt es für sie etwas spezifisch Österreichisches?

Das ist für mich schwierig, weil Nationalität nichts ist, worüber ich mich identifiziere. Ich möchte mich über Handlungen, Aussagen, bestimmte Eigenschaften identifizieren, aber nicht dadurch, dass ich einer bestimmten Nationalität angehöre.

Das heißt, Österreich ist für Sie eigentlich eher so ein zufällig vorhandener Bezugsrahmen, in dessen administrativen Grenzen wir halt ohne tiefere Bedeutung agieren?

Genau. Das ist das Land, in dem ich jetzt lebe, was eben eine punktuelle Sache ist. Das heißt überhaupt nicht, dass ich das immer tun werde oder immer tun möchte. Nicht, weil ich sage, Österreich ist so schrecklich und alle anderen Länder sind besser, sondern einfach weil ich mehr kennen lernen mag und ich das nicht so begrenzen mag. Aber mehr ist es für mich nicht.

Wenn wir Österreich abschaffen und es gibt nur noch eine Europäische Union?

Es gibt nur mehr eine Welt ohne Grenzen, ohne Länder, ohne Nationalitäten.

Eine Weltregierung?

Wie auch immer man das löst, keine Ahnung. Das ist natürlich sehr utopisch, aber: Ja, keine Grenzen.

Keine Grenzen, und möglichst viel Vielfalt, möglichst an allen Orten?

Alle Menschen leben dort, wo sie gerne möchten.

Jetzt ist aber Tatsache, dass es mindestens 90 Prozent der Menschen in der Welt schlechter geht als den Österreichern. In der von Ihnen erträumten Welt werden viele dorthin ziehen, wo es ihnen besser geht, also nach Österreich. Bis man am Ende überall ungefähr gleichviel verdienen würde.

Es wäre eine Herausforderung, das zu schaffen. Dass es wirklich einen Ausgleich gibt, und dass es nicht mehr diese verschiedenen Welten gibt – Erste Welt, Zweite, Dritte Welt. Und da muss man einmal im Kleinen anfangen, da muss eben Österreich schauen, dass es hier diese Schichten nicht mehr gibt, dass hier die Kluft zwischen Arm und Reich nicht mehr existiert.

Bleiben wir noch kurz bei Ihrer Utopie: Diese würde aber auch heißen, dass auch der Durchschnitts-Österreicher, der derzeit so viel besser verdient als der Durchschnitts-Afrikaner, dann weniger Wohlstand hat.

Wenn man es so durchdenkt, dann passiert das wahrscheinlich am Anfang. Aber eben weil die Kluft noch da ist. Bis die geschlossen ist, müssen natürlich einmal die Leute, die mehr haben, Abstriche machen, um die anderen zu unterstützen.

Sie kommen aus Oberösterreich: Haben Sie zu Ihrer engeren Heimat, zu Gemeinde, Bezirk, Viertel, Bundesland, eher eine emotionale Beziehung als zu Österreich?

Da habe ich dann noch eher zu Wien eine emotionale Bindung als zu Oberösterreich.

Und warum zu Wien?

Weil da mein politisches Agieren begonnen hat. Weil sich mein Horizont geöffnet hat, als ich nach Wien gegangen bin. Ich bin in eine katholische Privatschule gegangen.

In Wien?

Nein, in Oberösterreich. Das war immer ein ganz abgegrenzter Bereich, wo man relativ wenig mitgekriegt hat. Ausländerinnen gab es dort nahezu überhaupt keine. Und gerade weil ich diese Vielfalt mag, identifiziere ich mich dann eher mit Wien als mit Oberösterreich.

Kehren wir zu Ihrer ersten Österreich-Assoziation, dem Bildungssystem, zurück. Was ist denn da der Kern des Übels?

Der Umstand, wie ausländische Studierende benachteiligt werden. Wie Österreich den freien Hochschulzugang prinzipiell einschränkt.

Was soll aber etwa die Wiener Medizin-Uni machen, die nicht mehr als 500 neue Studenten pro Jahr aufnehmen kann? Lautet Ihre Antwort, dass der Steuerzahler viel mehr Geld hergeben muss, um jedes Jahr 2000, 3000 aufnehmen zu können?

Es müssen auf jeden Fall finanzielle Mittel her, das ist klar. Einerseits heißt es, die Unis sind jetzt selbstständig, die sollen selber entscheiden; andererseits beansprucht die Regierung aber auch wieder, dass Österreich als Bildungsstandort wichtig ist, dass wir Weltklasse wollen. Das ist ja ein völliger Widerspruch. Da kann ich diese Intentionen dann nicht mehr ernst nehmen.

Was die Wiener Medizinische Universität, die wahrscheinlich ein Hauptziel der deutschen Numerus-clausus-Flüchtlinge sein wird, Ihrer Meinung nach tun soll, habe ich noch nicht begriffen.

Sicher werden Studierende aus Deutschland kommen. Aber ich glaube einfach nicht an die Massen, die unsere Unis überschwemmen werden. Sobald es irgendwo Schwierigkeiten gibt, kommt immer Panikmache. Das gab es in anderen Bereichen auch schon. Das gab es mit der EU-Osterweiterung: „Oh Gott, da kommen die ganzen Leute aus dem Osten, die überschwemmen uns, und die Kriminalität steigt." Das ist reine Panikmache. Wo ist hier bitte die Überschwemmung? Die Fakten haben echt nichts mehr mit der Panikmache zu tun.

Auch die Kriminalitätsstatistiken, die doch eine Vervielfachung zeigen, halten Sie nicht für richtig?

Ich mag es nicht an Aus- oder Inländerinnen festmachen. Es gibt überall Leute …

Sie haben selbst das Thema Kriminalität in Zusammenhang mit Ausländern angesprochen.

Es gibt in jedem Land Menschen, die kriminell sind. Es sind doch bitte nicht alle Leute, die im Osten wohnen, kriminell. Ja, sicher wird es auch welche geben, genauso wie es in Österreich genug Leute gibt, die kriminell sind. Irgendwo einbrechen, irgendwen umbringen darf niemand, wurscht aus welchem Land er kommt. Insofern ist das für mich einfach Panikmache.

Es könnte ja sein, dass etwa auf Rumänen der Wohlstand, der hier in jedem Haus zu finden ist, eine zusätzliche Anziehungskraft ausübt, und dass das in signifikant höherem Ausmaß zu kriminellen Akten von rumänischen Touristen führt.

In dem Fall sind es Touristen, das ist klar. Aber gerade bei den Staaten, die jetzt zur EU gekommen sind, müssen wir doch schauen, dass der Wohlstand nicht mehr so auseinanderklafft.

Zurück zu den Unis: Die Selbstständigkeit, die Ausgliederung aus dem staatlichen Zugriff halten Sie nach wie vor für falsch?

Ich halte es für falsch und verlogen. Denn zu sagen, man gliedert die Universitäten aus und besetzt dann den Uni-Rat mit parteipolitisch angehauchten Menschen, das ist keine Ausgliederung mehr, sondern das ist eine indirekte Einflussnahme. Es ist ja nicht so, dass das Ministerium deshalb nicht mehr mitbestimmt. Bildung ist eine Aufgabe, die der Staat erfüllen muss. Das ist nichts, was man irgendwo abschieben soll, sondern da ist der Staat dafür verantwortlich. Und deshalb halte ich die Ausgliederung nach wie vor für falsch.

Sie werfen diesen ja zum Teil relativ bekannten Persönlichkeiten, die in den Uni-Räten sitzen, vor, dass sie auf Knopfdruck einer Partei agieren?

Nicht allen, aber natürlich einigen, ja sicher.

Der Mehrheit oder nicht der Mehrheit?

Ich befürchte, der Mehrheit, ja.

Und Sie meinen, der frühere Zustand war besser, wo Professoren ständig ins Ministerium gelaufen sind? Und wer dort am häufigsten gelaufen ist, hat dann das meiste Geld bekommen.

Der Zustand ist ja schon dadurch schlecht geworden, dass die Rektorenkonferenz aufgelöst worden ist und jetzt als reiner Verein existiert. Wo man die Unis in einen gegenseitigen Konkurrenzkampf schickt. Dadurch hat man verhindert, dass es irgendwo eine gesetzliche Koordination gibt, wo sich die Unis, vertreten durch die Rektoren, absprechen und versuchen, gemeinsam für sich das Beste herauszuholen. Das ist dasselbe, was auch bei der ÖH mit dem neuen Hochschülerschaftsgesetz passiert ist. Da hat man auch die Dachorganisation geschwächt, indem wir nicht mehr direkt gewählt werden; und damit stehen die einzelnen Universitäten in einem Konkurrenzkampf.

Ich habe ja nicht den Eindruck, dass die Hochschülerschaft für die Durchschnittsstudenten sehr relevant ist.

Ich glaube, dass sie ziemlich relevant ist. Vor allem beim Einstieg ins Studium, bei der sozialen Absicherung, wenn es zu wenige Lehrveranstaltungen gibt. Durch die gesetzliche Verankerung kommt man auch nicht so einfach an der ÖH vorbei und wir können schon bis zu einem gewissen Punkt mitreden. Und wenn es seitens der Unis und des Ministeriums eine faire Gesprächsbasis gäbe, dann wäre irrsinnig viel drinnen. Aber jetzt ist es eher so, dass wir immer das Gefühl haben, die interessiert es überhaupt nicht, eine andere Meinung anzuhören.

Die niedrigen Beteiligungen bei ÖH-Wahlen – unter 30 Prozent – scheinen dem ja zu widersprechen, dass die ÖH von den Studenten als durchaus relevant geschätzt werde.

Zum einen muss sich die Wahlbeteiligung nicht damit decken, ob die Studierenden die ÖH brauchen. Zum zweiten liegt in Ländern, wo vergleichbare Institutionen nicht gesetzlich verankert sind, die Beteiligung teilweise bei fünf Prozent.

Wo ist sie nur fünf Prozent?

In Deutschland ist sie bei ungefähr zehn Prozent. Und dort sind die Vertretungen der Studierenden nicht so verankert.

Haben Sie das Gefühl, dass die Absolventen der österreichischen Universitäten diese eigentlich im Allgemeinen gut ausgebildet verlassen, um ins künftige Leben zu gehen?

Der Meinung bin ich schon. Ich glaube, wir haben ein sehr gutes Bildungssystem auf den Unis. Es ist nur unzureichend in dem Sinn, dass es zu wenige Leute auch genießen können.

Jetzt gibt es ja seit einigen Jahren eine zunehmende Konkurrenz, insbesondere durch die Fachhochschulen. Die allermeisten Fachhochschulen haben ein Vielfaches von Bewerbern im Vergleich zu den Plätzen, die sie dann vergeben können. Ist das nicht eine absurde Situation, dass sich die formal vielleicht niedriger eingestuften Fachhochschulen im Gegensatz zur Uni die Leute aussuchen können? Sie werden wohl die Besten aussuchen, und die Unis müssen dann den Rest nehmen.

Ich sehe die direkte Konkurrenz nicht, weil es zwei unterschiedliche Systeme sind. Eine Fachhochschule ist eine Ausbildung konkret auf einen Beruf hin. Die Uni ist für mich eine Bildungsstätte mit wissenschaftlichem Anspruch, mit Grundlagenforschung. Das geht nicht konkret auf einen Beruf hin.

Eine Fachhochschule, wo ich vor ein paar Tagen referiert habe, nimmt jährlich 60 auf; sie hatte aber über 600 Bewerbungen. Die 540, die dort nicht genommen werden, gehen dann an die Unis mit diesem von Ihnen angesprochenen breiten Anspruch höherer wissenschaftlicher Bildung. Und bei diesem höheren Anspruch fehlen dann die Besten, aber die breite Rest-Masse macht Grundlagenforschung?

Die Besten wofür? Wenn es zwei unterschiedliche Systeme gibt, Fachhochschulen und Universitäten, dann heißt das: Die Besten für die Fachhochschulen müssen nicht die Besten für die Unis sein.

Ich würde nie im Leben auf eine Fachhochschule gehen, weil für mich breites Wissen wichtig ist, das ich auch selber zusammenstellen kann, das nicht irgendwo Grenzen hat. Ich könnte mich nie in einem verschulten System weiterbilden. Und andere sagen dafür wieder, ich verfolge ein ganz konkretes Ziel, ich will genau diesen Beruf, und daher ist es für mich richtig, diesen Bildungsweg zu machen.

Aber in vielen konkreten Fällen sind die Berufspläne und Lebensplanungen der Studenten in diesen beiden Hochschulsystemen schon sehr eng verwandt.

Das kann schon sein. Aber es geht auch immer darum, wie man zu seinem Ziel kommt.

Ihre Vorstellung vom Studium, man tut, was man will und was einem interessant vorkommt, klingt beneidenswert. Aber zahlen müssen es letztlich alle.

Ungerecht ist, wie das Stipendien-Unterstützungssystem ausschaut. Das gilt auch für das Schulsystem. Schon zwischen Hauptschule und Gymnasium wird vorselektiert. Man kann von Zehn-, Elfjährigen nicht erwarten, dass sie wirklich wissen, was sie irgendwann einmal machen wollen. Man sollte in einer Gesamtschule schauen, dass alle die gleiche schulische Ausbildung bekommen. Um nachher dieselben Chancen zu haben.

Sie waren selbst in einer Privatschule, also dem genauen Gegenteil. Sie sehen keine Gefahr, dass dann die Qualität der Ausbildung jener Kinder, die sonst ins Gymnasium gehen würden, sinkt, wenn sie die gleiche Ausbildung wie andere bekommen?

Das kommt darauf an, wie man das realisiert. Natürlich muss man sich was überlegen, dass hier die Qualität nicht sinkt, sondern dass sie für alle steigt. Aber da braucht es Konzepte, und die müssen von denen gemacht werden, die da eben das Knowhow dazu haben. Ein guter Anfang ist, dass man künftig den Lehrerinnen auch eine Hochschulausbildung gibt.

Wobei es aber weitgehenden Konsens gibt, dass derzeit die erzieherische Ausbildung der Pflichtschullehrer durch die Pädagogischen Akademien viel besser als das ist, was der durchschnittliche Lehramtsabsolvent von der Uni mitbringt. Das heißt aber: In den Hauptschulen sind die Kinder durch die Ausbildung der Lehrer nicht benachteiligt, sondern bevorzugt. Benachteiligt sind sie nur durch das, was die Schüler selbst an Erziehung mitbringen oder nicht mitbringen.

Ich glaube schon, wenn die Lehrerinnen an Haupt- und Volksschulen eine breitere Ausbildung bekommen, und nicht so eine verschulte, dass das schon sehr viel hilft. Wenn sie ein breiteres Wissen haben, dann nützt das auch den Schülerinnen.

Ein anderes Thema, das in der öffentlichen Diskussion immer wieder in Zusammenhang mit jungen Menschen diskutiert wird: Ist es nicht eigentlich unmoralisch, wenn man einer jungen Generation alljährlich immer noch größere Schuldenberge hinterlässt?

Für mich kommt es immer darauf an, wofür denn diese Schulden gemacht werden. Wenn es vollkommen sinnlose Sachen sind, wie der Kauf von Abfangjägern oder der Bau der Lobauautobahn, da bin ich dagegen. Aber wenn es den Pensionistinnen total schlecht geht, da hätte ich überhaupt kein Problem damit, wenn meine Generation Schulden übertragen kriegt, damit die unterstützt werden.

Eine Autobahn halten Sie für einen Luxus, obwohl auf der Tangente jede Woche immer öfter der Verkehr total kollabiert, obwohl Hunderttausende Menschen von dieser Verkehrsroute abhängig sind und im Jahr Millionen Stunden verlieren?

Abgesehen davon, dass ich es umweltpolitisch einen Wahnsinn finde, halte ich es für einen Luxus, wenn manche Leute im Winter nicht wissen, wie sie heizen sollen. Ja.

Für wie stabil halten Sie denn die Demokratie in Österreich?

Für mich gibt es in Österreich zuwenig Demokratie. Nur wählen zu gehen und dann keinen Einfluss mehr zu haben, ist mir viel zu wenig Demokratie. Mir würde es viel mehr um direkte Demokratie gehen. Vor allem auch in der Bezirkspolitik, wo es darum geht, Grünflächen umzuwidmen.

Würden junge Menschen heute oder in 30 Jahren anders reagieren als einst, wenn eine undemokratische Partei die Macht übernimmt? Ihre Generation wirft ja den Älteren vor, nicht für die Demokratie gekämpft zu haben.

Ich glaube, dass da viel zu wenig getan wird, um das, was passiert ist, ins Bewusstsein der jungen Menschen zu bringen. Das, was passiert ist, und das, was immer noch passiert, wenn auch in geringerem Ausmaß.

Was meinen Sie damit? Was passiert in Österreich immer noch, wenn auch in geringem Ausmaß?

Wenn man den Nationalsozialismus nimmt, wo eine Glaubensgruppe unterdrückt wurde, eliminiert wurde, und es damit vergleicht, dass die Ausländerfeindlichkeit jetzt wieder steigt, dann kann man nicht sagen, das alles ist gegessen. Es ist natürlich nicht vergleichbar, aber es sind die gleichen Ansätze da: Dieser Beißreflex, diese Angst vor etwas Fremdem.

Ich weiß jedenfalls nicht, ob es genug Bewusstsein bei den jungen Menschen gibt, dass so etwas wie damals nicht mehr passieren kann. Ich kenne noch Menschen, die mir direkt davon erzählen können. Nur, in 30 Jahren gibt's die nicht mehr. Deshalb muss da permanent etwas dafür gemacht werden, damit man sieht, solche Ansätze gibt es immer, das ist immer präsent.

Wie passt das jetzt zu Ihrem Verlangen nach mehr Demokratie? Eine deutsche Umfrage hat ergeben, dass es 62 Prozent auf die Nerven geht, dass ständig die deutschen Verbrechen jener Zeit aufgerollt werden. In Österreich ist es wohl nicht viel anders. Wenn man mehr direkte Demokratie verwirklicht, da werden sich die 62 Prozent durchsetzen, die das nicht ständig aufgerollt hören und sehen wollen.

Für mich ist ein Unterschied zwischen „das Ganze aufrollen" und dem, dass man die jetzt lebenden Menschen dafür verantwortlich macht. Das passiert ja oft gemeinsam. Wo es immer noch heißt: „Die Deutschen haben", wo es Länder gibt, die einfach die Deutschen nicht mögen. Ich mache niemanden von den Menschen, die jetzt in Deutschland leben, für irgendetwas verantwortlich. Das wäre ja ein Wahnsinn.

Und das passiert Ihrer Beobachtung nach?

Das passiert meiner Beobachtung nach schon.

Bei der direkten Demokratie, für die Sie ein so vehementes Plädoyer gehalten haben, gäbe es wahrscheinlich auch eine andere Konsequenz, nämlich dass die Gesetze gegenüber Ausländern und Asylwerbern viel rigider werden würden.

Wenn die Menschen direkt abstimmen, dann braucht es eine faire Informationspolitik. Nämlich Fakten und keine Panikmache. Wenn man mit den Menschen ins Gespräch kommt, Erfahrungen austauscht, einfach einmal Fragen stellt: „He, welche Probleme haben Sie konkret als Person schon einmal mit Ausländerinnen gehabt, wo haben Sie sich angegriffen gefühlt?", da kriegt man ganz wenige Beispiele. „Ich habe gehört, ja, aber in den Nachrichten heißt es …" Das ist halt Propaganda, die betrieben wird.

Wer betreibt die?

Zum einen die Parteien, zum anderen aber auch die Medien.

Die betreiben alle Ausländerfeindlichkeit?

In den Oberösterreichischen Nachrichten steht bei Berichten über Einbrüche immer nur dann dabei, woher die Leute sind, wenn sie aus dem Ausland kommen. Sonst ist das irgendwo eine kleine Meldung ohne Hinweis, dass es ein Österreicher oder eine Österreicherin gewesen ist.

Die Zukunft gehört den Frauen. Was löst dieser Satz in Ihnen aus?

Die Zukunft gehört den Menschen. Aber damit die Frauen wirklich gleichberechtigt mitgestalten können, muss man zuerst einmal das Augenmerk darauf legen, wie man Frauen auch unterstützen kann. Denn es hat natürlich eine relativ lange Tradition, dass die Männer mehr Rechte haben, die Männer gehen arbeiten, die Frauen sind zuhause. Das aufzubrechen geht nicht von einem Tag auf den anderen.

Was halten Sie von jenen Frauen, die sich für die Familie entscheiden und die keine Karriere wollen?

Das ist doch vollkommen okay. Wenn sie das frei entscheiden, und wenn es wirklich ihr Wunsch ist, Hausfrau zu sein, bei der Familie zu bleiben, eine Familie zu gründen – das ist doch schön. Solange sie die Wahlmöglichkeit haben.

Dass wir dem Osten etwas zu geben haben

LEON ZELMAN,

1928 in Polen geboren. Sein Vater wurde 1939 erschossen, seine Mutter starb im Ghetto von Lodz, sein Bruder in Auschwitz. Leon Zelman hat die Konzentrationslager Auschwitz und Mauthausen überlebt. Seit Kriegsende lebt Zelman in Wien, wo er 1950 maturiert. 1946 ist er Mitbegründer des Vereins „Jüdische Hochschüler in Österreich", bis 1956 auch dessen Präsident. Studium der Zeitungswissenschaften und Geschichte an der Universität Wien. 1964 Promotion. 1947 Gründung der Zeitschrift „Das Jüdische Echo". 1980 Gründung des hauptsächlich von der Gemeinde Wien unterstützten Jewish Welcome Service.

Leon Zelman ist heute einer der bekanntesten Vertreter der jüdischen Gemeinde in Österreich. Im Jewish Welcome Service organisiert er regelmäßig Besuche von vertriebenen jüdischen Österreichern in der alten Heimat. Er hat sich im Lauf der Jahre auch in vielen öffentlichen Disputen über Fragen des zeitgeschichtlichen Gedenkens engagiert.

Herr Dr. Zelman, machen Sie sich Sorgen um Österreich?

Ich mache mir um Österreich keine Sorgen, ich mache mir nur Gedanken.

Welche?

Ich habe dieses Land gern, besonders Wien. Ich möchte Wien gerne als Hauptstadt Mitteleuropas haben. Ich möchte, dass diese Stadt aufgrund ihrer Geschichte, Tradition, Beiträge eine Stätte der Begegnung sein soll. All das, was die Stadt bekannt und groß gemacht hat. Die zweite Herausforderung lautet, dass wir aufgrund unserer Geschichte dem Osten etwas zu geben haben, zu sagen haben. Und nicht nur dem Osten.

Diese Gedanken sind nahe bei Ihrem Projekt, ein zeitgeschichtliches Museum zu schaffen.

Das Museumsprojekt war auch ein Nebengedanke. In Wien gibt es sehr viele Symbole, wo Häuser Zeugen der Größe dieser Stadt sind – siehe Palais Epstein. (Anmerkung: Das Gebäude war nach Plänen Theophil von Hansens unter der Aufsicht Otto Wagners für die nobilitierte jüdische Familie Epstein gebaut worden. Zelman wollte in dem Ringstraßenpalais ein „Haus der Geschichte" gründen. Nach langer Nutzung durch den Stadtschulrat kommen nun Räume des benachbarten Parlaments in das Palais. Als Kompromiss wird es aber eine Ausstellung geben, die die Bedeutung des jüdischen Geistes für Wien darstellt.)

Diese Symbole erzählen viel über die Menschen, die die Stadt groß gemacht haben. Diese Stadt war – auch vom jüdischen Standpunkt – groß, historisch groß. In der Monarchie haben die Menschen geträumt, nach Wien zu kommen; und wenn sie es sich leisten konnten, haben sie ihre Kinder nach Wien zum Studieren geschickt.

Ist das nicht alles Vergangenheit? Lässt sich das wiederholen?

Nein. Natürlich ist das alles Vergangenheit, aber die Vergangenheit zählt für die Zukunft. Sie lehrt uns, was man aus der Geschichte für diese Stadt alles machen kann.

Was kann man aus der Stadt machen außer einem Museum?

Nein. Ich bin gegen Museen. Ich bin für lebendige Häuser, die die Geschichte erzählen. 1938 war ein großer Verlust für die Menschen, die sich als Österreicher gefühlt haben, die für Österreich gearbeitet haben; einfach weil viele weggegangen sind, weil man sie vertrieben hat. Nicht die Deutschen haben sie vertrieben, sondern die Nachbarn, mit denen sie gelebt haben, haben sie von einem Tag auf den anderen vertrieben. Da war der Freund von heute auf morgen kein Freund mehr, der Nachbar kein Nachbar. Und der Hausbesorger, den man gehätschelt hat, ist mit einem Hakenkreuz gekommen und hat gesagt: Ich weiß, wo die silbernen Leuchter sind.

Da haben sie das Land verlassen müssen, aber ihre Liebe zur Stadt ist bis heute existent. Was wir nach dem Krieg mit diesen Menschen getan haben, ist ein Verbrechen. Man hat ihnen nicht gesagt: Kommt, ihr seid Bürger dieser Stadt, kommt, wir brauchen euch. Das wäre wichtiger gewesen als die spätere Diskussion um das Geld für die Wiedergutmachung und alles andere.

Wie viele wären zurückgekommen? Viele haben ja sehr unangenehme und furchtbare Erinnerungen an diese Stadt.

Man will uns einreden, dass man sie nicht eingeladen hat, weil es keine Wohnungen, keine Arbeitsplätze gegeben hat. Die Leute sind nicht gekommen, haben aber darauf gewartet, sich danach gesehnt: Ein Wort der Liebe, ein Wort, dass alles, was geschehen ist, anders geworden ist.

Es wäre mehr um den symbolischen Akt gegangen, nicht um die wirkliche Rückkehr.

Ja. Um die Liebe zu diesen Menschen. Dann gibt es noch ein wichtiges Problem. Die Enkelkinder dieser Leute sind heute alle Opinion leader, Intellektuelle, Professoren. Die kennen die Stadt nur von Erzählungen ihrer Großeltern und Eltern, wie es 1938 war. Das ist ein Verlust für uns, dass wir mit diesen Kindern und Enkelkindern keinen Kontakt haben, keine Beziehung herstellen, um zu sagen: Es ist eine neue Gesellschaft, eine neue Generation. Obwohl ich sehr überzeugt bin, dass es so ist.

Träumen Sie davon, dass einmal in Wien wieder viel mehr Juden leben als jetzt?

Es geht nicht darum, wie viele Juden in Wien leben sollen. Es geht darum, dass man eine Beziehung zu den Menschen herstellt, die zufällig Juden waren, die so viel gelitten haben. Es geht darum, dass sie sagen, ich bin hier geboren und bin stolz auf diese Stadt – und sie sind es noch immer. Wir wissen, was wir verloren haben, weil sie in Amerika geblieben sind.

Es gibt nun auch viele Untersuchungen, die zeigen, dass die Generation der Vertriebenen neben den furchtbaren Erinnerungen auch sehr positive Erinnerungen an Wien hat ...

Das stimmt.

... während aber die zweite und dritte Generation oft nur noch die negativen Erinnerungen überliefert bekommen hat.

Das stimmt genau, hundertprozentig. Im Rahmen unseres „Jewish Welcome Service“ hat mir ein Mann einen Brief geschrieben: Er will mit seinen zwei Enkelkindern kommen; ich musste ihm aber absagen, weil wir nur die Leute einladen, die noch selbst hier gelebt haben. Aber wir haben ein Mittelding gefunden: Wir haben das ganze Programm finanziert, nur die Flugtickets für seine zwei Enkelsöhne hat er selbst bezahlt. Und ich war ganz überrascht, was er sehen wollte: den Karl-Marx-Hof. Ich war dabei, wie der Mann seinen zwei Enkelsöhnen über die Größe dieser Stadt erzählt hat, über das Haus. Sein Vater war ein armer Schneider und er zeigte, wie er hier wohnen konnte. Da bin ich stolz darauf.

Es ist ein Fehler, dass wir keinen Kontakt, keine Beziehung zur zweiten und dritten Generation gesucht haben. Sie haben mit dem gelebt, was die Eltern erzählt haben, wie es 1938 war. Wir könnten Ihnen aber stolz zeigen, was für eine neue Demokratie hier steht. Hier geht es nicht darum, dass hier wieder Juden leben, sondern die Juden sollen einfach verstehen, dass die Stadt, an der sie hängen, eine neue Demokratie und eine neue Generation hat. Ich bin davon überzeugt – und ich bin in vielen Schulen –, dass wir eine neue Generation an jungen Menschen haben und vor allem eine faszinierende neue Generation von Lehrern, die ihnen von der Vergangenheit erzählen. Sie versuchen einfach, dass die jungen Leute die Vergangenheit so weit verstehen – das Wort von der Bewältigung habe ich nicht gerne –, aber so weit zu verstehen, dass das auch ihre Vergangenheit ist.

Nun gibt es auch andere, die sich Sorgen machen, dass nach 60 Jahren der Wert der Demokratie, des Rechtstaates den Menschen einfach viel weniger bewusst ist als damals, wo man noch unmittelbar die Schrecken der nationalsozialistischen Zeit in Erinnerung hatte.

Wir haben die Europäische Union. Diese ermöglicht heute den jungen Menschen eine neue Welt, eine neue Zeit. Ich war selber in Mauthausen zusammen mit Franzosen und anderen, die gestorben sind mit der Idee, dass es in Europa einmal Frieden geben wird. Wir müssen den jungen Leuten über diese Zeit erzählen, dass sie besser begreifen sollen, wie wichtig die Europäische Union, die Demokratie heute ist.

Aber es gibt bei kleinen Kindern die Beobachtung: man kann ihnen zehnmal sagen: Greif nicht auf den heißen Herd! Aber das Kind wird es erst lernen, wenn es sich die Finger verbrannt hat.

Und das macht mir Sorgen. Die Jugend begreift das nicht, dass wir in Europa 60 Jahre ohne Krieg leben. Wir diskutieren in der Europäischen Union über wirtschaftlichen Wandel, aber nicht über den politischen Wert, die Werte der Europäischen Union.

Wir haben ja jetzt zum ersten Mal, seit es verlässliche Geschichtsaufzeichnungen gibt, 60 Jahre mit absolutem Frieden. Das hat es davor nie gegeben. Wie sicher ist das für Sie, dass wir auch für die

nächsten 60 Jahre Frieden haben werden, hier in Europa zumindest?

Ich bin da sehr hoffnungsvoll. Ich habe gelebt und gelitten mit Menschen, die dieses Europa erträumt haben. Dieses Europa ist entstanden aufgrund dieses Leidens, der Kriege. Wenn wir heute denken, wie Frankreich und Deutschland miteinander leben, da bin ich optimistisch, dass wir einer Zukunft ohne Krieg und Leiden entgegen gehen.

Wenn wir beim Stichwort Krieg um uns schauen, dann fällt der Blick sehr schnell auf den Nahen Osten, noch immer eine der gefährlichsten Gegenden der Welt. Wie sehen Sie da das Verhalten Europas? Man hat oft den Eindruck, die Vereinigten Staaten sind mehr engagiert, mehr interessiert am Nahen Osten als Europa.

Das hat mit Amerika nichts zu tun. Die meisten Leute in Israel sehnen sich nach Frieden. Die jungen Menschen sind aufgeschlossen, weltoffen. Sie wollen in Frieden leben, in einem Land, das sie als ihre Heimat betrachten. Und sie wollen nicht vergessen, was mit den Juden im Holocaust geschah. Die jungen Leute wollen wie alle jungen Menschen in aller Welt sein. Das Problem ist, dass Israel keinen Partner auf der anderen Seite hat, der einfach den Mut hat, darüber zu diskutieren.

Ich war eingeladen in Gaza. Ich habe dort solche Szenen gesehen, so viel Armut und Elend von jungen Menschen! Auf der anderen Seite wunderbare Häuser mit drei oder vier Autos, Mercedes. Das ist ein Problem, das uns zu denken gibt.

Mit der anderen Seite meinen Sie Israel?

Nein, das gibt es auch im arabischen Teil. Ich habe geweint, weil mich das an das Ghetto erinnert hat, wo ich als Kind gelebt habe.

In welcher Stadt war das?

In Lodz. Daran habe ich mich erinnert. Die Menschen dort müssen begreifen, dass sie selber die Kraft haben müssen, dass sie nur durch den Frieden Hoffnung und Arbeit geben können. Aber der Arafat hat Milliarden beiseite geschafft, statt die Armut zu liquidieren und den Menschen Hoffnung zu geben. Wenn Sie mit den Palästinensern dort reden, sehnen sie sich nach Geschäften, nach Beziehungen und reden nicht von Krieg. Aber es gibt Leute, die entweder Angst vor dem Frieden haben oder Interesse haben, diesen Zustand zu erhalten.

Kann Frieden auch ohne militärische Stärke Israels gesichert werden?

Ja, schauen Sie nach Deutschland und Frankreich. Wir werden es bald in Osteuropa sehen. Was ich träume, ist, dass sich dieses Wien einfach an die Spitze dieser Ideen stellt.

Sie sehen keine Bedrohung dieser Kultur Mitteleuropas, die oft als christlich-jüdisch oder abendländisch bezeichnet wird, durch die Herausforderung eines oft sehr aggressiven Islams?

Die Jugend ist heute anders. Die Jugend will da wie dort leben, auch bei den Moslems.

Aber gerade die islamischen Fundamentalisten und Terroristen sind vor allem junge Menschen.

Weil sie in Armut, in einer Zeit ohne Hoffnung leben. Wir müssen sie verstehen und begreifen, dass Armut zu Hass und Elend führt. Das erwarte ich mir von Europa.

Sie halten es also für falsch, dass man in den Vereinigten Staaten, aber auch zum Teil in Europa versucht, mit harten Maßnahmen Terrorismus und Fundamentalismus zu bekämpfen?

Das sind zwei verschiedene Sachen. Natürlich müssen wir den Terrorismus bekämpfen. Aber es gibt auch einen anderen Weg: Nein zu sagen zum Kämpfen und zu dem Prinzip: Ihr wolltet uns vernichten, daher vernichten wir euch. Der andere Weg heißt Verständnis, andere Menschen kennen lernen. Die Religionen waren immer ein Problem. Das wissen wir.

Was meinen Sie jetzt genau mit Religionen?

Religionen waren ein Mittel zum Krieg. Wir kennen das auch aus der katholischen Kirche, wie sie für Kriege missbraucht wurde.

Viele der jüdischen Österreicher haben in Kultur oder Wissenschaft große Leistungen zustande gebracht. Glauben Sie, dass Österreich, das ja kaum noch jüdische Mitbürger hat, heute wieder zu Leistungen ähnlicher Dimension imstande ist?

Wir haben heute einige Persönlichkeiten im Gebiet der Medizin, die jüdischer Abstammung sind, aber ich glaube nicht, dass die Zeit dafür reif ist. Es kann nicht mehr dasselbe sein wie 1938. Es wird noch lange Zeit dauern, bis ausreichende politische, soziale Voraussetzungen geschaffen sind. Das war jedenfalls ein fürchterlicher Verlust für das Land, dieses Verschwinden der jüdischen Menschen, die diese Stadt auf allen Gebieten zu einer Großstadt gemacht haben.

Wie antworten Sie jungen Menschen, wenn sie fragen, warum gerade Juden so viele Spitzenleistungen in vielen Gebieten erzielt haben? In der Wissenschaft, aber auch in der Kunst.

Ich werde das oft gefragt. Ich meine, das hängt damit zusammen, dass die Juden ein Volk des Buches waren. Lesen und schreiben haben schon die Kinder gelernt. Zweitens waren sie in vielen Ländern verfolgt. Sie mussten besser sein als die anderen. Sie wollten auch beweisen, dass sie etwas können. Jede Mutter und jeder Vater haben davon geträumt, dass ihr Sohn etwas sein muss, ein Doktor.

Aber wenn wir wieder versuchen, daraus eine Lehre für die Geschichte zu ziehen, dann ist es eigentlich die, dass Menschen, dass ein Volk dann besonders erfolgreich ist oder besondere Leistungen bringt, wenn es in irgendeiner Weise unter Druck steht.

Ja, richtig.

Und Österreich – jetzt ganz unabhängig von der jüdischen Vergangenheit – ist heute ein Land, das nicht unter Druck steht,

sondern dem es in jeder Hinsicht gut geht, wir leben im Wohlstand. Da könnte man auch fürchten, dass man im Wohlstand bequem, nachlässig, faul, träge wird und nicht mehr leistungsfähig ist.

Das glaube ich nicht. Die Welt ist anders geworden. Wir wissen, dass die Wissenschaft ein wichtiger Teil des Lebens geworden ist. Jeder strebt danach. Damals war die Wissenschaft für die Juden ein Weg zu überleben, sich zu bestätigen. Heute muss man das alles nicht haben. Aber die Juden sind noch immer in Amerika, wo sie nicht unterdrückt wurden, in der Wissenschaft sehr stark.

Und noch etwas: Demokratie war für die Juden etwas sehr Wichtiges. Die Demokratie war eine Bestätigung: Ich bin gleich, ich kann mich entfalten, ich kann lernen, ich kann machen, was ich will, ich bin ein Mensch, der sich alle Möglichkeiten suchen kann. Es ist falsch, wenn man gesagt hat, die Juden waren nur deswegen so erfolgreich, weil sie unter Druck gestanden sind. Das war nicht immer der Fall.

Herr Dr. Zelman, Sie sind eine der auch optisch bekanntesten jüdischen Persönlichkeiten in Wien, in Österreich. Sie sind überdies in einer Funktion tätig, die als jüdisch ausgewiesen ist. Wie sehr stoßen Sie da von der offiziellen Ebene angefangen bis zur Alltagsebene auf antisemitische Indizien?

Ich habe keine Angst vor Antisemitismus, ich nehme ihn nicht wahr und will ihn nicht wahrnehmen. Mir geht es um etwas anderes. Ich möchte meine Arbeit so leisten, dass junge Leute in ihrem eigenen Interesse begreifen, dass Antisemitismus, Rassismus und Faschismus eine Gefahr für sie sind.

Beim Blick in die Zukunft fürchten sich viele heute weniger vor einem Faschismus, sondern davor, dass die Europäer, dass die Österreicher immer weniger Kinder bekommen, dass in 20, in 50 Jahren die Zahler für die Pensionen kaum noch da sein werden, dass die Bevölkerung stark zurückgeht, stark überaltert sein wird. Was halten Sie von dieser Sorge?

Für diese Diskussion bin ich nicht zuständig. Aber ich mache mir auch darüber Gedanken. Ich glaube, dass wenn Wien eine wichtige Rolle in Europa spielt, auch eine Freude und Sicherheit zu leben entsteht. Und dazu gehören auch die Kinder.

Dass die Menschen wieder mehr Sicherheit gewinnen werden und daher auch mehr Freude haben werden, Kinder zu bekommen?

Ja. Man sieht es auch in Osteuropa. Nach dem Ende der Diktatur werden Kinder geboren.

Israel ist ein Land mit einer viel höheren Geburtenquote als bei uns, obwohl sie auch dort heute geringer ist als vor 20 Jahren. Hängt diese noch immer relativ große Kinderzahl mit dem Gefühl zusammen, man muss überleben als israelisches Volk? Oder braucht man die Kinder als Soldatennachwuchs, weil Israel immer wieder von Krieg bedroht ist?

Mag sein, dass man da und dort so denkt. Aber ich glaube, das hängt primär mit der Religion zusammen. Die Juden haben immer in einer Großfamilie gelebt. Die Familie war sehr wichtig. Das war Tradition. Einsamkeit ist bei den Juden etwas erkennbar Schreckliches. Es hängt aber auch mit dem Willen zu überleben zusammen: Wir dürfen nicht alleine gelassen werden, wir müssen auf jeden Fall versuchen, dieses Land zu schützen, und bestätigen, dass wir bleiben.

Es gibt seit einiger Zeit in Österreich eine Diskussion über die Thesen des Philosophen Rudolf Burger, der sagt: Vergessen ist gut und notwendig. Er bringt das Beispiel: Wenn die Serben die Schlacht auf dem Amselfeld vergessen hätten, die bei ihnen einen Anspruch auf das heute mehrheitlich albanisch bewohnte Kosovo untermauert, hätte es auf dem Balkan in den letzten zwanzig Jahren viel weniger Krieg gegeben.

Das ist eine Ironie. Ich weiß nichts von den Serben. Ich weiß nur, dass das Nicht-Vergessen geholfen hat, Europa zu schaffen. Das Nicht-Vergessen hat auch geholfen, Frankreich und

Deutschland zu versöhnen. Das Nicht-Vergessen ist uns auch eine Lehre, darüber zu reden, was wir alles gelitten haben. Wir dürfen nicht vergessen, nicht nur wegen des Hasses, sondern auch, um zu verarbeiten, um zu sehen, wie machen wir es besser in der Zukunft.

Es wird in Hinblick auf den Nationalsozialismus oft zwischen Österreichern und Deutschen verglichen. Da wird auf der einen Seite gesagt, Hitler ist in Österreich gescheitert, in Deutschland aber relativ demokratisch an die Macht gekommen. Auf der anderen Seite wird gesagt, Österreicher waren im Nationalsozialismus signifikant häufiger Täter. Was halten Sie von dieser Diskussion?

Es ist eine traurige Diskussion. Es stimmt, dass die meisten Österreicher, die im Lager oder in Ghettos tätig waren, grausamer als die Deutschen waren. Das kann ich bestätigen. Viele waren Kapos, SS-Leute und so weiter. Darüber zu diskutieren hat aber keinen Sinn, wenn wir daraus keine Lehre ziehen wollen. Die Lehre muss sein, die Wahrheit darüber zu sagen. Und diese Wahrheit ist: Eine große Zahl auch an Österreichern waren Verbrecher.

Ich war 1938 nicht in Wien. Ich weiß aber aus Erzählungen, dass, noch bevor Hitler gekommen ist, die Österreicher schon gewusst haben, was die Juden haben. Wir haben die Bilder gesehen, wo die Leute einfach auf offenen Lastautos, mit offenem Viehwagen zu den Stationen gefahren sind, wo sie vertrieben worden sind. Das hat es in Deutschland, glaube ich, nicht gegeben. Daran muss man denken. Mit einer neuen Generation kann man darüber diskutieren.

Das heißt, die Österreicher waren die Übleren?

Sie waren in vielen Fällen die Übleren.

Haben Sie im Jahr 2000, als die schwarz-blaue Regierung an die Macht gekommen ist, gefürchtet, dass Österreich faschistisch wird?

Ich habe nicht gefürchtet, dass es faschistisch wird. Dazu kenne ich zu viele Menschen in der ÖVP, wo ich gewusst habe, wie sie denken und was sie machen. Ich habe nur Angst gehabt, dass dieses Land eine Note bekommen wird.

Sie meinen: international einen schlechten Ruf bekommt?

International einen schlechten Ruf bekommt. Wenn ein Haider sagt, die SS-Leute waren angesehene liebe Leute – diese Worte haben uns wehgetan. Das Ausland hat das wahrgenommen, weil wir eine Vergangenheit haben. Deswegen bin ich dafür, über alles zu reden. Man darf es nur nicht aus rein politischen Gründen machen.

Würden Sie also auch mit Haider einen Dialog führen?

Nein! Ich kann mit diesem Menschen keinen Dialog führen. Ein Mensch, der die SS-Leute, diese Verbrecher, begrüßt und sagt, das waren liebe Menschen. Was soll ich da noch mit ihm reden?

Bruno Kreisky hat aber auch mit ehemaligen SS-Angehörigen politisch kooperiert. Sie würden aber Haider, wenn Sie bei der gleichen Veranstaltung wären, nicht die Hand geben?

Ich habe darüber noch nicht nachgedacht. Ich habe all seine Ansprachen und Reden gehört und ich habe ihn nicht als Freund betrachtet, als Mensch, mit dem ich diskutieren kann. Mit dem kann man nicht diskutieren.

Wenn Sie so im heutigen Österreich um sich blicken, gibt es weitere bekannte Persönlichkeiten, über die Sie sagen würden, da hat es keinen Sinn, eine Diskussion zu führen?

Ich weiß, worauf Sie hinaus wollen: Das war Waldheim.

Ich wollte auf niemand Bestimmten hinaus ...

Ich habe bei Waldheim gebettelt: Er soll aufstehen, soll sagen, was er gesehen hat. Und er hat es gesehen in Griechenland, wo er damals war, oder in Zypern, wie man die Juden in die Wagen geschleppt hat. Er war kein Kriegsverbrecher, aber er war ein Lügner. Und das hat mir wehgetan. Einen Bundespräsident zu haben, der nicht den Mut gehabt hat, die Wahrheit zu sagen.

Ich war damals in Amerika und habe mit Arthur Goldberg Mittag gegessen, dem einstigen Arbeitsminister und UN-Botschafter. Auch er hat gesagt, die meisten Österreicher sind nicht wie Waldheim, da wächst eine neue Generation heran. Er hat bei den Vereinten Nationen, wo er US-Botschafter war, Waldheim oft getroffen. Und er habe Hunderte Male Waldheim gefragt: Wo waren Sie, haben Sie davon gewusst? Nein, ich war nicht dort, ich war nicht da, ich habe nichts gewusst, ich habe nichts gehört. Goldberg meinte: Das ist das Grausamste, was es gibt. Ein Bundespräsident, der das Land repräsentiert und mir sagt, ich habe nichts gewusst, ich habe nichts gesehen. Er lügt. Er war kein Verbrecher, aber er hat gelogen.

Das hat mir wehgetan. Dieses Land ist für mich eine neue Heimat geworden, und ich wollte es in dieser Heimat schön haben. Weil ich meine Kinder hier habe, meine Freunde, habe ich mich für eine Zukunft hier entschieden und bin nicht nach Amerika gegangen.

Ich habe sogar versucht, dem Waldheim zu helfen. Ich habe damals Ari Rath von der Jerusalem Post nach Wien gebracht. Das hat mein Freund Peter Marboe gewusst, wir haben das organisiert. Waldheim hat Rath zu sich ins Büro eingeladen und gefragt: Wie kann ich das Rad zurückdrehen? Rath sagt: Bekennen Sie sich dazu und sagen, ich habe gewusst, ich habe nichts gemacht, es war kein Kriegsverbrechen, aber ich habe vieles gesehen.

Ich habe am selben Tag den Jüdischen Weltkongress angerufen: Bitte seid ruhig, beim Neujahrsempfang wird sich Waldheim zu der Geschichte bekennen. Er hat es nicht gemacht. Das ist schade.

Aber mir geht es nicht um Waldheim, sondern um drei wichtigere Dinge: die Versöhnung mit den Menschen, die vertrieben worden sind; die Möglichkeit für deren Kinder, nach Wien zu kommen, um zu sehen, dass eine neue Generation und eine neue Demokratie heranwächst; Das dritte ist die Kraft, ein Land zu sein, das zu Demokratie und Geschichte führen kann, das in Osteuropa führend sein kann.

Sie glauben, Österreich könnte das sein?

Ja. Wir haben junge Leute, die den Mut haben, die reden, auch wenn es wenige sind.

Ein Erdbewohner aus dem Alpenvorland

CHRISTIAN FELBER,

1972 in Salzburg geboren. Schulen in Mattsee und Neumarkt/Wallersee (beides Salzburg). Studium der Romanischen Philologie (Spanisch) sowie Politologie, Psychologie und Soziologie in Wien und Madrid. 1995–1997 Aufenthalt in Spanien. 1997 Mag. Phil. Gründungs- und Vorstandsmitglied sowie Pressesprecher von Attac Österreich. Heute freier Autor und Publizist zu Umwelt-, Wirtschafts- und Gesellschaftsfragen. Mehrere Bücher auf Deutsch und Spanisch, darunter auch ein Lyrikband. Gastkommentare in zahlreichen Zeitungen. Zeitgenössischer Tanz.

Christan Felber ist einer der führenden Exponenten der am Beginn des Jahrtausends vor allem durch mehrere internationale Großdemonstrationen in die Schlagzeilen geratenen Attac-Gruppe in Österreich. Diese gilt als die Speerspitze der sogenannten Antiglobalisierungs-Bewegung, die allerdings durch große inhaltliche und organisatorische Heterogenität sowie Volatilität geprägt ist.

Was bedeutet Österreich für Sie?

Das Land, in dem ich geboren bin. Ein Stück Heimat, mit dem ich in vielen Aspekten sehr vertraut bin. Sprache, Geografie, Mentalität. Ich ordne Heimat nicht dem Geburtsort zu, sondern dem Platz, wo man sich am wohlsten fühlt.

Ist Österreich Heimat für Sie?

Ein Stück schon.

Was noch?

Nicht ein anderes Land, obwohl ich mich in Spanien oder Lateinamerika sehr wohl gefühlt habe. Emotionale, geistige, intellektuelle, vielleicht auch spirituelle Geborgenheit kann es auch im Freundeskreis geben, in intellektuellen Zirkeln, beim Tanz, der mir sehr wichtig ist.

Ist Österreich etwas Besonderes für Sie?

Schon. Aufgrund der Herkunft, der Geburt, des Aufwachsens und des intimen Vertrautseins mit Mentalität, Sprache, Geografie.

Einen Ort der Geburt hat ja jeder. Finden Sie an Österreich sonst etwas Besonderes? Wien war etwa einmal die Heimat der Psychoanalyse und vieler anderer historischer Errungenschaften.

Österreich ist etwas Besonderes. Aber nicht in dem Sinne, dass es sich damit über andere Länder oder Kulturen erhebt. Jedes Land auf der Welt ist etwas Besonderes. Im Sinne einer Identität gibt es aber auch spezifisch österreichische Eigenheiten, die sind etwas Eigenes und daher auch schätzenswert.

Wie würden Sie denn diese österreichische Identität definieren?

Nicht an herausragenden Leistungen, auf die wir dann international stolz sind, sondern …

Jetzt habe ich einen problematischen Begriff geboren, weil es die österreichische Identität natürlich nicht gibt. Es gibt gesellschaftliche Charakteristika, die für weite Kreise der Bevölkerung zutreffen, aber nie für alle. Darum ist es problematisch, von einer österreichischen Identität zu sprechen. Das Besondere ist die Landschaft.

Das betonen viele auch bei Umfragen, die Landschaft ist bei uns schöner als anderswo.

So schön Österreich auch ist, genauso schön und eigen ist Spanien oder das Mittelmeer oder der Äquator, die Anden. Nationen an einzelnen Persönlichkeiten oder etwa an der Schule der Psychoanalyse zu identifizieren, das finde ich doch ziemlich problematisch. Ich würde die Psychoanalyse in der psychoanalytischen Schule lassen und Österreich als Nährboden dafür bezeichnen, dass sie hier entstehen konnte. Dass vielleicht die bürgerliche Gesellschaft Österreichs ganz besonders intensiv menschliche Regungen verdrängt hat und es deswegen kein allzu großer Zufall war, dass es Sigmund Freud hier gegeben hat und nicht in einem anderen Land, wo Gefühle nicht so stark verdrängt werden.

Also der Hang zur Verdrängung als österreichisches Spezifikum. Fällt Ihnen sonst noch etwas ein, worin Österreich anders ist?

Die größte Schwierigkeit dieser Frage besteht darin, dass ich viele musikalische oder geistige Größen nicht mit Österreich verbinde. Ob ein Sigmund Freud, oder ein Kafka – ich würde mich nicht trauen zu sagen, es war entscheidend, dass sie in Österreich gelebt haben. Thomas Bernhard noch am ehesten, weil der war spezifisch angebunden an das, was er hier erlebt hat.

Thomas Bernhard war ein massiver Kritiker zahlloser Erscheinungen, die er in Österreich zu beobachten geglaubt hat. Bisher haben wir nur negative Spezifika: das Land der Verdrängung und das Land all der Dinge, die Thomas Bernhard attackiert hat.

Freud und Bernhard gehören in gewisser Weise zusammen. Aber ich sträube mich, das Wort von der österreichischen Kultur oder Identität in den Mund zu nehmen, weil das eine unzulässige Verallgemeinerung ist.

Ich habe Sie nicht gezwungen, sondern nur gefragt. Sie hätten auch sagen können, eigentlich braucht es Österreich nicht.

Ich lege keinen großen Wert auf eine nationalstaatliche Identität. Für mich ist eine lokale Angebundenheit wichtig, dass sie in der Region, in der sie leben …

Was ist Region? Das kann ein Dorf sein oder Mitteleuropa.

Eine geografische Region wie das Waldviertel oder das Weinviertel oder der Flachgau. Eine regionale Anbindung, die eine regionale Identität stiftet. Bei gleichzeitigem globalem Bewusstsein, dass wir alle Bewohner dieser Erde sind. Ich bin Bewohner der Erde und lebe im mitteleuropäischen Alpenvorland.

Für Sie zählen also primär geologisch geprägte Formationen, wie das Alpenvorland oder die Erde.

Nicht nur, sie sind aber wichtig. Das heißt nicht, die Nationalstaaten aufzulösen. Ich möchte aber die Bedeutsamkeit der nationalstaatlichen Grenzen relativieren.

Das tut ja die EU ununterbrochen. Etwa durch Abschaffung der Grenzkontrollen im Schengenraum, wo man seinen Pass nicht mehr herzeigen muss. Also: Weitere Kompetenzen an die EU transferieren?

So sehr ich dafür bin, dass die Europäischen Staaten gewisse Politiken gemeinsam regeln, so sehr bin ich auf der anderen Seite dafür, dass das Subsidiaritätsprinzip aufrecht bleibt – beziehungsweise vertieft wird. Die Landwirtschaftspolitik würde ich aus Brüssel wieder zurückholen bis hin auf die Bundeslandebene. Die nationalstaatliche Ebene ist noch eine Stufe zu hoch bei der Landwirtschaftspolitik.

Das heißt in Salzburg, wo nicht mehr sehr viel Getreide und Mais angebaut wird, sollen wieder alle Güter angebaut werden. Weinbau in Salzburg ...

Nein, das macht ja vom Boden und vom Klima her keinen Sinn. Das wäre Autarkie. Ich habe aber nicht von Autarkie gesprochen.

Das ist ja eine Grundlage des globalisierten internationalen Handels, dass manches in Südspanien besser wächst als bei uns und manches in Afrika.

Was ich meine ist, dass die Landwirtschaftspolitik im Bundesland Salzburg, wo ich herkomme, formuliert wird und nicht in Wien oder in Brüssel. Das heißt aber nicht, dass Salzburg landwirtschaftlich autark sein muss. Aber man soll einen höheren Grad der Autarkie anstreben als heute. Wir haben zu viel Handel im Landwirtschaftsbereich, und so sinnvoll es ist, den Wein nur dort anzubauen, wo er auch wirklich wächst, um dann international gehandelt zu werden, so widersinnig ist das, was heute stattfindet: Die Äpfel stammen aus Südamerika, der Knoblauch aus China oder das Holz aus Sibirien oder Granit aus China oder Butter aus Neuseeland. Das ist zu viel des internationalen Handels. Die Kulturpflanzen und -rassen sollen dort angepflanzt und gezüchtet werden, wo sie herstammen oder angepasst sind. Auf dieser Basis soll eine möglichst kleine Einheit ihre Landwirtschaftspolitik formulieren können, in Koordination mit größeren Einheiten. Die Bundesländer sollen aber auch untereinander und mit anderen Nationalstaaten ihre Landwirtschaftspolitik koordinieren.

Aber nur freiwillig? Wenn sie keinen Konsens finden, dann wird halt nicht koordiniert. Die Menschen müssen dann in etlichen Bereichen deutlich höhere Preise bezahlen.

Das ist jetzt eine Behauptung …

Dann diskutieren wir, ob mehr Autarkie zum gleichen Preisniveau möglich wäre.

Wenn ich auswählen kann zwischen einer vielfältigen Kulturlandschaft, mit Vollbeschäftigung, mit kleinbäuerlich strukturierter Landwirtschaft, mit regionalen Wirtschaftskreisläufen, mit wenig Langstreckentransport, mit einem hohen Anteil an lokal wachsenden Lebensmitteln, nur mit Ergänzung aus dem Welthandel und dafür ein bisschen höheren Preise bei manchen Produkten, dann ist mir das viel lieber, als dass wir bei allen Produkten den möglichst niedrigsten Preis haben. Das muss man dann noch gegenrechnen mit den Subventionen, die in die industrielle Landwirtschaft fließen, mit einer sehr starken Verarmung der Artenvielfalt, der kulturellen Vielfalt, der Aufgabe der kleinbäuerlichen Landwirtschaft, einem sehr hohen Ausmaß an Langstreckentransport und Arbeitslosigkeit. Wenn ich zwischen diesen beiden Szenarien wähle, dann bin ich ganz klar für Szenario Eins.

Ein Szenario mit allen genannten Aspekten haben wir schon gehabt: in der Wirtschaft bis zum 19. Jahrhundert. Da gab es keine großräumigen Handelsverbindungen, es gab Artenvielfalt, regionale Konzentration und so weiter. Aber es gab auch bitterste Armut bis auf eine kleine Oberschicht. Das ist so wie der Kommunismus, der auch auf dem Papier vielleicht gut aussieht, aber in der Umsetzung zur Katastrophe wird.

Mir schwebt weder das 19. Jahrhundert noch der Kommunismus vor.

Diskutieren wir konkret: Wo kann ich Ihr Modell beobachten? Und worin unterscheidet es sich von der Landwirtschaft des 19. Jahrhunderts?

Im Gesellschaftsbild. Die strenge hierarchische Organisation der Bauernhöfe muss demokratischer werden. Ein sehr bewusster Umgang mit der Natur, eine enge Verflechtung mit anderen wirtschaftlichen Tätigkeiten.

Sie können mir kein Beispiel nennen, wo ich heute hinfahren und das beobachten kann?

Das, was mir vorschwebt, ist bis jetzt nirgendwo auf der Welt flächendeckend verwirklicht worden. Es gibt Regionen, wo der Anteil an Biobauern höher ist. Es gibt einige Regionen in Spanien, wo der Grad der Selbstversorgung höher ist, wo der Grad der Verflechtung mit der regionalen Wirtschaft höher ist.

Unter den EU-Ländern ist der Anteil der Biobauern bei uns am höchsten. In Spanien, in Andalusien, werden Methoden ange-

wandt, die besonders unökologisch sind. Flächenweise werden die Kulturen mit Plastikplanen verdeckt ...

Das meine ich auch nicht. Das ist ein Graus. Da sind wir uns einig. Aber an der Sierra Nevada oder in Nordspanien, da gibt es Dörfer, die wieder aufgebaut wurden mit einem neuen agrarischen und einem Gesellschaftsmodell der stärkeren Selbstversorgung. Das sind derzeit aber nur Oasen.

In der Landwirtschaft gibt es in Wahrheit Vorzeichen einer völligen Liberalisierung. Dann wäre die österreichische Landwirtschaft mit einer Durchschnittsgröße der Betriebe von 17 Hektar in 10 bis 20 Jahren ausradiert.

Im 19. Jahrhundert war die Durchschnittsgröße noch viel kleiner als 17 Hektar.

Das fände ich sehr begrüßenswert.

Damals mussten rund 80 Prozent der in Österreich lebenden Menschen bäuerlich tätig sein, um uns zu ernähren, heute sind es 5 Prozent.

Es gibt auch in der biologischen Landwirtschaft Produktivitätssteigerungen. Deutschland könnte auf der derzeitigen Agrarfläche den Gesamtbedarf seiner Ernährung selbst decken, wenn der Fleischkonsum um nur 20 bis 25 Prozent reduziert wird. Der größte Flächenfresser ist nicht die extensive Landwirtschaft, sondern der übermäßige Fleischkonsum. Der jetzige Fleischkonsum ist um vieles höher, als für uns gesund ist.

Soll man die Menschen zwingen, den zu reduzieren oder ...

Mit einem langsamen langfristigen Anreizverfahren, das die Ernährung auf gesündere Lebensmittel umstellt. Nicht zuletzt mit einem Preisanreiz: Wurst und Fleischprodukte sind ja sehr billig.

Wer ist schuld, dass es den meisten anderen Menschen auf der Welt schlechter geht als in Österreich?

Die weltwirtschaftlichen Verflechtungen schaffen einen direkten Zusammenhang, dass es manchen Ländern besser geht und anderen nicht. Wir nehmen anderen Ländern Ressourcen weg.

Tun wir das, wie es bei Ihnen scheint, mit Gewalt oder haben nicht die anderen ein großes Interesse, Dinge an Österreich zu verkaufen?

Ein Beispiel: In Brasilien sind die fruchtbarsten Flächen mit Exportagrargütern verbaut, Futtergetreide oder Soja. Soja wird bei uns an Tiere verfüttert, damit wir dann billiges Fleisch haben. Brasilien ist zwar 15-mal dünner besiedelt als Deutschland, aber trotzdem hungert ein Drittel der Bevölkerung, weil der beste Boden für den Export reserviert ist und deshalb nicht für die Ernährung der Bevölkerung zur Verfügung steht.

Der Eindruck, dass Brasilien für die Exportgüter Geld bekommt, täuscht mich der?

Die Erlöse bleiben in ganz wenigen Händen, weil der Bodenbesitz extrem hoch konzentriert ist.

Lassen wir einmal den Aspekt der innerbrasilianischen Verteilung außer Acht. Sie sagen: Österreich bereichert sich an Brasilien.

Das unterschreib ich so.

Und die Regierungen – in Brasilien übrigens eine sehr linke – in den Drittweltländern sind so blöd ...

Nein, die verfolgen nur andere Interessen. Es gibt ja Gewinner in Brasilien, nur ist das eine ganz kleine Minderheit auf Kosten der großen Mehrheit, mehr als ein Drittel der Bevölkerung hungert. Österreich sollte darauf achten, dass die Futtermittel für die Fleischproduktion aus Österreich selbst kommen und nicht Flächen in anderen Ländern besetzen müssen. In Österreich würde das die Wertschöpfung steigern.

Abgesehen davon, dass ich glaube, dass es keinem Brasilianer besser geht, wenn sie weniger exportieren können, hat das Ganze noch einen Schwachpunkt: Der Konsument in Österreich müsste

einen höheren Preis zahlen, weil die eigenen Futtermittel viel teurer sind, aber das haben Sie in Kauf genommen.

Weil es durch andere positive Faktoren überkompensiert wird.

Sie wollen die Konsumenten freiwillig überzeugen, dass sie die neuerdings in den Supermärkten liegenden Fair-Trade-Produkte zu höheren Preisen kaufen als die unter Marktbedingungen entstandenen?

Wenn die Regierung das Bewusstsein für kritischen Konsum fördert und ein unterschiedliches Zollregime für fair gehandelte Produkte errichtet, dann würden sich diese in kürzester Zeit durchsetzen.

Das hieße, die normalen Bananen würden teurer, weil die Zölle ja weitgehend abgeschafft sind.

Die kann man wieder aufbauen. Wenn es zur positiven Diskriminierung fair gehandelter Produkte dient, dann ja.

Ist Attac eigentlich eine Bewegung, die nur in zeitbegleitender Bejammerung den Untergangs des Abendlandes beobachtet, oder wollen Sie die Menschen gleichsam zwingen, ihren Lebensstil zu ändern?

Auf keinen Fall das Zweite. Attac ist kein Verordner einer anderen Spiritualität. Unsere Grundvokabel lauten politisches Engagement, Sorge um die öffentlichen Angelegenheiten, soziale Gerechtigkeit, Bewahrung der Lebensgrundlagen.

Das sind Ziele, die ich im Grund alle schon bei vorhandenen Parteien gehört habe.

So gesehen ist Attac nichts Revolutionäres, nichts Spektakuläres …

Ist Attac nicht einfach eine der alle paar Jahre stattfindenden Wellen spätpubertären Revoltierens an der Schwelle zum Erwachsenenalter, wo man alles, was die Vätergeneration erbaut hat, einmal in Frage stellen muss?

Ob es Attac noch in zwanzig oder dreißig Jahren gibt und wie man darauf zurückblicken wird, wenn es das nicht mehr gibt – keine Ahnung. Aber heute spüren die Menschen, dass sie zentrale christliche, aufklärerische oder soziale Grundwerte bei den Parteien nicht finden: mehr Achtsamkeit und Sorge füreinander, mehr soziale Gerechtigkeit und mehr globales Bewusstsein, mehr gegenseitige Rücksichtsnahme aller Menschen und Völker auf der Erde und ein Bewahren der Lebensgrundlagen.

Wie stehen Sie emanzipatorischen Bewegungen wie dem Feminismus gegenüber?

Positiv. Emanzipatorische Bewegungen sind immer positiv.

Auch die nationale Emanzipation vieler Völker ist eine emanzipatorische Bewegung, sie war vielfach sogar die erste.

Nationalismus um seiner selbst willen lehne ich ab. Er kann allerdings auch emanzipatorisch sein, wenn er sich gegen ein unterdrückendes Regime zur Wehr setzt.

Attac strahlt schon vom Namen her eine gewisse Aggressivität aus, bei Attac-Aktionen ist es auch immer wieder zu Zwischenfällen gekommen. Ist Attac eine Organisation, die, wenn andere Mittel nichts helfen, notfalls auch Gewalt einsetzt?

Ich kenne keinen einzigen „Zwischenfall" bei einer Attac-Aktion. Bei uns ist ganz klarer Konsens, dass wir gewaltfrei sind.

Diese Zwischenfälle sind von anderen hineingekommenen Gruppen dazugekommen?

Sie sprechen von Großdemonstrationen: Eine bunte Mischung aus Gruppen, von denen einige Gewalt als Gegenwehr sehen oder als legitimes politisches Mittel, um auf ein viel stärkeres Gewaltsystem hinzuweisen. Attac teilt diese Strategie nicht.

Haben Sie auch schon jemanden, der die Grenze zur Gewalt nicht klar zieht, hinausgeschmissen?

Im Namen von Attac hat noch niemand irgendwo Gewalt angewendet.

Aber es hat im Zuge von Demonstrationen, die Attac mitorganisiert hat, Gewalttaten gegeben, nicht? Und ist es nicht auch Gewalt, wenn man Personen physisch am Betreten eines Konferenzzentrums hindert?

Was am Rande einer Demonstration passiert, ist nicht bis ins letzte Detail planbar und kontrollierbar. Attac ist nicht für den öffentlichen Raum verantwortlich. Es ist Verantwortung derer, die für die Ordnung im öffentlichen Raum zu sorgen haben. Personen auf dem Weg zum Konferenzzentrum hindern – das ist für mich nicht so eindeutig. Zunächst werden ja Menschen, die grundsätzlich mitreden möchten, am Zugang zu den Orten der Entscheidungsfindung gehindert.

Sie meinen, schuld ist, dass man Attac ausschließt von den Konferenzen?

Das ist eine Seite des Ganzen. Das zweite ist, dass in der Welthandelsorganisation Abkommen beschlossen werden, die bei einer demokratischen Abstimmung in jedem Land der Welt eine vernichtende Niederlage erleben würden.

Viele Leute sorgen sich über die Zunahme globalen Terrorismus. Sie auch?

Ziemlich.

Die Ursachen?

Während der abendländische Terror religiösem Fundamentalismus und globalem Herrschaftsanspruch entspringt, kommt die breite Masse der islamischen Terroristen aus tiefer Armut. Es gibt auch religiösen Fundamentalismus in der islamischen Welt, dessen Größe ich aber nicht beurteilen kann, ich gehe davon aus, dass er im Verhältnis sehr viel kleiner ist, als in den westlichen Medien dargestellt. Ob der fundamentalistische Islam auf fruchtbarem Boden steht oder nicht, hängt jedenfalls ganz wesentlich von den weltwirtschaftlichen Beziehungen zwischen den reichen und den armen Ländern, zwischen dem Westen und der islamischen Welt ab.

Die USA hätten nach dem 9. September sagen sollen: Das war ein ganz großes Unrecht und ist auf jeden Fall zu verurteilen, aber wir haben einen Anteil an diesem Unrecht; daher setzen wir ein Zeichen der Versöhnung und bieten unseren islamischen Schwestern und Brüdern die Hände und starten einen Dialog der Kooperation. Ein Aufeinander-Zugehen sowohl auf wirtschaftlicher als auch auf politischer und religiöser Ebene.

Welcher Aspekt macht Ihnen für die Zukunft der acht Millionen Menschen, die in Österreich leben, die meiste Sorge und welcher Aspekt die größte Hoffnung?

Die meiste Sorge macht mir die derzeitige Durchdringung aller Lebensbereiche mit dem Wettbewerbsgedanken, die Ökonomisierung, der Standortwettbewerb, die Liberalisierung und dass sich die Staatengemeinschaft zueinander in Konkurrenz versteht. Hoffnung macht mir am meisten, dass es Menschen gibt, die nicht so leben wollen, die an alternative Lebensentwürfe denken. Und wenn diese Generationen in die Politik kommen, dann besteht die Chance, dass wir auch einen Politikwandel erleben.

Wenn ich Ihnen jetzt sage, dass ich alle diese Utopien von Generationen des 20. Jahrhunderts kenne, und dass ich eine gewisse Skepsis entwickelt habe, weil sie oft in Totalitarismen geendet haben, ...

Dann gestehe ich Ihnen das voll und ganz zu. Das nehme ich zur Kenntnis und respektiere das.

In dem Sinn: Lass den Alten reden? Oder in welchem Sinn?

Ich lasse ihn pessimistisch sein, das ist seine Erfahrung und das ist seine Sicht der Dinge auf Basis seiner Lebenserfahrung. Aber jeder Mensch hat ein Anrecht auf Hoffnung, Visionen, Utopien.

Die Österreicher sind viel zu renitent

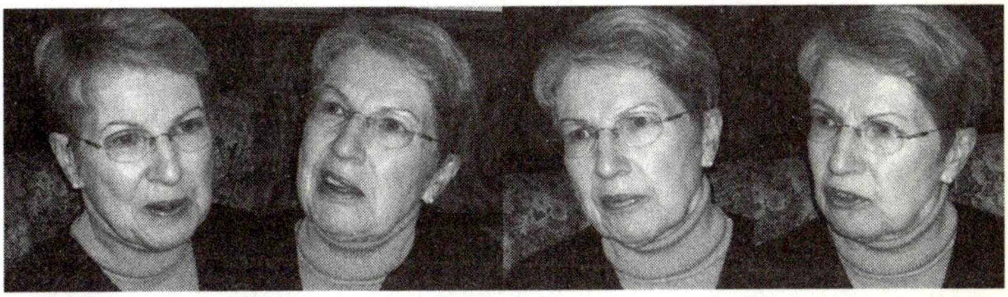

BARBARA FRISCHMUTH,

1941 in Altaussee geboren. 1963 Dipl. Dolm. in Türkisch an der Karl-Franzens Universität Graz. Englisch- und Ungarisch-Studien. 1960/61 Studien in Erzurum (Türkei), 1963/64 in Debrecen (Ungarn). 1964 Akademisch geprüfte Übersetzerin für Ungarisch. Ab 1964 Studien in Wien: Turkologie, Iranistik und Islamkunde. Kurze Tätigkeit als wissenschaftliche Hilfskraft am Orientalischen Institut, seither freie Schriftstellerin und Übersetzerin. Viele Aufenthalte in Ungarn und der Türkei. 1976 „Writer in Residence" am Oberlin College in Ohio. 1987 „Poet in Residence" an der Washington University in St. Louis.

Barbara Frischmuth war Gründungsmitglied des Grazer Forum Stadtpark. Schon 1959 sind in Graz erste Gedichte Frischmuths öffentlich vorgetragen worden. 1968 erschien „Die Klosterschule". Seither veröffentlichte sie zahlreiche Publikationen und Übersetzungen. Sie ist Mutter eines Sohnes und in zweiter Ehe mit einem in München praktizierenden Psychiater verheiratet, sie lebt aber seit 1999 wieder in Altaussee.

Frau Frischmuth, wenn Sie ganz zwanglos reflektieren, was ist Österreich für Sie?

Das Land, in dem ich geboren, aufgewachsen bin und auch lebe. Aber es fällt mir schwer, einen Überbegriff zu wählen.

Dem Wort Heimat gehen Sie aus dem Weg?

Ich habe mit dem Begriff „Heimat" so meine Schwierigkeiten. Denn ich wohne in einer Region (Anmerkung: Salzkammergut), in der mit Heimat geworben wird und wo Heimat natürlich einen sehr touristischen Beigeschmack hat. Ich persönlich tu mich schwer mit diesem Begriff, weil er mit so viel behaftet ist. Aber sagen wir es so: Ich habe mich bewusst für Österreich entschieden. Ich hätte auch ganz weggehen können oder in Deutschland leben. Mein Mann ist Deutscher, ich könnte theoretisch in München leben, aber ich habe mich bewusst für Österreich entschieden.

Und wenn wir dieses „bewusst" noch eine Spur zu rationalisieren versuchen, gibt es Gründe, an denen man das festmachen kann, die Landschaft oder nur die Vertrautheit mit dem, wo man aufgewachsen ist?

Es hat auch einen sprachlichen Grund. Für mich als Schriftstellerin ist ein lebendiger Kontakt zu meiner Sprache notwendig. Ich habe ja auch im Ausland gelebt. Es ist doch so, dass man versucht, Redewendungen aus der Umgangssprache in die Literatur hinüber zu retten. Die österreichische Umgangssprache ist eine Sprache, von der ich mir einbilde, sämtliche Nuancen zu kennen. Das geht bis in den Dialekt hinein. Die Ausseer zum Beispiel haben einen Dialekt, den sonst kaum jemand versteht.

Der heimische Dialekt als Inspiration der Hochsprache?

Ja, vor allem wegen seines Nuancenreichtums. Wenn jemand im Dialekt mit mir spricht oder ich mit ihm, spreche ich eine andere Sprache, aber eine, die mir sehr vertraut ist. Ich kann daraus oft als Schriftstellerin Nutzen ziehen, indem ich versuche, es in meine Literatur zu integrieren. Das geht auf ganz unterschiedliche Weise, das kann mit der Bedeutung zu tun haben, das kann aber auch mit dem Rhythmus zu tun haben. Nachdem ich ja einige andere Sprachen bis zu einem gewissen Grad erlernt habe, weiß ich, wovon ich rede.

Wenn wir noch ein bisschen bei Österreich bleiben. In den österreichischen Selbstdarstellungen gibt es neben vielen anderen Aspekten auch oft den Aspekt: Österreich als Land, in dem Kultur ein besonderer Stellenwert eingeräumt wird. Was empfindet die Schriftstellerin ...

Ja, ich empfinde das oft als Vorurteil, als positives Vorurteil. Ich bin mir ja gar nicht so sicher, ob in Österreich der Stellenwert der Kultur wirklich so hoch veranschlagt wird. Das mag für die Malerei zutreffen und für die Musik, bei der Literatur bin ich schon sehr im Zweifel. Meine Erfahrung ist, dass Österreich sich nach außen immer schlechter vertritt. Ich war im Dezember in Ägypten auf Lesereise – ich fahre immer wieder herum, und zwar seit vielen, vielen Jahren, ich nenne das Tingeln – und bemerke dabei, wie sehr diese Repräsentanz abnimmt.

Das heißt im Grund ja nur, die Auslandskulturarbeit hat zu wenig Geld, um ...

Ja, das kann man wirklich sehen, da braucht man keine Statistik zu lesen. Es wird gespart, wo nur gespart werden kann. Unsereins macht die anstrengendsten Lesetouren und kommt dann drauf, dass viel zu wenige Bücher da sind.

Das ist leider ein europäischer Trend und betrifft nicht nur Österreich. Die Deutschen sparen ihre Goethe-Institute ja auch mehr oder weniger kaputt.

Sie sind Orientalistin, haben Ungarischkenntnisse, Türkischkenntnisse. Aber auf der anderen Seite halten Sie auch Vorträge über Adalbert Stifter, der ja doch in die Reihe der sehr heimatverbundenen Schriftsteller eingereiht wird.

Ich brauche diese Spannung einfach, diese Spannung zwischen dem ganz Vertrauten und dem sehr Fremden.

Für die Liebe zum Vertrauten muss man sich also doch nicht genieren?

Das kommt darauf an. Es gibt Vertrautes, für das ich mich geniere und es gibt Vertrautes, das mir sehr lieb ist.

Wofür genieren Sie sich zum Beispiel?

Ich geniere mich dafür, dass Österreich seine Fremdenfeindlichkeit noch immer nicht als etwas begreift, das schon viele Generationen vor der Machtergreifung durch den Nationalsozialismus begonnen hat. Darum glaubt man uns auch so wenig, wenn man sich jetzt endlich auch von offizieller Seite für den Holocaust zu genieren beginnt und hin und wieder diesbezüglich eine Wortspende abgibt und denkt, damit sei das Problem erledigt.

Wenn man die Zahl der Asylwerber anschaut, dann liegt Österreich vor allem im Bezug zur Größe des Landes und der Bevölkerungsgröße ganz in der Spitzengruppe. Ist das nicht vielleicht doch ein Beweis, dass Österreich gar nicht so fremdenfeindlich ist, etwa im Vergleich zu anderen Ländern?

Seltsamerweise lese ich da immer andere Dinge. Das würde mich sehr freuen, wenn es so wäre, wie Sie sagen. Man darf ja nicht vergessen, dass viele dieser „Fremden“ ja irgendwann Österreicher werden, dass die Bevölkerung von Wien sich immer aus vielen Zuwanderern rekrutiert hat. Daraus ist dann eben etwas Österreichisches geworden. Warum soll das nicht wieder möglich sein? Ohne dass jetzt eine Kultur die andere vollkommen überlagert.

Mit dem Problem der Migration beschäftige ich mich immer wieder. Man darf sich da selber nie ausnehmen, das ist es ja, woran gutgemeinte Projekte immer wieder scheitern, dass man immer so tut, als wäre man selbst von allen Vorurteilen frei. Vor allem davon, dass man hierzulande noch immer Menschen in erster Linie aufgrund ihrer ethnischen Herkunft wahrnimmt. Ob jemand türkischer oder jüdischer Herkunft ist, das ist immer das, was als erstes zur Kenntnis genommen wird.

Ist das nicht vielleicht doch ein sehr harter Gedankensprung vom Holocaust binnen weniger Worte zur Migration?

Das meine ich nicht so. Der Holocaust ist etwas, was alles andere überragt. Nur, es ist nicht damit getan, jetzt rückwirkend Fehler irgendwann mal doch zuzugeben. Man sollte auch sehen, was heute passiert. Ich wollte da um Gottes willen keine Verbindung von Gleich zu Gleich darstellen, aber es sind ähnliche Phänomene, die immer wieder zu heillosen Konflikten führen. Was mir halt auffällt ist, dass Menschen immer zuerst aufgrund ihrer ethnischen Zugehörigkeit wahrgenommen werden. Selbst bei den Grünen ist das passiert, als man die neuen Leute vorgestellt hat und dann bei einer gebürtigen Türkin nicht gesagt hat, Fachfrau für das und das, sondern: türkischer Herkunft.

Oder: Monatelang hat jetzt eine Debatte über einen möglichen Beitritt der Türkei zur EU getobt. Alle haben versucht, die Türken als Türken für europakompatibel oder nicht europakompatibel zu beurteilen. Aber niemand hat sich in diesem Zusammenhang dafür interessiert, was die Türken für eine Kultur haben. Kein Museum, kein Theater, nicht einmal die Verlage haben sich zusammengetan und aus diesem Aspekt heraus für ihre Übersetzungen aus dem Türkischen geworben. Man hat nicht gesagt: Das ist möglicherweise einmal ein Partner innerhalb der EU, was tut denn der so, was liest der, wie stellt der seine Probleme dar? Es ist eine große Überheblichkeit, sich immer nur auf die eigene Kultur zu beziehen und überhaupt nicht neugierig auf die der anderen zu sein.

Eines der Argumente der Befürworter ist das Argument, wenn man die Türkei nicht beitreten lässt, werde sie fundamentalistisch werden.

Also, das glaube ich gar nicht. Nur dieser Reform-Elan, der jetzt die Türkei erfasst hat, dieser Aufschwung, diese Geschwindigkeit, mit der jetzt plötzlich Dinge passieren, die wären wahrscheinlich ohne die Aussicht auf einen Beitritt nicht erfolgt. Es gibt viele türkische Intellektuelle, die heute sagen, es ist eher egal, ob die Türkei in zehn oder fünfzehn Jahren beitreten kann oder nicht, wichtig ist, dass es jetzt diesen Aufschwung gibt.

In der Analyse der islamischen Kultur und Religion insgesamt gibt es eine doch sehr schwierige Frage: Nämlich, wieweit sind die Mehrheitsströmungen des Islams in ihrem heutigen Selbstverständnis bereit, eine Trennung zwischen Religion und Staat zu akzeptieren? Das wird ja immer weniger akzeptiert. Mir scheint, der Islam bewegt sich sogar rückwärts, steht mit seinem totalitären Anspruch dort, wo das Christentum vor der Aufklärung des 18. Jahrhunderts gewesen ist.

Es ist immer die Frage, welcher Islam. Der Islam ist ja kein Block.

Gewiss, er hat keinen Papst, der eine Linie von oben ausrichtet.

Das schon gar nicht. Der traditionelle Islam unterscheidet sich in vielem vom modernen fundamentalistischen Islam. Dahinter steckt auch die Frage: Warum ist die islamische Kultur so heruntergekommen? Darauf gibt es verschiedene Antworten, eine war: weil man eigentlich nicht mehr den ursprünglichen Islam gelebt hat, weil man von überall her irgendwas angenommen hat, etwa die Heiligenverehrung. Daraus hat man den Schluss gezogen, man müsse eigentlich wieder auf den Koran zurückgehen. Diese Bewegungen hat es im Christentum auch oft gegeben. Das, was den modernen, den politischen Islam ausmacht, hat wenig mit islamischer Bildung zu tun. Wenn ich, wie jetzt in Kairo, mit älteren Theologen spreche, kann man immer wieder hören, dass sie darüber entsetzt sind, wie ungebildet die sogenannten modernen Islamisten sind.

Die älteren waren eigentlich die Liberaleren und Weltoffeneren gegenüber den Jüngeren.

Ja, eigentlich schon. Dieser politische Islam hat auch ganz andere Ziele. Es gibt allerdings an der theologischen Fakultät in Ankara Bestrebungen, den Islam zu reformieren. Man versucht, sich den Texten der anderen monotheistischen Religionen in der Originalsprache, also dem Hebräischen und dem Aramäischen, anzunähern.

Wenn man sich die Türkei genauer anschaut, dann sieht man, dass es da sehr wohl eine Demokratisierung gibt und in der Tat eine Trennung von Staat und Religion versucht wird.

Ja, aber all das, was man der Türkei im Unterschied zu den anderen islamischen Ländern sicher zugute halten kann, konnte eigentlich nur dadurch überleben, dass die Armee das oft durchaus mit der Macht der Gewehre gegen fundamentalistische Bestrebungen durchgesetzt hat.

Das ist richtig. Nur, das war auch immer ein Argument des Westens gegen die Türkei, eben die Interventionsbereitschaft der Armee.

Das ist zweifellos ein Widerspruch.

Die neue Regierung versucht, den Einfluss der Armee so weit wie möglich zurückzudrängen. Die sind einander überhaupt nicht grün.

Aber die neue Regierung hat auch eine starke islamistische Wurzel.

Hat sie. Aber sie hält sich bis jetzt an all das, was Gesetz ist. Und die Türkei hat den Demokratietest in Form eines mindestens zweimaligen Machtwechsels durch Wahlen längst bestanden.

Auf der anderen Seite: Das Kopftuch ist in der Türkei an Universitäten verboten, aber die Frau des Ministerpräsidenten trägt das Kopftuch.

Ja, das darf sie. Deshalb ist sie aber auch nie mit im Westen und sie tritt nie bei offiziellen Anlässen auf.

Das ist aber doch eine gewisse Doppelbödigkeit.

Gewiss, aber da muss ich schon sagen, dass ich diese ganze Kopftuchdebatte sowieso für eine fehlgeleitete Diskussion halte, weil sie sich wiederum an den Frauen festmacht. Deswegen bin ich auch der Meinung, man sollte das Kopftuch nicht überbewerten.

Aber was ist gerade für Sie als Frau schlecht, wenn man eine Frage, eine menschenrechtliche Frage, an Frauen festmacht?

Das hat mit den Menschenrechten nicht immer und unbedingt was zu tun. Es gibt eine ganze Reihe von Studien, die zeigen: Nicht jede Frau, die ein Kopftuch trägt, wird dazu von ihrem Vater, ihrem Bruder oder ihrem Mann gezwungen. In manchen Fällen ist das auch eine Emanzipationsstrategie, die mit diesem modernen Islam etwas zu tun hat. Diese jungen Frauen versuchen sich gegen den patriarchalen Vater – auch Gastarbeitervater – zu behaupten, indem sie sagen, sie wüssten viel besser als er, was islamisch ist, weil sie den Koran wirklich lesen könnten, womöglich noch im Original, und ihn auch genauer befolgen würden. Es gibt in Ägypten feministische Organisationen, islamische feministische Organisationen, deren Protagonistinnen alle ein Kopftuch tragen, also, ich würde das nicht immer mit unendlicher Unterdrückung der Frauen koppeln. Die Atatürk-Anhänger unter den Türken sind aber auch diesen Phänomenen gegenüber viel rabiater als unsereins. Ich glaube, dass Österreich da ganz gut gefahren ist mit der Anerkennung des Islams als Religionsgemeinschaft.

Schon seit der Monarchie.

Ja. Ich würde jedenfalls empfehlen, die Debatte über den Islamismus und den Fundamentalismus nicht unbedingt am Kopftuch festzumachen. Es gäbe viel mehr Anlass, in den Moscheen genauer zuzuhören.

Das ist aber für unsereins viel schwieriger zu beobachten.

Das ist gar nicht so schwierig, wenn man sich mehr um diejenigen Muslime kümmert, die integrationswillig sind. Hinschauen und Hinhören sind sehr wohl eine Verpflichtung, wenn man Bevölkerungsgruppen integrieren möchte, das heißt, wenn man mit ihnen zusammenleben möchte.

Für wie viel Einwanderung soll Österreich nun offen sein, für wie viele Menschen, die sich hier ansiedeln wollen? Unbegrenzt?

Das kann ich nicht beantworten, aber fragen Sie Bevölkerungswissenschaftler, die gehen alle davon aus, dass wir entweder werden arbeiten müssen, bis wir fünfundsiebzig sind oder wir lassen Migration zu. Natürlich soll sie nicht unbeschränkt sein, weil man dafür ja eine Infrastruktur schaffen muss. Aber man kümmert sich in Österreich zu wenig darum, die bereits zu Österreichern gewordenen Türken vermehrt in den Staatsdienst aufzunehmen. Es gibt kaum Polizisten türkischer Herkunft, die noch die Sprache ihres Herkunftslandes sprechen. Ich bin der Meinung, es müsste proportional zum prozentuellen Anteil der zugewanderten Bevölkerung auch Vertretungen geben.

Also auch für Türken eine Quote, so wie es jetzt vielfach Frauenquoten gibt?

Also ich weiß nicht, ob man da eine strenge Quotenregelung einführen soll, aber sie müssen repräsentiert sein. Nur dann lohnt es sich für Zuwanderer, die Staatsbürgerschaft zu beantragen und sich mit diesem Staat zu identifizieren, wenn sie die Chance haben, in diesem Staat etwas zu werden.

Es gibt nun Studien, dass sich gerade türkische Zuwanderer unabhängig von der Staatsbürgerschaft in der zweiten und zum Teil dritten Generation viel schlechter integriert haben als etwa Zuwanderer aus Mitteleuropa oder aus Polen oder aus dem jugoslawischen Raum. Da scheint es also doch ein spezifisches Problem zu geben?

Es gibt insofern ein spezifisches Problem, als man an manchen Orten verabsäumt hat, das Wiedererstehen des anatolischen Dorfes durch gezielte Förderung der Wohnsituation zu verhindern. Arbeitsmigration hat auch mit sozialen Umständen zu tun. Die, denen es halbwegs gut gegangen ist, die hatten keinen Grund, die Türkei zu verlassen. Viele von denen, die gekommen sind, waren Analphabeten, man hat sie nicht besonders willkommen geheißen. Die erste Generation war hier wesentlich offener als die zweite und dritte. Aus diesem Nicht-wirklich-willkommen-Sein und Nicht-wirklich-Fuß-fassen-Können hat sich dann dieser Widerstand der zweiten und dritten Generation herausgebildet, der ein kultureller ist. Wo wird sich so jemand festmachen? Dort, wo es für ihn noch irgendeinen Respekt gibt. Und das ist der Islam.

Sie haben zuvor auf die Studien der Bevölkerungswissenschaftler verwiesen, die rechnen für die Mitte des Jahrhunderts einen Rückgang der österreichischen Bevölkerung in Millionendimensionen hoch. Wenn dann Millionen Menschen anderer Kulturen, vor allem islamische und afrikanische Völker, die besonders migrationswillig sind, hier leben: Wie weit wird sich Österreich dann verändern?

Das wird sich auf der freien Wildbahn abspielen. Eine Kultur, die vital und offen genug ist, die wird das alles überstehen. Eine Kultur, die nur aus Segmenten besteht oder die nicht mehr wirklich lebendig ist, wird irgendwann von einer anderen Kultur überlagert werden. Das hat sich seit der letzten Eiszeit so abgespielt. Ich glaube, dass eine Kultur, die sich selbst genug ist, zum Scheitern verurteilt ist. Das ist ja auch dem Islam passiert, die islamische Kultur hat im 15./16. Jahrhundert begonnen, sich zurückzuentwickeln.

Warum?

Weil sie sich selber genug war, weil sie nichts mehr von außen integrieren konnte, weil sie diesem Islam nichts mehr anverwandeln konnte. In dem Moment, wo man sich selbst genug ist, oder wo man der Meinung ist, man bräuchte diese Anregungen aus den anderen Kulturen nicht mehr, in dem Moment, wo man zwar Menschen holt und kommen lässt, sich aber überhaupt nicht mehr dafür interessiert, was für eine Kultur sie haben, was man aus dieser lernen oder sich holen könnte, ist das auch ein schlechtes Zeichen für die eigene Kultur.

Man muss doch überhaupt nicht davon ausgehen, wer jetzt wen frisst oder schluckt, sondern alle großen Kulturen haben immer von dieser Anverwandlung gelebt. Wenn man sich die europäische Kultur daraufhin anschaut, aus welchen Komponenten – zum Teil islamischen – sie im Mittelalter entstanden ist, was diese europäische Kultur überhaupt erst groß gemacht hat, dann war da immer Einfluss und Anverwandlung oder Abstoßung, aber es gab immer eine Beschäftigung mit dem anderen.

Was halten Sie von der These: Zustrom, Kontakt mit fremden Kulturen ist zum Lebendigerhalten einer Kultur notwendig, aber ein Zuviel an einer überlagernden Kultur kann natürlich auch zum Untergehen der eigenen Kultur führen? Wie etwa die keltischen, die etruskischen Kulturen völlig untergegangen sind bis auf ein paar Tonscherben, die man halt irgendwo ausgegraben hat.

Na ja, bei den Kelten haben schon auch die Römer ihr gerüttelt Maß dazu beigetragen, dass die keltische Kultur untergegangen ist. Da sie zum Großteil nicht schriftlich aufgezeichnet war, war es auch viel leichter, ihre Spuren zu vernichten. Aber auch das Keltische ist nicht verloren gegangen, sondern es ist in der nächsten Kultur aufbewahrt, oft kann man es nur noch schwer erkennen. Aber es gibt immer wieder Forschungen, die heute noch sehr viel an keltischem Erbe und Einfluss nachweisen.

Aber dass wir von der römischen Kultur viel mehr Spuren in unserem heutigen Erbe haben ...

Das ist richtig. Nur hat das natürlich auch viel mit Eroberung zu tun gehabt. Das mit dem Erobern wird immer schwieriger, es ist nicht mehr so einfach, sich ganze Landstriche einzuverleiben. Das sieht man jetzt nach dem Irakkrieg. Die Kulturen haben sich immer vermischt. Das Diktum von der reinen Kultur ist für mich ein Widerspruch in sich, das hat es nie gegeben.

Wenn man diesen Gedanken fortsetzt, dann muss man es ja auch gut finden, dass die Chinesen in Tibet die tibetanische Kultur massivst zurückgedrängt, überlagert haben. Nach dem Motto: Es wird

sich schon irgendwie vermischen, irgendwo werden schon auch Restelemente der Tibetaner zu finden sein.

Ja, aber ich habe gerade vorhin gesagt, dass das mit dem Erobern …

Ethisch nicht erwünscht ist, aber es findet nach wie vor statt.

Es findet statt. Aber gerade die tibetische Kultur hat viele Fürsprecher auf der ganzen Welt. Wie weit ihr das helfen wird, ist eine andere Frage. Aber das Tibetische wird sicher nicht einfach verloren gehen, selbst wenn die Chinesen diese Politik weitertreiben.

Man muss immer unterscheiden zwischen einem gewaltsamen Einbruch in eine Kultur eben durch Eroberung und einer langsamen Anverwandlung durch z. B. den Einfluss der Migration. Das hat ja nichts mit Kriegführung zu tun. Turkvölker haben auch schon einmal China erobert, sind aber aufgesogen worden, haben sich also damals an der chinesischen Kultur aufgerieben und sind über die Generationen hin in ihr aufgegangen, auch wenn man ihre Spuren noch immer nachweisen kann.

Sie haben gemeint, dass die innere Kraft einer Kultur eine entscheidende Frage ist. Wie zukunftsträchtig ist nun das heutige Österreich? Hat die Demokratie in den Köpfen eine tragfähige, nachhaltige Basis, ist Österreich auch in Zukunft zu kulturellen Errungenschaften fähig?

Ich glaube allemal, dass Österreich zukunftsfähig ist, es fragt sich nur, ob die Österreicher es wollen, ob sie was dafür tun wollen.

Wollen sie es?

Da bin ich mir nicht immer sicher. Wenn sie es wollten, würden sie sich wahrscheinlich mehr um die Volksschulen kümmern und um eine mögliche Integration. Es gibt ja den Vorwurf, dass unsere Kinder so benachteiligt seien, weil sie in mit ausländischen Kindern überfüllten Klassen lernen müssen. Mit einem obligatorischen Vorschuljahr und mehr muttersprachlicher Betreuung in der Volksschule wäre das Problem zu lösen.

Gerade ein Land wie Österreich müsste seine Zukunftsfähigkeit vor allem auf dem Sektor der Forschung, auf dem Sektor der Wissenschaft und der Kunst angehen. Wir können nicht mit unbegrenzten Rohstoffen oder riesigen Industrien punkten. Sie wissen, was für ein Riesenloch durch die Vertreibung jener Menschen entstanden ist, die Wissenschaft und Kunst schon um die Jahrhundertwende und in der Zwischenkriegszeit auf ein wirklich beachtliches Niveau gebracht haben, und dass man sich nach dem Krieg viel zu wenig um deren Rückkehr gekümmert hat. Wenn Österreich zukunftsfähig sein soll, dann muss man vor allem die jungen Leute im Land halten können. Und es wäre sehr wichtig – das sage ich als Schriftstellerin –, gerade den jungen Leuten die Wissenschaft, auch die Naturwissenschaften schmackhafter zu machen.

Eine spannende Aussage: Naturwissenschafter werfen ja dem intellektuellen Österreich vor, es sei viel zu geisteswissenschaftlich orientiert. Und Sie sind ja eine Geisteswissenschaftlerin. Sie sagen also, wir sollten mehr die Naturwissenschaft ...

Natürlich: fördern und den jungen Leuten schmackhaft machen. Niemand hat etwas davon, wenn es einen Überschuss an Germanisten gibt. Ich als Schriftstellerin bin die Letzte, die dafür plädieren würde.

Sind die Österreicher eigentlich mutige Menschen oder opportunistische Anpasser?

Das kann ich nicht beantworten, denn ich kenne solche und solche. Im Großen und Ganzen wird die Aufgabe zumindest des verbalen Mutigseins gern an Künstler delegiert und damit auch ein bisschen unschädlich gemacht. Denn es heißt sehr schnell: Ach, schon wieder die oder der. Man drängt dadurch die Künstler auch in die Position, übertreiben zu müssen, damit man ihnen überhaupt zuhört. Aber in dem Moment, wo sie übertreiben, werden sie in vieler Hinsicht wieder unglaubwürdig: Man sagt dann, na ja, der übertreibt maßlos. Das ist ein Circulus vitiosus. Man delegiert an jemanden, dem man nicht zutraut, wirklich etwas verändern zu können.

Wieweit interessieren den Künstler und sein moralisches Gewissen auch Probleme aus der wirklichen Welt? Etwa die Frage: Hinterlassen wir den nächsten Generationen nicht einen unverantwortlichen Schuldenberg? Diese Frage scheint Künstler, die ja auch oft von Subventionen aus Steuermitteln leben, nicht zu interessieren.

Da muss ich zugeben, dass mich der Schuldenberg weniger interessiert als die ökologischen Schäden, die wir unter Umständen den nächsten Generationen hinterlassen.

Aber gerade in der Ökologie ist Österreich nach vielen Studien, die ich kenne, im internationalen Vergleich relativ vorbildlich.

Gott sei Dank. Nur glaube ich, dass da noch mehr drin wäre, und dass man da die Forschung noch intensivieren könnte und nicht nur die Forschung, sondern auch die Praxis. Ich bin mir dessen bewusst, dass Österreich da Gott sei Dank schon eine Vorreiterrolle spielt. Nur eine Frage hört niemand gern; und wenn ich die in Altaussee stelle, dann noch weniger: wieweit führt auch der Tourismus dazu, dass ökologische Schäden entstehen?

Eine andere Frage: Wie soll sich Österreich insgesamt in Europa positionieren? Wünschen Sie sich eine Zukunft Europas, das sehr selbstbewusst den Amerikanern gegenübertritt und ein „Global player" wird? Oder sollen sich Österreich und Europa mehr von den Händeln der Welt abschließen und sich hier mit der besten Weinkultur und den besten Gourmets und der schönen Landschaft zurückziehen?

Es wäre sehr angenehm, wenn es so ginge. Aber so geht das nicht. Ich glaube, dass auch Europa diesen Standard à la longue nicht wird halten können, dazu ist der Rest der Welt einfach zu arm, die Schere wird immer größer. Ich weiß nicht, ob es überhaupt möglich ist, diese Schere noch weiter aufzumachen, das heißt, Europa noch wohlhabender, noch reicher zu machen und die anderen noch ärmer. Denn der Rest der Welt wird sich das auf Dauer nicht gefallen lassen. Da könnte es dann zu Reaktionen kommen, gegen die der Irakkrieg noch ein Kinderspiel ist.

UNO-Studien sagen allerdings, dass zwar der Abstand größer wird, jedoch die Zahl der absolut Armen absolut wie relativ ständig zurückgeht. Wir sollten aber Ihrer Meinung nach unseren Wohlstand zurückschrauben?

Das wird sowieso kommen, man wird teilen müssen, man wird sich dafür interessieren müssen, wie der Rest der Welt auf die Beine kommt. Ich glaube einfach nicht, dass man sich da abschließen kann, so quasi, wir in Europa machen es uns noch angenehmer, und die anderen sollen schauen, wo sie bleiben.

Wenn ich in Ägypten an Universitäten lese, wo zwei- bis vierhundert Studenten vor mir sitzen, die alle Deutsch studieren, von denen vielleicht zwei Prozent eine Chance haben, mit diesem Deutschstudium etwas anfangen zu können, wenn ich höre, dass im Iran oder in vielen anderen Ländern viele junge Leute keine Chance haben, irgendetwas mit ihrem Leben anzufangen, dann muss sich die höher entwickelte Technologie oder Wissenschaft etwas einfallen lassen, wenn das Ganze nicht wirklich in Mord- und Totschlag enden soll.

Diese Gefahr eines Konflikts zwischen Nord und Süd sehen sehr viele Menschen. Es gibt aber bei der Ursachenforschung zwei Denkschulen. Die eine sagt, vor allem die Regierungen jener Länder begehen durch Korruption und Überbürokratie den Hauptfehler. Die anderen sagen, nein, wir beuten sie aus.

Beides geschieht. Die Regierungen in vielen Teilen der Welt sind absolut korrupt. Aber warum sind sie korrupt? Da braucht es doch mindestens zwei dazu. Immer wieder lese ich, dass genau diese Länder oder deren Vertreter, die Geld hineinpumpen, gleichzeitig die Hand aufhalten. Korruption ist international nur spielbar, wenn die Partner auch dieses Spiel mitspielen.

Sie glauben wirklich, die westlichen Regierungen lassen sich von Drittweltländern bestechen?

Vielleicht nicht die Regierungen als solche, aber Menschen aus deren Umfeld. Die Millionen und Milliarden, die aufgrund von Regierungsbeschlüssen als Entwicklungshilfe in jene ärmeren Länder geschickt werden, fließen zu einem Großteil sofort wieder zurück.

Ich glaube, dass man sich im Westen viel mehr wird überlegen müssen, mit welchen Menschen man in diesen Ländern kooperiert. Welche Modelle an Entwicklungshilfe man überhaupt bedient, an welche Auflagen und an welche Kontrolle Geld gebunden sein soll. Solange natürlich der Westen vor allem daran interessiert ist, Waffen zu liefern …

Wenn man das Buch „Ökonomie des Terrors“ von Loretta Napoleoni, einer amerikanischen Wirtschaftswissenschaftlerin, gelesen hat, dann hält man alles für möglich. Wenn man ihrer These auch nur ein bisschen Glauben schenkt, dann würden soundso viele westliche Wirtschaften zusammenbrechen, wenn man ihnen plötzlich das Geld entziehen würde, das über Waffen- und Drogentransfer mehrmals durch die Hände von Terroristen gegangen ist, bevor es durch die merkwürdigsten Kanäle auf westlichen Banken landete.

Sie glauben damit ja im Grund, dass der Westen am Terrorismus selbst schuld sei?

Das wäre eine Übertreibung, die man wiederum leicht als literarische abtun könnte. Aber im Ernst, solange diese Sümpfe nicht trockengelegt werden, solange besteht in meinen Augen die Gefahr eines gewaltigen Rundumschlages. Wenn man sich überlegt, wie es dazu gekommen ist, dass sich junge Menschen selbst in die Luft sprengen: Das tun sie nicht nur wegen des Versprechens eines paradiesischen Jenseits, sondern auch weil sie in ihren Gesellschaften keine Hoffnung haben. Wenn man sieht, in welchem Ausmaß das zugenommen hat, dann muss man davon ausgehen, dass da noch viel mehr kommen kann, Dinge, die wir uns heute gar nicht vorstellen können. Wenn nicht der Westen eine unendliche Anstrengung unternimmt, diese ökonomischen Verflechtungen zu entwirren und die armen Länder in ihrer Entwicklung besser, das heißt effektiver zu unterstützen, dann weiß ich nicht, wo das noch hinführen wird.

Zurück nach Österreich: Die Behauptung der Diskriminierung gibt es nicht nur in Hinblick auf Ausländer, sondern auch auf Frauen. Wie sehr sehen Sie die Frauen im heutigen Österreich wirklich diskriminiert?

Ich würde nicht von Diskriminierung reden, sondern eher von einer gewissen Zurücksetzung, auch einem Nicht-wirklich-Wahrnehmen. Gerade habe ich von einer jungen Molekularbiologin gelesen, die davon spricht, dass die guten Jobs noch immer in den Kartellverbänden und sonstigen Männerbünden oder im BSA ausgehandelt werden. Und in diesen Netzwerken sind die Frauen in der Minderzahl, wenn sie überhaupt zugelassen sind.

Wieweit ist es Ihnen ganz persönlich eigentlich wichtig, dass Österreich weiter existiert? Man könnte sich ja vorstellen, es geht komplett in einem vereinten Europa auf.

Nein, das glaube ich überhaupt nicht, also, dazu sind die Österreicher viel zu renitent.

Renitent?

Ich glaube, dass gerade den Österreichern ein ungeheures Beharrungsvermögen, aber auch eine gewisse Widerspenstigkeit eignet. Also davor habe ich die allerwenigste Angst. Es gibt ja auch vieles in und an Österreich, was von anderen bewundert oder gemocht wird. Wenn jemand von außen kommt und so einiges an Österreich gut findet, stärkt das das Selbstbewusstsein der Österreicher und lässt sie am Eigenen festhalten, allen herrschenden und beherrschenden Trends zum Trotz.

Ein kleines Beispiel: Aussee wird immer die Trachteninsel genannt. Manche Leute können es überhaupt nicht fassen, wie sehr in Aussee die Tracht noch eine Rolle spielt. Sowohl die

Adeligen als auch die jüdischen Sommergäste haben bis zu Kriegsbeginn Tracht getragen, wann immer sie nach Aussee kamen. Das hat auf die Ausseer zurückgewirkt, und selbst nach dem Krieg – da kann ich mich noch gut daran erinnern – haben Familien, die sich nach ihrer gewaltsamen Vertreibung in Boston oder in New York niedergelassen hatten und nun wieder jeden Sommer angereist kamen …

Aus Boston nach Aussee auf Sommerurlaub?

… ihren Gouvernanten oder Kindermädchen als erstes ein Dirndl machen ließen, weil man das eben in Aussee getragen hat. Aus diesem Grund haben die Ausseer nie von ihrer Tracht gelassen.

Darum glaube ich auch, wenn die türkische Kultur hier einen größeren Stellenwert hätte, dann würden sich viele Türken hier wohler fühlen und sich leichter integrieren. Sie hätten das Gefühl, etwas mitzubringen und nicht nur Empfänger zu sein.

Österreich, das doch sehr viel zu bieten hat, was weltweit anerkannt ist, hat meiner Meinung nach keinen Grund, von seinen Traditionen Abstand zu nehmen, insofern es sich damit nicht selber im Weg steht. Das ist auch eine Frage von Anerkennung und positiver Rückwirkung.

Wenn Sie jungen Österreichern begegnen, welchen Rat würden Sie denen für die Zukunft mitgeben?

In die Welt hinauszugehen und dann den Blick aus der Welt auf Österreich zurück zu wagen. Die überzeugtesten Österreicher sind immer die, die zurückgekommen sind. Sie haben so viel Positives an Österreich gefunden, dass sie lieber hier leben als anderswo. Diesen Blick von außen auf das Land zurück, den sollten alle irgendwann riskieren, weil dann auch die Entscheidung leichter fällt: Dann kann man auch sagen, man lebt bewusst hier.

Der Platz der Zukunft: Erste Reihe, fußfrei

LOTHAR HÖBELT,

1950 in Wien geboren. 1981 „sub auspiciis praesidentis“ promoviert. Der Historiker ist heute Universitätsprofessor für Geschichte an der Universität Wien und daneben auch häufig als politischer Kommentator in der Öffentlichkeit tätig.

Höbelt hat sich als streitbarer Kolumnist und Autor zahlreicher historischer Studien vor allem zu Themen aus den letzten beiden Jahrhunderten einen Namen gemacht. Er hat sich auch intensiv mit aktuellen politischen Fragen befasst und dabei öffentlich Sympathien für die FPÖ geäußert. Er galt zeitweise als ein Grundsatzdenker dieser Partei. 2002 hat er jedoch nach dem in Knittelfeld ausgelösten Bruch der Koalition zu „blauen Leihstimmen“ für VP-Chef Wolfgang Schüssel aufgerufen.

Was bedeutet Österreich für Sie?

Das alte Österreich, also die Casa d'Austria, mit der Geschichte, die dranhängt.

Casa d'Austria, das ist letztlich die Familie Habsburg.

Die Familie Habsburg. Das ist das, was von Österreich in der Weltgeschichte verbleiben wird. Der Rest, das sind wir, das ist sehr gemütlich und nett, aber es ist wirklich nur ein Teil Österreichs.

Sie als Historiker können natürlich in einem Österreich leben, das sich in der Casa d'Austria identifiziert, der Rest der Österreicher würde sich vielleicht schwer tun, wenn das ihre nationale Identität sein soll.

„Identität" ist halt so ein Modewort. Braucht man das?

„Wer bin ich?" oder „Wer sind wir?" sind ja nicht Modefragen. Das hat die Philosophie schon lange als zentrale Fragen erkannt.

Diese Identität ist in Österreich vielschichtiger als in vielen anderen Ländern. Wir haben halt diese Doppelbödigkeit. Einerseits sind wir Deutsche, andererseits sind wir geprägt durch diesen Hintergrund der Casa d'Austria. Das Deutsche ist wirklich durch diese Multipolarität gekennzeichnet.

Was ist das Multipolare, außer dass sich die Grenzen der staatlichen Identität der Österreicher nie mit der sprachlich-kulturellen des deutschen Sprachraums gedeckt hat?

Da kommt die konfessionelle Dimension dazu. In kaum einem anderen großen Land Europas stand es so fifty-fifty zwischen Katholiken und Protestanten wie im deutschen Bereich. Es gibt auch eine geographische Spannweite, von den Bergen bis zur Nordsee. Russland ist größer, aber vielleicht uniformer.

Sie würden also bei Meinungsumfragen auf die Frage nach der Nationalität Deutsch ankreuzen?

Da würde ich schon aus taktischen Gründen „Deutsch" angeben.

Aus taktischen Gründen?

Diese Umfragen sind für den Historiker insofern ärgerlich, weil die Angebote, was anzukreuzen ist, meist nicht auf einer Linie liegen. Also, da heißt es „sind Sie Österreicher oder Deutscher?" oder „Entwickeln wir uns zu einer Nation?" Das eine ist eine objektive, das andere ist eine subjektive Zuschreibung.

Sie würden es auch begrüßen, wenn es in demokratischer Form einen Anschluss Österreichs an Deutschland gäbe?

Es würde mich nicht wahnsinnig stören, aber ich würde es auch nicht befürworten. Denn der deutsche Einfluss in Europa ist eigentlich stärker, wenn wir mehrere deutsche Staaten haben.

Auf Grund der Abstimmungsmechanismen der EU?

Erstens einmal. Ich würde auch jede Sezessionsbewegung von Schröder weg unterstützen. Es war auch schon in der Zwischenkriegszeit eine ganz komische Engführung, wenn sich zwei Staaten ohnehin verstehen und verbündet sind – wozu brauchen wir dann noch den Anschluss?

Was heißt dann „Wir sind Deutsche" eigentlich für Sie? Eine staatliche Identität wollen Sie nicht, Sie haben gerade selber auch die vielen Unterschiede betont, religiös, landschaftlich ...

Ich habe eine größere Affinität zu Deutschen als zu Angehörigen anderer Nationen. Wir Österreicher sind „very special Germans".

Ein Verhältnis, wie es zwischen Amerikanern und Briten ist?

Das ist ein durchaus passender Vergleich. Da gibt es viele Rivalitäten, da gibt es alte Kämpfe, da gibt es Blödheiten. Von Anschluss redet da niemand.

Zurück nach Österreich. Da ergibt Ihre Position ja ein eher deprimierendes Bild: Die Habsburger als Hauptidentifikation sind mehr als achtzig Jahre aus dem Land verschwunden und sonst ist Österreich nur noch ein Rest. Das ist keine tolle Basis, um hoffnungsreich in die Zukunft zu blicken.

Nein, ich würde das nicht gar so pessimistisch sehen. Wir leben an so einer schönen Schnittstelle. Wir könnten sagen, eigentlich sind wir Deutsche, wir machen bei der deutsch-französischen Achse mit. Wir können aber auch sagen, und dem würde ich derzeit eher den Zuschlag geben, wir sind die Wortführer der Kleinen, die sich gegen diese deutsch-französische Achse wehren. Mir ist die Achse mit Italien und England da immer lieber als die mit Frankreich und Russland.

Und Mitteleuropa ist für Sie kein Thema?

Die können mit dieser deutsch-französischen Achse, wo Russland im Hintergrund steht, nicht sehr zufrieden sein. Die ziehen die Italiener und die Österreicher vor. Die Italiener, weil sie nicht dazugehören zu den großen Zwei, und die Österreicher, weil sie auch einmal schlecht behandelt worden sind.

Schlecht behandelt?

2000. Das hat Langzeitwirkung. Vorher wollten unsere Diplomaten um Gottes willen nichts mit Deutschland zu tun haben, aber wenn Frankreich etwas sagte, dann standen sie Habtacht. Das hat sich etwas geändert. Österreich hat in Europa eine interessante Rolle. Schauen Sie nur auf den Irakkrieg.

Da hat Österreich gar nichts gesagt. Das halten Sie für ideal?

Das war in jedem Fall eine Schlaumeierei. Wir haben nach beiden Seiten Möglichkeiten. Das kann in Europa ganz lustig werden. Ich sehe in der EU Parallelen zur Habsburgermonarchie oder auch zum Bismarckreich: mit dem Spannungsverhältnis zwischen einer bürokratisch-autoritären Zentrale und Regionen, die dagegen die Volkssouveränität in Stellung bringen. Das kann unter günstigen Umständen sogar auf eine Wiedergeburt der Gewaltenteilung hinauslaufen, die uns ohnedies abgeht.

Aber diese Monarchie ist unter ziemlich grässlichen Begleitumständen zerrissen.

Sie hat einen Weltkrieg verloren, so etwas soll man nicht machen.

Und manche Ursachen dieses Weltkrieges lagen in den nicht bewältigten österreichischen Konflikten.

Den Weltkrieg haben wir angefangen und wir wussten auch warum. Was wir nicht wussten war, wie Weltkriege dieser Dimension sich im 20. Jahrhundert abspielen. Damals herrschte noch ein etwas romantischeres Kriegsbild, das nicht jene Zerstörungen vorhergesehen hat.

Dann bleibt also das Modell Wohlfahrtsstaat: Es soll uns allen möglichst gut gehen; jedes Jahr noch zwei Prozent mehr für die Urlaubsreise auf den Malediven und fürs neue Auto. Das ist die Antwort auf die Sinnfrage eines Landes?

Wenn wir keine Großmacht sind, können wir uns auch eine gewisse Friedensdividende leisten. Die großen Weltmächte werden die USA und China sein. Frankreich und Russland haben noch Restbestände, die sie imperial interessieren. Das sollen sie alle auf eigene Rechnung machen. Wir sind die globale Schweiz.

Und machen ein bisserl was Humanitäres und sonst gute Geschäfte und versuchen, den Händeln der Welt zu entkommen.

Erste Reihe, fußfrei. Das halte ich für die einzig gangbare Möglichkeit.

Diese Idee des globalen Zurücktretens ist nicht neu: Die Holländer waren im 17. Jahrhundert eine Weltmacht, das war sehr anstrengend, im 18. Jahrhundert waren sie das nicht mehr: Das war großartig für sie. Denen ist es nie so gut gegangen wie damals, auch wenn in allen Geschichtsbüchern steht, das war eine Zeit des Verfalls. Sie haben investiert, das britische Empire wurde mit holländischem Geld teilweise finanziert, sie hatten aber kein militärisches Risiko mehr gehabt.

Und wenn sie sich heute am Balkan den Schädel einschlagen, geht uns das nichts an?

Der Balkan wird ohnehin demnächst eingemeindet.

Aber den Nahen Osten schauen wir uns erste Reihe, fußfrei, an?

Na, und wie!

Obwohl wir zehnmal näher dran sind als die Amerikaner?

Und wie! Es gibt keine langweiligere und uninteressantere Gegend. Die Ölfrage wird bei weitem überschätzt. Was da an Öl im Irak zu holen ist, ist kein Zehntel der Besatzungskosten wert. Also, völlig uninteressant.

Glauben Sie, dass aus diesem Wien, aus diesem Österreich noch einmal eine große wissenschaftliche oder kulturelle Leistung von weltweiter Dimension entstehen kann oder gilt auch da die Devise: erste Reihe, fußfrei?

Na ja, wir haben ja schon zwei Weltkriege angefangen, was wollen Sie denn noch alles an Wirkung haben?

Ich rede von der Zukunft, ich will nicht einen dritten ...

Wenn wir den Schwarzenegger rechtzeitig zum Präsidenten machen, können wir den Hattrick in einem Jahrhundert noch schaffen. Aber im Ernst: Woher kommen geistige Leistungen? Es gibt keinen Grund, warum in der Habsburgermonarchie um die Jahrhundertwende große Leistungen entstanden sind. Es sei denn, weil es eher ungemütlich konfliktreich war.

Viele Analysen meinen, dass einen Gutteil dieser Kreativität die Juden in der Monarchie getragen haben.

Ja, das müsste man dann wieder aufspalten: Einerseits was wirklich aus bestimmten Gründen – Stichwort „Volk des Buches“ oder „Religion des Buches“ – an Vorsprung in Richtung literarisch-wissenschaftlicher Beschäftigung da war. Andererseits könnte das eben mit diesem Nationalitätenkonflikt zusammenhängen. Wenn es nur Minderheiten gibt, die sich alle irgendwo bedroht fühlen, die alle starke Reibungen haben, entsteht etwas, was über die Normalität hinausreicht.

Das heißt: Der Normalbürger will diese Reibungen nicht, ist aber nachher stolz auf seinen Sigmund Freud.

Die pragmatisierten Beamten, die meinen, die Unruhe betrifft ohnehin nur die anderen, die können sich so etwas leicht wünschen. Das ist ja der Punkt, an dem die Universitäten in

Österreich momentan sind, dass die Beamten überall gerne Bewegung haben, nur bei sich selbst nicht.

In Deutschland wird in den letzten Jahren so etwas wie eine Wiederbelebung von Patriotismus versucht. Man singt wieder mehr in den Schulen die Hymne, man spricht von deutscher Leitkultur: Ansätze, die vor zwanzig, fünfundzwanzig Jahren undenkbar waren. Sollte sich auch Österreich mehr patriotischen Übungen hingeben?

Taktisch würde ich sagen „Jaja, das ist eine gute Entwicklung." Nachdem wir vernünftig reden, würde ich sagen, es ist die Reaktion auf eine schlechte Entwicklung, deswegen ist sie noch nicht gut. Es ist die Reaktion auf eine absurde Entwicklung, dass in Deutschland, wenn die Frage auf die eigene Identität kommt, zuerst einmal die Schuld und der Holocaust genannt werden. Das ist absurd. Darauf kommt eine Gegenbewegung unter dem Motto: „Ich trau mich eigentlich nicht."

Das führt zu einem neuen Patriotismus?

Das sehe ich nicht wirklich. Ich sehe, dass die Eliten im Kampf um Wähler zunehmend draufkommen, die Leute hätten ein Maß an Patriotismus doch ganz gerne von ihren Repräsentanten gehört, wie es zumindest dem der Adenauer-Ära entspricht, ja ohnehin nicht der Wilhelminischen. Die Adenauer-Ära (Anm: Konrad Adenauer war 1949–1963 deutscher Bundeskanzler) war durchaus patriotisch. Zu diesem Normalitätsstadium sollten wir zurückkehren.

Mehr Heimatbewusstsein ausdrücken also?

Ich glaube nicht, dass das a) vom Staat her geschehen soll und dass es b) überhaupt möglich ist, Mentalitäten zu verändern. Das ist einer der Vorteile des österreichischen Charakters. Wenn bei uns die Regierung und der Erzbischof etwas sagen, ist die automatische Reaktion des Volkes, das kann nicht stimmen. Wenn alle Autoritäten, von den Gewerkschaften bis zum ORF, etwas unterstützen, dann haben die meisten das Gefühl:

Hoppla, wenn uns die alle das einzureden versuchen, dann muss was „öha!“ sein; wir wissen nur nicht genau was, aber das kann so nicht sein. Diese Erfahrung ist auch durch die Propagandawellen entstanden: Erster Weltkrieg, Zweiter Weltkrieg, Alliierte. Wenn etwas von oben so penetrant kommt, kann es nicht hinhauen. Das beruht vielleicht auch auf der Gegenreformation, vielleicht auf dieser diffusen Identität.

Aber andererseits hat es in diesem Land nie eine Revolution von unten gegeben. Die Aufklärung ist hier von oben gekommen.

Na, Gott sei Dank. Revolutionen sind ja eher nichts Positives, sondern Revolutionen sind Reaktionen auf Fehlentwicklungen, meistens auf den Staatsbankrott übrigens.

Also, Revolutionen gab es nicht deshalb so wenige, weil die Österreicher ein apathisches, zum Untertanentum neigendes Volk wären, sondern weil die Dinge bei uns eigentlich doch immer relativ gut geordnet gewesen sind, sodass der Bürger nicht zum Gewehr greifen musste.

Ich würde das so sagen. Deutschland – und da gehören wir in diesem Sinn dazu – ist oft schlecht regiert worden, aber es ist in der Regel relativ gut verwaltet worden. Die Leute revoltieren nur dann mit Gewalt, wenn auch die alltäglichen Dinge des Lebens nicht mehr stimmen.

Die Französische Revolution war eigentlich ein Nachfolgestreit, nachdem das System schon bankrott war. Es ging gar nicht mehr darum, ein System hinwegzufegen durch eine Revolution. Der König hatte schon aufgegeben und gesagt: „Ich kann nicht mehr zahlen, was machen wir?“

In Italien brach vor zehn Jahren ein System zusammen, weil die alltägliche Verwaltung nicht mehr funktioniert hat. Das ist bei uns nicht so. Man kann etwa über die Wiener und die Niederösterreichische Landesverwaltung schimpfen und wie teuer das alles ist – aber im Wesentlichen funktioniert es. Das ist in Deutschland genauso. Dort kann man sagen: Was uns der Schröder und der Fischer anschauen lassen, das ist zum Kotzen, aber die Verwaltung funktioniert und die Bahnen sind relativ pünktlich. Auch diese Idee der Mussolini-Ära – die Züge fahren zum ersten Mal pünktlich in Italien – zeigt, dass über den ideologischen Entwürfen immer sehr konkrete Dinge stehen.

Sehr viele der großen Revolutionen waren im Wesentlichen konservativ. Man möchte bewahren, was man hat. Etwa die amerikanische Revolution entstand, weil die Briten plötzlich gekommen sind und Steuern verlangt haben. Das war noch nie da.

Die Österreicher sind im Vergleich mit anderen Deutschen verhältnismäßig rebellisch, sie glauben der Obrigkeit nichts. In Deutschland, im protestantischen Bereich überhaupt, beugt man sich nicht, aber wenn man mal gebrochen ist, dann verinnerlicht man das offenbar.

Raunzen, nicht rebellieren als österreichischer Charakter?

Ja, natürlich. Aber das ist eigentlich schön. Das heißt, dass man vernünftig genug ist zu sagen, gegen die Obrigkeit jetzt in irgendeiner Manier aufzustehen, bringt nichts, aber ich glaube den Falotten doch nichts. Das ist in einer Welt der Apparate etwas an sich Positives.

Hat das nicht eigentlich etwas Hinterwäldlerisches, diese Idee von der ersten Reihe, fußfrei?

Mag sein. Dann sage ich eben: Gott sei Dank. Diese Begeisterung für die große weite Welt ist ja eher ein Merkmal dörflicher Aufsteiger. Ich meine, die wirklichen Weltbürger haben ja immer die Sehnsucht nach etwas gemütlich Kleinem.

Die Leute hingegen, die vom Dorf abwandern, die dort keine Heimat mehr sehen, die finden dann New York großartig. Die Amerikaner finden New York nicht mehr großartig, die leben dort ja nicht, dort leben ja nur die Einwanderer. Das halte ich jetzt wirklich für eine Koketterie, diese Phrase von der österreichischen Provinzialität. Die USA oder Deutschland haben kein eigentliches Zentrum. Die Menschen sind auch viel mobiler, weil es sehr viele Städte gleicher Ordnung gibt, wo man leben kann. Man sucht sich eine Uni aus, nicht weil sie die nächstgelegene ist, sondern weil sie gut ist oder aus anderen Gründen. Österreich hingegen hat – das ist ein Merkmal kleiner Länder – eine ganz eindeutige Metropole. Das mag für manche Westösterreicher vielleicht München sein, aber im Wesentlichen ist es Wien. Die Wiener wieder finden, es gibt eigentlich in Europa nichts, wo man sich sehr umschauen müsste.

Die Wiener halten sich also für den Nabel der Welt.

Zumindest eine Zeit lang hatte das auch eine gewisse Plausibilität.

Wohl weil Wien eine schöne Stadt ist, weil man hier ganz gut lebt, weil man eine große Geschichte hat, weil man etliche Leistungen aufweisen kann. Hat diese Selbstzufriedenheit eigentlich – wie bei fast allen Europäern – dazu geführt, dass wir zunehmend wohlstandsbequemer geworden und daher vielleicht der Zukunft nicht gut gewachsen sind?

Na ja, sicher sind wir bequemer geworden. Nur von der Zukunft weiß man halt nicht so wirklich, was sie für Anforderungen stellen wird.

Mit welchen Verhaltensweisen erhöhen wir die Wahrscheinlichkeit, in der Zukunft gut überleben zu können?

Natürlich mit Flexibilität, das ist klar. Jede Spezies muss sich halt auf die Umweltbedingungen einstellen. Was mir aber seltsam vorkommt: Wir gehören zu den pro Kopf reichsten Gesellschaften der Erde – und dennoch geht gerade von uns diese Furcht vor dem Kapital aus. „Um Gottes willen, ja nicht den Neoliberalismus und all das!"

Das ist eine seltsame, zwischen Ökonomen und Psychologen zu klärende Frage, warum das gerade bei uns so ist. Wir haben doch in Wahrheit Kapital und müssen das einfach gut investieren. In den letzten Jahrzehnten haben wir diese Aufgabe nicht optimal gelöst, sondern wir haben es in Konsum investiert.

Ansonsten halte ich die Position Österreichs für nicht so schlecht. Wir haben keine allzu überdimensionierten alten Industrien geerbt, der Abschied vom klassischen Industriezeitalter fällt uns relativ leicht. Wir haben durch unseren starken Tourismusanteil im Dienstleistungssektor etwas, was uns so leicht niemand wegnehmen kann. Man kann natürlich die Designbüros nach Indien auslagern, aber den Stephansdom nicht und auch das Ski fahren geht in Indien schwer.

Warum nicht, im Himalaja kann man durchaus Ski fahren.

Wir haben dennoch im Großen und Ganzen einen gewissen Startvorteil. Die Bequemlichkeit wird sich sicher ändern müssen. Vielleicht ist unsere Mentalität auch ein Erbe der Zweiten Republik: Wir haben uns in einer kleinen Nische befunden, wo es total windgeschützt war zwischen West und Ost. Es gab sehr viele Kinder, die dieses Umlagesystem in der Pensionsversicherung sehr leicht finanzieren konnten. Die Menschen hatten im Krieg alles verloren und mussten wieder von Null beginnen. Sie empfanden daher die Zweite Republik als etwas sehr Angenehmes und übersahen, dass diese aus einer ganz spezifischen unwiederholbaren Situation heraus gewachsen ist, die man so nicht mehr wiederholen kann. Wir haben uns lange Zeit einreden lassen oder uns selber eingeredet, die Zweite Republik wäre das Endziel in der Geschichte. Endlich haben wir das erreicht, das hätten wir immer schon machen sollen. Jetzt sind wir ein neutraler Kleinstaat mit wohlfahrtsstaatlichen Strukturen und damit hat die Geschichte ihr Ende erreicht.

Wenn man Ihre Argumentation pointiert zusammenfasst, erscheinen die letzten fünfzig, sechzig Jahre als ein Glücksfall?

Das ist, glaube ich, unbestritten.

Glücklich nicht nur im Sinn von erfreulich, sondern auch im Sinn von zufällig?

Ja, das ist ein glücklicher Zufall gewesen.

Der Historiker argumentiert natürlich ungern moralisch, aber wenn man es jetzt global beurteilt, ist unser Wohlstand eigentlich gerecht?

Wir haben es als Gesellschaft durch Leistung geschafft. Aber sicher war es kein Verdienst, dass Hainburg zum Westen gehört hat und Pressburg zum Osten.

Der Unterschied zwischen West- und Osteuropa, das ist Zufall?

Der Unterschied zwischen West- und Osteuropa, der war wirklich zufällig.

Das ist nicht unser Verdienst.

Und wenn man den statistischen Schnitt des ganzen westlichen wie östlichen Europas vergleicht mit Asien oder gar Afrika, dann meinen Sie, müssten wir kein schlechtes Gewissen wegen unseres großen Vorsprungs an individuellem und kollektivem Wohlstand haben? Weil das ist Verdienst?

Ja, beziehungsweise Notwendigkeit. Denn es spielen auch andere Faktoren mit, etwa die Klimazonen. In den gemäßigten Klimazonen haben sich diese Ansätze des Wohlergehens besser ausgeprägt als anderswo.

Aber Klima ist nicht wirklich Verdienst.

Nein, nein. Aber worum es geht: dass der Wohlstand hier und nicht woanders in dem Maße passiert ist, ist nicht darauf zurückzuführen, dass wir so böse zu denen waren, sondern weil die Voraussetzungen dort nicht gegeben sind. Interessant ist ja, dass in globaler Perspektive bis etwa in die frühe Neuzeit die ostasiatische, im Wesentlichen chinesische Kultur nach allen Messziffern voran war.

Bis die chinesischen Kaiser beschlossen haben, die Flotte zu versenken und sich von der Außenwelt abzuschließen.

Das ist die These, dass die Ming sich dann auf sich selbst zurückgezogen haben. Man kann aber auch sagen, die Europäer waren in dem Fall eben brutaler zur See, weil die Kanonen auf ihren Schiffen überlegen waren. Das schwingt aber jetzt zurück. Der Schwerpunkt der Welt wird in diesen ostasiatischen Raum wieder zurückschwingen. Europa sollte also nicht glauben, es stehe ihm eine großartige globale Rolle bevor.

Die vielen Anzeichen dieses Überholtwerdens sind aber für Sie kein Alarmsignal? Auch wenn uns Österreicher zuletzt die Pisa-Studie ein Zurückfallen unseres Schulsystems signalisiert hat?

Die Pisa-Studie ist insofern ein Alarmsignal, als sich das Bildungssystem ändern muss. Die Leistungsorientierung in der Erziehung hat sich in dem Moment aufgehört, wo es weniger Kinder gab. Aber: Wenn man zu den Kindern lieb ist, wird halt nachher aus ihnen nichts.

Weil ein Kind Härte braucht in der Erziehung?

Ja, weil man gewisse Parameter braucht, nach denen ich mich richten soll. Wenn ich keine kriege: Nach was soll ich mich richten, wenn eh alles wurscht ist?

Und Sie kritisieren jetzt eine Verweichlichung in der Erziehung.

Ich halte es im Wesentlichen nicht für ein Problem der Schulen, sondern für ein Problem der Eltern. Das liegt sicher nicht daran, dass die Mütter arbeiten gehen. Denn am Bauernhof haben alle Mütter gearbeitet, sie waren halt vielleicht näher bei den Kindern. Entscheidend ist vielmehr, dass keine Kleinautoritäten mehr vorhanden sind. Der Kampf gegen das Autoritäre ist in wesentlichem Umfang dafür verantwortlich, dass in den Schulen eben nicht mehr auf Leistung geschaut wird. Eine andere Frage wäre, ob die Inhalte, die die Schulen transportieren, überhaupt die notwendigen sind. Man kann sagen, warum mussten alle Kinder Poesie auswendig lernen, wenn sie nachher Wirtschaftsbeamte werden, aber da war zumindest irgendetwas gefordert. Die Kinder, die nicht mehr in einem autoritären System sind, entwickeln notwendigerweise eigene Hierarchien; bei ihnen entstehen Mobbing und Gruppendruck, der inzwischen viel schwieriger für die Schüler ist als das, was von oben kommt, weil die Oberen nimmt ohnehin keiner mehr ernst.

Da muss eine Gegenbewegung einsetzen und die muss primär von den Eltern getragen werden.

Es gibt da in der Schuldiskussion zunehmend die kritische Frage, ob

nicht viel zu viel Juristerei in die Schulen hineingetragen worden ist. Gegen jedes Zeugnis kann man Berufung einlegen.

Ja, dieser Prozess passiert nicht nur auf der Schule, sondern überall. Wir haben den Sozialismus in der klassischen Form überlebt, weil er sich durch seine Pleite ad absurdum geführt hat. Es gibt kaum noch Leute, die das Volkseigentum an den Produktionsmitteln wirklich als große Lösung sehen. Nun kriegen wir den Sozialismus auf amerikanische Art, nämlich durch die Hintertür über die Gerichte. Dass zwar den Leuten immer noch alles privat gehört, dass sie aber in der Verfügungsgewalt über ihr Eigentum durch jeden dahergelaufenen Anwalt eingeschränkt werden können. Darauf entwickeln wir uns hin. Dafür bietet die Gesetzgebung jede Menge an Anhaltspunkten. Diese amerikanische Entwicklung halte ich für fatal, so sehr ich die Amerikaner sonst schätze. Da werden in Europa Gesetze beschlossen, dass der Vermieter quasi einen Rechtfertigungsbedarf hat, wenn er an jemanden nicht vermieten will. Diese Entwicklung reicht bis hin zu den Gleichstellungsbeauftragten. All diese Dinge sind für Großkonzerne immer sehr viel leichter zu handhaben als für den Kleinen.

Ich sehe bei Ihnen schon einen gewissen Widerspruch. Sie sagen für die Schulen, Bildung, Erziehung: Da dürfen wir nicht so bequem sein. Für die Österreicher insgesamt, da haben Sie unter dem Motto „Erste Reihe, fußfrei" mehrfach das Plädoyer für die Bequemlichkeit geführt.

Ich würde den Widerspruch nicht ganz leugnen. Die große Zeit Europas ist jedenfalls vorüber. Dadurch, dass die Amerikaner in gewisser Weise Europäer sind und weil auch sonst in der Welt sehr viel an europäischen Einflüssen und Traditionen inzwischen Fuß gefasst hat, leben wir weiter.

Man mag zur Erziehung auch sagen, die Kinder können ruhig dämlich sein. Ich stelle nur dagegen, dass man in den sogenannten Reformländern, also dem ehemaligen Ostblock, wo diese hierarchischen Strukturen in der Gesellschaft sehr viel stärker verankert waren, obwohl die Schulen dort materiell sehr viel schlechter ausgestattet waren, dass dort in vielen Kernfächern bessere Ergebnisse erzielt werden. Das zeigt, dass es nicht nur darauf ankommt, immer neue Turnsäle und den neuesten Computer zu haben.

Verrückt ist auch die Idee zu sagen, wir brauchen mehr Kinder, aber gleichzeitig nehmen wir die Kinder den Eltern de facto weg, indem die Eltern gar nichts mehr dürfen. Dann kriegen die Kinder in den Schulen noch vorgesetzt, wann immer sie etwas stört, sollen sie die Kummernummer im Ministerium anrufen; und jede übereifrige Sozialarbeiterin bildet sich ein, die Kinder werden alle sexuell missbraucht. Wozu sollen die Leute sich dann noch Kinder leisten? Wenn wir wirklich als Gesellschaft langsam aussterben, sind wir aber reich genug, um uns das bequem leisten zu können. Wir müssen dann halt länger arbeiten, das macht nichts, wir arbeiten ja nicht mehr im Kohlebergwerk, sondern sitzen herum.

Aber wenn wir mal achtzig sind, werden wir auch im Sitzen kaum noch arbeiten können.

Es genügt ja auch neunundsiebzig.

Jene, die aus Europa eine Großmacht machen wollen – die Franzosen exerzieren das in allen möglichen Denkschriften sehr schön vor, sie wollen wieder mit Amerika mithalten können –, die meinen: Dazu brauchen wir Masse und die holen wir uns eben aus Nordafrika. Und sie sagen dann: „Aber nein, wir wollen nicht moslemisch werden, weil die werden wir alle ordentlich erziehen.“ Das ist absurd.

Wir brauchen nicht Masse. Holland war klein und hat gut gelebt, die Schweiz lebt gut. Wir müssen nur mit dem, was wir haben – primär Kapital und gewisse Standortvorteile –, sehr, sehr sorgsam umgehen, dann können wir da sehr lange durchhalten.

Das Plädoyer gegen Größe ist ja gut nachvollziehbar. Aber wenn nur noch Alte da sind, dann bricht mehr zusammen als nur eine Grö-

ßenutopie. Wenn niemand mehr die Alten in ihrem Rollstuhl schiebt und ihnen den Hintern wäscht im Pflegeheim – oder wenn auch kein Geld mehr da ist, weil ja niemand mehr in dem Land was erwirtschaftet.

Die Leute haben ja alle wahnsinnig geerbt und sie müssen das halt entsprechend anlegen, würde ich jetzt ökonomisch sagen. Diese Debatte mit den Arbeitskräften halte ich für sinnlos. Denn was heißt: Es findet sich niemand, der arbeitet? Es findet sich zu den angebotenen Löhnen niemand. Die Lösung wäre ganz einfach, man müsste Menschen wie mir weniger zahlen und den Krankenschwestern mehr.

Nachfrage und Angebot.

Ja, genau. Der Markt hat da eine ganz einfache Lösung dafür. Historiker müssten einfach sehr viel weniger kriegen; denn es gibt eine Menge Leute, die so etwas wie ich gerne machen würden. Nur, dass wir bei aller Beschwörung des Marktes dem nicht wirklich Folge leisten. Diese demographischen Perspektiven sind bewältigbar, außerdem ändern sie sich ja ständig. Das ist ein Auf und Ab, nicht linear. Genauso wie all die Fantasien nicht stimmen, dass die dritte Welt so linear weiter wächst, weil sich mit dem Wohlstand auch dort etwas ändert. Genauso gibt es auch in Europa Entwicklungen, die die Geburten wieder ansteigen lassen. Man muss den Eltern wieder mehr Autorität einräumen, man könnte das Steuersplitting einführen (Anmerkung: die Besteuerung nach Zahl der Köpfe, was die Lage von Mehrkinderfamilien gegenüber Singles bessern würde).

Was immer man da tut, ist aber nur langfristig wirksam.

Dieses Prinzip bezieht sich ja wohl auch auf die Reform der Universitäten, zu denen Sie gehören?

Das sind Dinge, die sich über Generationen entwickeln. Es ist richtig, dass sich die Universitäten nun ihr eigenes spezifisches Profil geben. Aber das wirkt eben erst in Generationen über die Leute, die dort waren. Ebenso kann ich die Geburtenentwicklung nicht von Staatswegen anleiern, was immer ich auch mache. Ich kann es beklagen, ich kann es weniger beklagen. Es wird sich daran nicht viel ändern.

Wie weit spielt in Ihrer Sicht der heutigen und künftigen Identität Österreichs und Europas das Christentum noch eine Rolle?

Eine große. Unsere Kultur ist so stark von christlichen Vorstellungen und Nebeneffekten geprägt, dass das sehr wohl einen spezifischen Charakter des Europäischen ausmacht, inklusive der amerikanischen Ausläufer von Europa. Christentum ist an sich die Religion Europas. Früher waren Christentum und Europa sogar eine Einheit, man sprach von der Christenheit.

Ist die islamische Immigration eine Bedrohung des Europäischseins?

Ja. Absolut. Wobei ich nicht im geringsten anti-islamisch bin, im Gegenteil, ich halte auch die sogenannte Fundamentalismusdebatte für absurd. Ich kann doch nicht den Moslems vorwerfen, dass sie im Unterschied zu uns noch wirklich an ihre Religion glauben. Wo sind wir denn? Aber der Islam ist eben eine fremde Kultur. Und natürlich ist das für die einheimische Kultur – wenn es über eine gewisse vielleicht sogar befruchtende Minorität hinausgeht – eine Bedrohung. Ganz klipp und klar: Ja.

Amerika spielt heute sicher noch die Nummer Eins in der Welt. Ist das eine nachhaltig haltbare Position oder werden die genauso eines Tages von den Ostasiaten zu freiwilligen oder unfreiwilligen Zusehern in der ersten Reihe, fußfrei, verdammt?

Die erste Reihe, fußfrei, wird Amerika so bald nicht besetzen, weil es militärisch eine gewaltige Präsenz in der Welt hat. Das Interessante ist, dass diese militärische Dimension nicht mehr mit dem ökonomischen Fundament korrespondiert. Die USA hatten im Jahr 1945 so ziemlich die Hälfte des Bruttosozialprodukts der Welt, sofern man den Statistiken einigermaßen Vertrauen schenken kann. Sie waren aber militärisch von der Sowjetunion blockiert.

Inzwischen sind sie militärisch wirklich auf Jahrzehnte uneinholbar, aber sie haben gerade noch 20 Prozent dieses Welteinkommens. Und ich glaube nicht, dass sich dieser Anteil Amerikas erhöhen wird. Der wird langsam bergab gehen. Amerika wird dieses imperiale Gerüst nicht mehr in derselben Art und Weise aufrechterhalten können. Diese Entwicklung hat sich lange abgezeichnet. Sie ist in den letzten Jahren nur dadurch, dass Japan in Schwierigkeiten geraten ist, wieder ein wenig in Vergessenheit geraten. Als ich vor zehn Jahren in den USA war, hat es immer geheißen, der Kalte Krieg ist vorbei und Japan hat ihn gewonnen.

Absteigende Imperien sind immer etwas Gefährliches, bei aller Liebe für Amerika. Österreich-Ungarn ist ein gutes Beispiel dafür: Aggressivität, weil absteigend.

Ich weiß nicht, wie das die Amerikaner schaffen werden, sich von ihren immer noch sehr hohen Erwartungen ein bisschen zurückzunehmen. Was sie momentan treiben, würde ich nicht so ernst nehmen, ich halte es nicht für eine sehr kluge Politik. Sie geht einfach an den wesentlichen Fragen vorüber, weil die großen Blöcke in der Welt sind sicher nicht der Herr Bin Laden, sondern das sind die Chinesen und allenfalls vielleicht noch ein Residuum an russischer Eigenständigkeit.

Sie als Historiker beschreiben Vorgänge, die sehr stark von Kriegen geprägt waren, auch wenn moderne Geschichtsschreibung diese Kriege heute nicht mehr so dominant sieht wie früher, wo man jede Schlacht seit 333 auswendig lernen musste. Aber selbst wenn man das jetzt etwas relativierter sieht, sind diese sechzig Jahre, die wir bisher in vollem Frieden leben konnten, historisch eigentlich ziemlich einmalig. Wo kein österreichischer Soldat, sei es in Oberitalien, sei es in einem böhmischen Ort namens Königgrätz oder sonst wo, in eine Schlacht ziehen musste, keine Revolution in Ungarn niederschlagen musste. Generationen haben zuletzt ihren Präsenzdienst just for fun gemacht. Können wir jetzt einer nächsten Generation sagen: Mit großer Wahrscheinlichkeit

wird euch ein Krieg erspart bleiben. Oder ist das unhistorisch gedacht?

In der Geschichte finden sich schon so Phasen, wo es ähnlich war. Da gibt es Nischenexistenzen. Wenn sich Europa als Ganzes in eine Nischenexistenz einbringen kann, bleibt es von vielen großen Konflikten tendenziell eher verschont.

Das andere ist, dass wir das Ende der allgemeinen Wehrpflicht erleben. Das hängt zusammen mit dem Ende des volksgemeinschaftlichen Denkens, wo jeder für die Nation einstehen muss. Das hört sich auf. Wir kommen zurück zu einer klassisch liberalen Perspektive, wie es die Briten immer gehabt haben: Wenn Krieg ist, heuern wir uns Gurkhas an und führen Krieg. Den Mann auf der Straße geht das überhaupt nichts an.

Damit wird das Kriegführen aber politisch wieder leichter. Die Amerikaner haben in Vietnam gesehen, bei Wehrpflicht ist ein Krieg heutzutage nicht mehr führbar, zumindest wenn man ihn nicht gewinnt oder wenn man ihn immer nur mit halber Kraft, aber vielen Menschenopfern führt. Heute wird ein Krieg nur mit Berufssoldaten geführt, und die Todesmeldungen aus dem Irak haben also nicht einmal einen Bruchteil der Wirkung, die sie einst im Vietnamkrieg hatten.

Ja, ich glaube, da bewegt sich Europa notwendigerweise hin.

Aber das heißt, Kriegführen wird leichter?

Die Gefahr, dass europäische Staaten übereinander herfallen, sehe ich nicht mehr, auch wenn die EU zerbricht. Aber wir werden andere Konflikte haben, Terrorismus, Geiselnahmen und andere „low level conflicts". Da werden wir Spezialisten bezahlen, um uns gegen diese Gefahren bestmöglich zu isolieren. Solche Konflikte sind wahrscheinlicher geworden. Krieg ist etwas für Profis weit, weit draußen. Für den einzelnen viel gefährlicher ist die normale Kriminalität. Der durchschnittliche US-Soldat im Irak hat bis auf wenige Phasen bessere Überlebenschancen als in seinem Heimatbezirk, weil der ist meist ein Ghetto, wo es gefährlich ist.

Was wieder zum Amerika-Vietnamkrieg führt. Damals gab es ja die große Studentenrevolte, weil die Studenten nicht in diesen Krieg gehen wollten, während es heute, wo fast nur Unterschicht-Söhne oder jetzt auch einige -Töchter gegen vertragliche Bindung im Irak in den Krieg gezogen sind, kaum Proteste gibt. Die Oberschicht hat die Dinge wieder unter Kontrolle, sterben tun die Unterschichtkids.

Für die das Risiko eine Aufstiegschance ist. Das ist das klassische System, das wir immer hatten. Kirche und Armee sind für Unterprivilegierte die idealen Aufstiegschancen. Das ist auch nicht unlogisch. Beides verlangt Verzicht und/oder Risiko, aber hat dafür quasi hohe Gewinnchancen. Jeder Ökonom würde sagen, das passt.

„Die Zukunft gehört den Frauen." Stimmt dieser Satz? Ist das gut und richtig so?

Es gehört ihnen schon in einem hohen Maße die Gegenwart. In dem Moment, wo es auf rein physische Leistungsfähigkeit nicht mehr ankommt, ist die Vorrangstellung der Männer hinfällig. Dazu kommt, dass Frauen vielleicht nicht von Natur aus, aber jedenfalls von der Erziehung her, meist pragmatischer und flexibler sind. Von Frauen erwartet man eher, dass sie, was die Feministen gar nicht gern haben, aber halt so ist, dass sie eher anschmiegsamer, vorsichtiger sind. Das ist für Dienstleistungsberufe einfach ideal. Die Männer, die auf den Tisch hauen und glauben, sie sind wer, kann man im Stahlwerk brauchen, aber nicht im Dienstleistungsgewerbe. Ganz klar.

In Deutschland komme ich mir immer ziemlich provinziell vor

ANGELIKA KIRCHSCHLAGER,

1965 in Salzburg geboren. Klavierstudium am Mozarteum in Salzburg. Ab 1984 Gesangsstudium an der Wiener Musik-Universität. Lehrer: Gerhard Kahry und Walter Berry. 1994 wurde sie Mitglied der Wiener Staatsoper und der Wiener Volksoper. Ihr Repertoire beinhaltet die Mozartpartien des Cherubino („Le Nozze di Figaro"), der Dorabella („Cosi fan tutte") sowie der Zerlina („Don Giovanni"). Weitere erfolgreiche Rollen: Octavian (Strauss: „Der Rosenkavalier"), Niclausse (Offenbach: „Les Contes d'Hofmann"), Komponist (Strauss: „Ariadne auf Naxos"), Valencienne (Lehar: „Lustige Witwe") und Sophie (Maw: „Sophie's Choice"). Und bald auch die Titelrolle in „Carmen".

Angelika Kirchschlager ist heute wohl die einzige Sängerin österreichischer Herkunft, die in der internationalen Musikszene eine Rolle spielt. Die in Wien lebende Mezzosopranistin ist eine führende Sängerin ihres Fachs, die im Opern- und Konzertbereich auf praktisch allen wichtigen Bühnen der Welt zu Hause ist.

Frau Kirchschlager, wenn Sie ganz frei assoziieren: Was verbinden Sie persönlich mit Österreich?

Auf alle Fälle Frieden, als jemand, der den Krieg nicht miterlebt hat. Für mich ist Österreich immer eine Insel, vor allem, wenn man aus dem Ausland kommt. Dann merkt man immer wieder, wie unglaublich schön wir es eigentlich in Österreich haben. Ich möchte nirgends anders wohnen. Dann verbinde ich damit Kraft in der Landschaft, von der Ebene über die Seen über die Berge, das ist für mich ganz wichtig. Ich bin immer wieder fasziniert von der Vielfältigkeit der Schönheit im kleinen Österreich. Aussee unterscheidet sich völlig vom Bregenzerwald oder das Burgenland von der Südsteiermark und der Wachau. Dann haben wir natürlich unsere Musik und die Kultur.

Es überrascht, dass Ihnen Musik erst am Schluss einfällt, und dass gerade für einen jungen Menschen Ihrer Generation das Wort „Friede" die erste Assoziation war.

Vielleicht liegt es daran, dass mir die Musik so nahe ist. Das ist etwas, das zu mir gehört. Das ist nicht Österreich, das bin ich selbst.

Sie haben Ihr Österreichbild vor allem im Vergleich zum Ausland gewonnen. Wie viel Prozent Ihrer Zeit verbringen Sie im Ausland?

Es ist sicherlich mehr als die Hälfte des Jahres, wobei ich da den Sommer dazuzähle, den ich mit meiner Familie, mit meinem Kind heuer zum Beispiel drei Monate in England verbringe.

Und die Rückkehr in Ihr Heimatland lässt für Sie das alte Zitat von Österreich als der Insel der Seligen immer wieder neu zur Wirklichkeit werden?

Ja, dieses Wort von der Insel der Seligen, das trifft für mich auf Österreich hundertprozentig zu.

Aber auch in England ist ja nicht Krieg ...

Es geht mehr um die individuelle Lebensqualität.

... und man kann ruhig auf die Straße gehen, wenn auch nicht in allen Vierteln. Und auch in Wien sollten Sie in der Nacht nicht durch den Stadtpark gehen.

Auch in England fühle ich mich sehr wohl. Wenn ich in Wien nicht so glücklich wäre, könnte ich mir durchaus vorstellen, auch in London zu leben. Es gibt dort sogar einige Dinge, die ich besser finde als in Österreich, zum Beispiel die Höflichkeit. Vielleicht liegt meine Vorliebe für Österreich auch daran, dass ich ein ziemlich österreichischer Mensch bin und mich daheim am meisten verstanden fühle. Das Leben in den USA empfinde ich zum Beispiel häufig als oberflächlich.

Ist das wirklich berechtigt, den Amerikanern Oberflächlichkeit vorzuwerfen? Sie haben immerhin Opern der allerobersten Spitzenklasse und ...

Ich spreche jetzt überhaupt nicht von der Musik.

... auch in der Wissenschaft sensationelle Leistungen.

Ja, eben. Was mich umgibt in einem Land ist ja nicht die Wissenschaft. Denn wenn ich jetzt nicht gerade eine Fachzeitschrift lese, dann bin ich ja von Wissenschaft überhaupt nicht umgeben. Es werden schon unglaubliche Leistungen erbracht.

Ich bin aber konfrontiert mit dem Mann auf der Straße, mit Kollegen, die an der Met oder in der Carnegie Hall arbeiten, hauptsächlich aber mit Menschen, die mir Milch verkaufen oder die mir meinen Schlüssel vom Hotel geben oder die Bahn im Disneyland fahren. Und da gibt es diese Freundlichkeit, die man die erste Zeit unglaublich schätzt, aber diese Menschen sind dann einfach andauernd freundlich. Amerika ist mir manchmal zu „clean“.

Und in Österreich sind die Leute immer ganz ordentlich grantig. Das schätzen Sie?

Die Individuen treten in Österreich schon stärker hervor. In Amerika ist so vieles verpönt. Wenn ich zum Beispiel einen Vertrag an einer Oper unterschreibe, gibt es immer Extra-Paragrafen, worin steht, dass ich ordentliche Unterwäsche tragen muss; ich darf kein Parfum verwenden; und man unterschreibt einen Extrazettel wegen des „sexual harassment“ (Anmerkung: sexuelle Belästigung, die in Amerika seit einigen Jahren mit sehr strengen Konsequenzen verfolgt wird).

Auch als Frau muss man unterschreiben, dass man niemanden belästigt?

Ja, ganz allgemein. Man muss prinzipiell einverstanden sein, die Regeln zu befolgen. Angeblich gilt es mancherorts sogar als sexual harassement, jemanden im Spaß „Darling“ zu nennen. Wenn solche Dinge nicht mehr möglich sind, fühle ich mich in meiner Freiheit eingeschränkt.

Eine Überreglementierung aufgrund der Politischen Korrektheit der Amerikaner?

Ja, in Amerika wird die Eigenverantwortung dem Einzelnen zu einem großen Teil genommen. Ich habe das Gefühl, man unterwirft sich dort Normen viel leichter.

Das ist ja eine interessante Beobachtung, weil die Amerikaner sonst immer so sehr ihre Freiheit betonen. Sie aber fühlen sich in Österreich freier als in Amerika.

Das ist ganz sicher so. Die Freiheit in Amerika ist sehr relativ, denn welche Freiheit hat man schon, wenn man per Gesetz sozial kaum abgesichert ist?

Sie haben zuvor gesagt, dass Sie ein typisch „österreichischer Mensch“ sind. Was ist eigentlich ein österreichischer Mensch?

Ich glaube, ich bin irgendwie so herzig und gemütlich. In Deutschland komme ich mir immer ziemlich provinziell vor.

Wir Österreicher bekommen Minderwertigkeitskomplexe, wenn wir den selbstbewussten Deutschen gegenübertreten?

Es geht wiederum um ganz alltägliche Dinge, etwa ums Anstellen im Supermarkt. Ich stelle mich so oft falsch an in Deutschland; entweder bei der falschen Schlange oder auf der falschen Seite oder ich formuliere nicht korrekt. Wenn ich z. B. in Deutschland „zehn Deka Extrawurst“ bestelle.

Weil man „hundert Gramm“ sagen muss?

„Hundert Gramm Fleischwurst“ muss man sagen, weil man sonst überhaupt nicht verstanden wird. Und das klingt natürlich mit meinem österreichischen Dialekt noch ganz anders. Aber mittlerweile bin ich sehr stolz auf ihn. Dieses: „Schau ma amal“ oder „Es wird schon gehen“ habe ich sehr gern. Das merke ich hauptsächlich, wenn ich in Deutschland bin.

Das erste Eigenschaftswort, das Sie auf die Frage nach dem österreichischen Menschen gesagt haben, war „herzig“. Ich bin natürlich nur ein Mann, aber ich glaube, 90 Prozent aller Frauen und Mädchen würden sich eher beleidigt fühlen, wenn man sagt, sie sind herzig.

Das „herzig“ bezieht sich weniger auf die Österreicher allgemein, sondern mehr auf meine eigene österreichische Wenigkeit. Es hat mir früher auch nicht so gefallen. Aber ich versuche, mich im Laufe der Jahre auf mich selbst zuzubewegen und wegzuräumen, was ich nicht bin. Und ich habe mir eingestanden: Im Grunde genommen ist es so. Es hat keinen Sinn, wenn ich versuche, cool zu sein oder tough – lauter englische Worte. Es ist einfach so, dass ich im Grunde eben ein herziger Typ bin. Ich sehe das jetzt aber gar nicht negativ. Denn das heißt ja nicht, dass man dumm ist oder naiv. Ich merke, dass das im Ausland sogar geschätzt wird. In Amerika hingegen erschreckt man die Leute sogar manchmal durch Spontaneität.

Herzigkeit ist also vor allem ein Teil der Marke „Kirchschlager“?

Ja, wahrscheinlich.

Ein Künstler muss ja auch eine Marke sein, die nicht nur aus seinem Namen besteht, sondern auch mit Eigenschaften assoziiert wird.

Genau. Und im besten Fall sind das Eigenschaften, die er wirklich besitzt. Sonst wird es sehr anstrengend.

Wenn wir schon dabei sind: Fühlen Sie sich als Frau in Österreich diskriminiert, von der Kunst bis hin zum Alltagsleben?

Nein, überhaupt nicht. Aber ich spreche wirklich nur von meinem Fall. Denn ich weiß, dass andere Frauen in Österreich und auch in anderen Ländern sehr wohl noch diskriminiert werden. In meinem Beruf ist eine Diskriminierung der Frau sehr schwer möglich, weil Männer meine Arbeit nicht tun können.

Nun ja, vor zwei-, dreihundert Jahren war auch die Opernbühne nur von Männern, wenn auch unterschiedlicher sexueller Struktur, beherrscht.

Das stimmt. Aber heute bin ich da ja nicht mehr in Gefahr.

Obwohl die Countertenöre jetzt wieder modisch sind.

Ob ein Countertenor singt oder ich, das ist eine Geschmacks- und eine künstlerische Frage. Als Mezzosopran verdiene ich zwar weniger als ein Tenor, aber das hat nichts damit zu tun, dass er ein Mann ist, sondern mit seinem Fach. Ich fühle mich beruflich überhaupt nicht diskriminiert.

Und dieses Mehr-Verdienen beruht auf Angebot und Nachfrage, weil es weniger gute Tenöre gibt?

Genau, so ist es. Wenn Baritone mehr verdienen würden als Mezzosoprane, müsste ich mich diskriminiert fühlen.

Sie haben auch gesagt, andere Frauen in Österreich werden schon diskriminiert. Was sind da Ihre Beobachtungen?

Ich lese nur immer wieder, dass Frauen in Österreich zum Teil immer noch weniger verdienen als Männer in der gleichen Position. Ich bin überzeugt davon, dass Frauen, um in wichtige Positionen zu kommen, noch immer viel mehr leisten müssen als Männer, sehe aber auch, dass sich in unserer Gesellschaft sehr viel verändert, dass Frauen ihre Stärke immer mehr zeigen können. Die Rollen gleichen sich immer mehr an.

Wie ist es denn in der Opernwelt? Der Drang der Frauen in Leitungsfunktionen, etwa jene einer Operndirektorin, hält sich offen-

sichtlich in engen Grenzen. In der österreichischen Geschichte fällt mir nur eine ein, während die Männer da oft einen größeren Ehrgeiz entwickeln. Sind da Frauen noch immer bescheidener und trauen es sich nicht zu?

Ich glaube, dass Frauen prinzipiell von ganz anderen Dingen motiviert werden als Männer. Die Macht als Motivation hat für Frauen wahrscheinlich keine so große Bedeutung. Ich glaube, dass Erfüllung für Frauen viel wichtiger ist.

Bleiben wir im Bereich der Kunst, der Musik. Lebt Österreich eigentlich primär von der Vergangenheit, oder hat es auch eine Gegenwart und Zukunft?

Die Kunst verdient ihren Lebensunterhalt schon weitgehend durch die Vergangenheit, wobei ja auch die Vergangenheit nur durch die Gegenwart belebt werden kann. Das ist ja das Schöne an diesen Werken. Sie sind nur deshalb unsterblich, weil sie immer wieder von Menschen, die jetzt in der Welt stehen, belebt werden. Und die Werke werden ja auch immer unterschiedlich belebt. Sie sind für mich so etwas wie Träger einer Botschaft.

Warum sind aber die Kompositionen des 18. und 19. Jahrhunderts langfristig viel erfolgreicher als die des 20.? Ist uns die Kreativität ausgegangen, ist schon alles komponiert worden, was man komponieren kann?

Der Rahmen ist natürlich schon jetzt ziemlich ausgeschöpft, möchte man meinen, wobei ich sicher bin, es fällt Komponisten immer wieder etwas Neues ein. Die Zwölftonmusik ist abgehakt, die elektronische Musik, die experimentellen Dinge, viel schräger kann man es sich schon fast nicht mehr vorstellen.

Das Geheimnis großer Schöpfungen liegt nicht immer im Durchbrechen von Grenzen. Je mehr Beschränkungen einem auferlegt sind, umso kreativer ist man. Bach hat unglaublich tiefe Werke geschrieben, obwohl er durch die harmonischen Vorgaben höchst beschränkt war. Die Kreativität wird umso größer, je stärker die Begrenzung ist, je fester die Ketten sind, in denen man liegt.

Und die Ketten sind heute weggefallen?

Die Ketten sind weggefallen im 20. Jahrhundert. Mit dem vielen, was man tun kann, passiert oft weniger. Freilich nicht immer, es gibt ja großartige zeitgenössische Werke. Um die gute zeitgenössische Musik zu verstehen, muss vielleicht noch einige Zeit vergehen. Beethoven wurde ja zu seiner Zeit auch nicht verstanden, zum Teil heute noch nicht. Ich behaupte immer, dass die Leute Mozart im Grunde genommen genauso wenig verstehen, wie sie Schönberg verstehen. Mozart ist nur leichter zu konsumieren. Aber Mozart ist überhaupt nicht „schön", eigentlich müsste man oft weinend zusammenbrechen. Ich glaube, dass man Penderecki in 50 Jahren viel besser verstehen wird als jetzt.

Die Kreativität der Wiener Klassik, Sie haben ja selbst zwei Namen daraus genannt, scheint aber für viele Menschen etwas welthistorisch Einmaliges zu sein. Oder sagen das nur die Laien, weil die Klassik vielleicht leichter konsumierbar ist?

Nein, mir geht es genauso. Wenn ich mir am Abend was Nettes auflege, um zu entspannen, lege ich mir keinen Schönberg auf. Aber auch keinen Mozart! Mit Mozart kann ich mich nicht entspannen, nur philosophieren oder beten.

Können Sie – fast hätte ich gesagt: wie ein normaler Mensch – Musik auch nur als Hintergrundmusik auflegen? Nikolaus Harnoncourt etwa sagt, es wäre für ihn furchtbar, wenn er Musik nur im Hintergrund plätschern ließe.

Es kommt drauf an welche. Bei mir zu Hause ist es am Abend auch oft totenstill. Ich sitze wirklich oft in meinem Wohnzimmer und höre, weil ich oben am Dach wohne, nur den Wind rauschen, den Regen. Und dann pfeifen die Kaminrohre in verschiedenen Tönen. Oft will ich gar nichts hören. Und wenn ich etwas als Hintergrundmusik auflege, dann ist es ein Gitarrenkonzert von Vivaldi oder „Chill-out"-Musik.

Aber Sie können schon auch solche Musik hören, wenn Sie daneben ein Buch lesen oder kochen?

Ich würde mir keine Schubert-Symphonie anhören, da hätte ich immer das Gefühl, das ist so …

… da würde die Suppe anbrennen.

Ja. Oder ich hätte einfach das Gefühl, ich verpasse etwas oder ich schenke der Musik nicht genug Achtung. Es belastet mich im Unterbewusstsein. Es wühlt mich auf, es macht mich nervös.

Kehren wir zurück zur Musik in Österreich und wechseln von den Schöpfern zu den Interpreten. Ist da Österreich heute noch ein spannender Boden?

Ja. Auf alle Fälle.

Man hört schon oft Klagen, dass der österreichische Sängernachwuchs nicht so dicht gesät sei, wie es notwendig wäre.

Das mag sein. Was früher einmal die Musikakademie war, dann zur Hochschule wurde und mittlerweile eine Musik-Universität ist, geht einfach den falschen Weg. Das Spektrum wird immer breiter, die Masse immer größer, aber dadurch kann man kaum starke Musikerpersönlichkeiten hervorbringen.

Welches Spektrum wird breiter?

Der Lehrplan.

Weil man zu wissenschaftlich ausgebildet wird?

Ja, wenn man jetzt mit Magister abschließen muss und mit Doktor abschließen kann, dann hat das für manche einen Vorteil, vor allem für diejenigen, die nie auf einer Bühne stehen werden. Aber es war schon zu meiner Zeit manchmal unmöglich, ausreichend an der Stimme zu arbeiten; man hatte nur zwei Stunden Gesangsunterricht pro Woche.

Das war alles, obwohl Sie Gesang studiert haben?

Ja. Zwei Gesangsstunden pro Woche.

Und sonst?

Und sonst gibt es dann vieles andere, etwa Italienisch, Tonsatz, auch Stimmhygiene, wo Ärzte erklären, wie die Muskeln heißen.

Ich bin überrascht, dass Sie die Problemzone in den Ausbildungsphasen ab dem 18. Lebensjahr sehen; der Grundstein für eine musikalische Karriere sollte viel früher gelegt werden. Kann man mit der Präsenz der Musik in den Familien und in den normalen Schulen zufrieden sein?

Damit soll man sowieso nie zufrieden sein, weil das gar nicht genug sein kann. Je mehr, umso besser. Ich nehme nicht an, dass jetzt noch sehr viel in den Familien gesungen wird.

Haben Sie in Ihrer eigenen Kindheit in der Familie gesungen?

Wir haben immer gesungen. Wir haben im Auto gesungen, wenn wir auf Reisen gefahren sind, beim Wandern, meine Mutter hat immer mit uns Volkslieder gesungen, ich bin mit meiner Schwester grölend hinten im Auto gesessen.

Ihre Eltern kommen nicht aus der Musikbranche?

Nein, meine Mutter singt als Laie. Ich versuche jetzt, dass mein Sohn ein Instrument lernt. Es ist aber sehr schwer, weil Kinder heute anders sind. Ich bin gezwungen worden, Klavier zu lernen. Mir ist überhaupt keine Wahl geblieben, und ich bin sechs Jahre mehr oder weniger zum Klavier hingetreten worden.

Zur professionellen Karriere in der Hochkultur gehört also nicht nur Talent, sondern auch das Quälen?

Ganz prinzipiell finde ich, dass Musik, Singen, das Spielen von Instrumenten für jeden Menschen gut und wichtig ist. Die Welt wäre viel friedlicher, wenn die Leute mehr Klavier und weniger Play-Station spielen würden. Das wäre wünschenswert, ist aber völlig illusorisch. Wenn wir jetzt vom Professionellen sprechen, dass daraus dann mehr Profis erwachsen würden, da bin ich mir jedoch nicht so sicher. Weil viele Musiker es zur Weltkarriere gebracht haben, obwohl sie aus dem hintersten Winkel der Welt gekommen und nie gefördert worden sind.

Man kann sich dem Thema „österreichisches Kulturleben" auch mit einer ganz anderen, viel kritischeren Fragestellung nähern. Warum müssen eigentlich jene 90 Prozent der Österreicher, die nie in die

Oper kommen, mit ihren Steuergeldern auch Ihre Auftritte subventionieren und mir das Vergnügen, Ihnen in der Oper zuhören zu können?

Ich subventioniere ja auch Arbeitsunwilligkeit, Fußballstadien und vieles, was ich selbst nie in Anspruch nehme.

In der Demokratie könnte jedenfalls eine Mehrheit sagen, wir finanzieren der kleinen Oberschicht ihr wunderschönes Hochkultur-Vergnügen nicht mehr.

Aber wir finanzieren ja auch wieder die Arbeitsunwilligkeit von manchen Menschen, oder? Jeder der sich eine Karte fürs Fußballstadion kauft, könnte sich auch eine Karte für die Oper, fürs Theater oder fürs Museum leisten. Er ist davon ja nicht ausgeschlossen. Man fragt aber immer bei der Kultur: Ist das notwendig? Kultur ist immer das erste, was gestrichen wird. Wenn die Mehrheit entscheiden könnte, würde es wahrscheinlich bald keine so genannte Hochkultur mehr geben. Kultur ist nicht als Unterhaltung für die Oberschicht zu sehen, vielmehr sollte sie Lebenselixier für alle Menschen sein.

Ist der Musikantenstadl nicht vielleicht doch so ein Verbindungsknoten zur Volksmusik?

Es ist erwiesen, dass Musikantenstadl und André Rieu so gut wie keine Verbindung zu echter Volksmusik und klassischer Musik herstellen.

Sie haben gesagt, dass Sie mit Ihren Eltern auch Volkslieder gesungen haben, im Auto und sonst wo. Aber diese kommerzialisierten Dinge wie Musikantenstadl sind für Sie eine Sackgasse in der breiten Musik? Sind Sie da nicht ungerecht? Jene Qualität von Musik, die Sie praktizieren, die schaffen ja 99 Prozent der Österreicher nicht. Die bringen ja nur Volksmusik zusammen. Und ich frage mich, ob nicht die Volksmusik ...

Ich liebe die Volksmusik und lerne sehr viel von ihrer Direktheit. Aber was man beim Musikantenstadl hört, ist ja keine Volksmusik. Es tut nur so als ob. Das ist noch schlimmer. Die

Leute glauben, sie hören Volksmusik. Es ist so leicht zu konsumieren. Ich finde es nur so schade, wenn man Menschen unterschätzt. Man muss die richtige Balance finden und nicht willenlos der Masse nachgeben. Das Programm des ORF finde ich nach wie vor das Beste von allen. Man sollte nie müde werden, die Leute zu Kultur zu motivieren. Ich versuche ja auch, diese Barrieren vor der Klassik abzubauen. Das mache ich jetzt in meinen Liederabenden, ich rede mit den Leuten, damit sie merken, dass das „Hoch" in der Hoch-Kultur hauptsächlich in der Ausführung besteht, die Inhalte aber alle Menschen betreffen.

Von der Kultur zurück nach Österreich. Ein Mensch, der rund die Hälfte des Jahres im Ausland verbringt, wie empfindet der Österreich angesichts des immer wieder erhobenen Vorwurfs, die Österreicher seien ausländerfeindlich? Sie haben ja sozusagen einen spiegelbildlichen Vergleich.

Weil ich immer außerhalb Österreichs Ausländerin bin?

Ja, weil Sie das halbe Jahr Ausländerin sind. Sie sehen aber auch in der Oper viele Ausländer, die in Österreich auftreten.

Das Wort „Ausländer" gibt es in meinem Beruf nicht. Wir gehören in gewisser Weise überall hin und das finde ich sehr schön. Die Österreicher sind meiner Erfahrung nach nicht ausländerfeindlicher als andere Nationen.

Zu guter Letzt: Was gibt Ihnen die EU? Ist sie Ihnen egal, sind Sie begeistert, sind Sie skeptisch?

Von der Idee her finde ich es sehr logisch und sehr wünschenswert und sehr schön, dass die europäischen Staaten als Gemeinschaft auftreten und sich untereinander verständigen. Ich habe nicht das Gefühl, dass die einzelnen Länder ihre Identität verlieren. Allein durch die Aufhebung der Grenzen und die gemeinsame Währung fühle ich mich den anderen europäischen Ländern auf meinen Reisen verwandter, verbundener und näher als früher. Trotzdem esse ich in London zum Frühstück Baked beans, in Paris Baguette und in Wien zwei Eier im Glas.

Der Österreicher ist eigentlich sehr fleissig

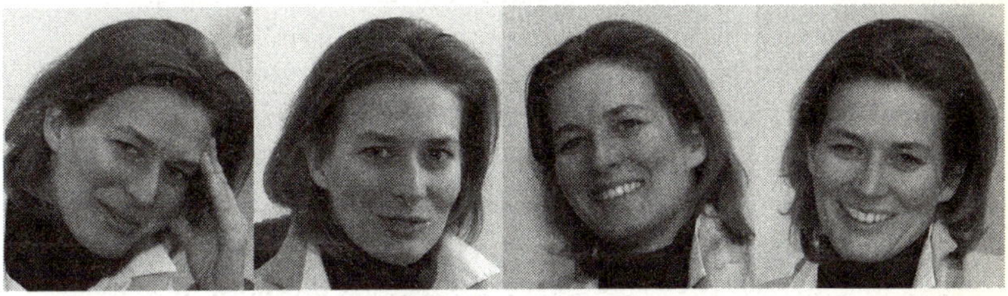

STEPHANIE MERCKENS, geb. HEINE-GELDERN,

1976 in Wien geboren, 1998 Sponsion und 2003 Promotion in Rechtswissenschaften („Parallelimport von Arzneimitteln zwischen freiem Warenverkehr und Markenrecht"), Anwaltsausbildung bei Kanzleien in Wien und in Brüssel, 2003 Rechtsanwaltsprüfung, 2004 Eintragung als selbstständige Anwältin.

Stephanie Merckens lebt heute mit ihrem Mann in Oberösterreich (Schwertberg). Sie hat eine selbstständige Anwaltskanzlei in Wien gegründet und den Schwerpunkt Lobbying für Gesundheit, Familie und Soziales entwickelt. Darüber hinaus ist sie Mitglied des Pastoralrats, der zur Beratung des Wiener Erzbischofs geschaffen worden ist, und Beauftragte für Lebensschutz. Sie hat mehrere Projekte zur Unterstützung von Schwangeren in Not betreut.

Können Sie mir ganz zwanglos Ihre Assoziationen sagen, die Sie mit dem Begriff „Österreich" verbinden?

Heimat, nämlich meine. Mit dem Heimatbegriff verbinde ich wieder recht viel, das Aufgehobensein, das Mich-Sehr-Wohl-Fühlen, stolz darauf sein. Auch den Gedanken, für Österreich gerne etwas tun zu wollen. Das heißt alles „Heimat".

Warum kann man eigentlich stolz auf Österreich sein?

Zuerst einmal ist das eine Gefühlsbeschreibung. Weil ich mich einfach sehr verbunden fühle mit Österreich. Weil ich sehr viele, sehr gute Erfahrungen in Österreich habe, weil es sehr viele, sehr fleißige Menschen in diesem Land gibt, weil wir eigentlich recht bescheiden sind und weil wir eigentlich noch einen ziemlichen Respekt vor der Geschichte, vor früheren Generationen haben.

Wir können auch darauf stolz sein, dass wir sehr sicher leben. Das spürt man, wenn man einmal im Ausland gelebt hat. Ich kann am Abend ausgehen und fühle mich nicht bedroht. Es gibt relativ wenige Autodiebstähle. Auch eine gewisse soziale Absicherung ist da, die wir schon sehr schätzen können.

Sie haben auch gesagt, Respekt vor der Geschichte. Sie gehören ja zu jener kleinen Gruppe von Österreichern, die aristokratische Vorfahren hat. Ist es die Rolle der Aristokratie, was Sie mit Geschichte meinen?

Ich weiß nicht, ob das unbedingt so an meiner Familie liegt. Es ist eigentlich Respekt davor, dass frühere Generationen entweder viel erlitten haben oder viel geleistet haben. Das ist es, was ich mit Geschichte meine. Wir haben aus ihr eine gewisse Verankerung, ob die jetzt ganz konkret an irgendwelchen Ereignissen hängt, würde ich gar nicht so sagen.

Sie haben auch von Stolz auf die soziale Absicherung gesprochen. Ist die Basis unseres Wohlstands eigentlich Leistung oder Glück oder Ausbeutung der Dritten Welt?

Ich glaube schon, dass es eine Leistung ist, ein soziales Sicherheitsnetz zu haben. Glück gehört auch dazu, aber auch der Wille und das Interesse an der Gemeinschaft. Das möchte ich jetzt nicht im Gegensatz zur Dritten Welt sehen. Die haben einfach nicht das Glück. Es gibt sehr viele, sehr engagierte Menschen, denen es wichtig war, an diesem sozialen Sicherheitsnetz zu arbeiten, deren Leistung möchte ich keinesfalls in den Schatten stellen.

Sie antworten im Vergleich zu anderen Gesprächspartnern mit besonders großem Optimismus auf die Frage nach Österreich. Fühlen Sie sich selbst als Sonderfall, als Einzelfall?

Ich hoffe, ich bin kein Einzelfall. Es gibt sicher einige, die eigentlich stolz sind oder sich wohl fühlen. Ich bin gerne loyal. Da gehört Österreich als ein Empfänger meiner Loyalität dazu. Ich habe sehr viel Gutes erfahren, ich kann daher vielleicht viel einfacher als andere positiv eingestellt sein.

Blicken wir auf Ihre geografischen Bezugspunkte: früher Wien, jetzt Schwertberg als Heimatort, dann der Bezirk, dann Oberösterreich, dann Österreich und dann Europa – was ist da auf dieser Stufenebene das Wichtigste für Sie? Was ist für sie am meisten Heimat?

Mein Glaube.

Also nichts Geografisches.

Richtig. Das Gefühl für Österreich hat sich erst in der Auseinandersetzung mit anderem entwickelt. Wenn ich im Ausland in Konfrontation komme mit dem Begriff „Heimat“, bin ich sehr gerne Österreicher. In der Auseinandersetzung mit Oberösterreich merke ich, was für ein Wiener ich bin. Das merke ich aber eben erst, wenn ich mit etwas anderem konfrontiert werde.

Was würde Ihnen am meisten abgehen? Europa? Österreich? Der Bezirk? Das Bundesland?

Der Bezirk nicht. Das Bundesland kann ich noch nicht entscheiden. Ich glaube, Österreich.

Und was ist Ihnen da an diesem Österreich eigentlich so wichtig, gerade wenn Sie die Auseinandersetzung mit anderen Kulturen als Maßstab ihres Österreichbewusstseins nehmen?

Was uns schon sehr prägt, ist das Multinationale, was wir durch die Monarchie erfahren haben, was sich dann irgendwie in Österreich gruppiert hat.

Gruppiert?

Was sich irgendwie zusammengefügt hat. In Österreich hat jede Familie mindestens einen Vorfahren aus einem Gebiet, das heute zu einem anderen Staat gehört. Das prägt uns sehr. Genauso ist es der Umstand, dass wir in den verschiedensten Bereichen des Lebens auf der Arbeit von Generationen aufbauen können. Dadurch rücken wir selber in ein gewisses Maß. In der Musik, der Kultur, der Psychoanalyse, der Nationalökonomie, egal in welchem Bereich ich tätig bin und meine Qualifikationen ausüben und entwickeln kann, stehe ich in einer Generationenabfolge. Das relativiert mich. Ich bin nicht mehr das Maß der Dinge.

Und diese Prägung, diese Tradition setzt sich fort?

Ich kann sie fortsetzen, genau.

Sie haben die starke multinationale Abstammung vieler Österreicher betont. Nun ist Österreich seit den frühen neunziger Jahren wieder ein Ziel massiver Zuwanderung. Bedroht das die Identität Österreichs oder ist das gut und selbstverständlich und kann weitergehen?

Also, ich bin positiv eingestellt, ich sehe die Identität Österreichs herausgefordert. Was ist Toleranz, und wie weit soll sie reichen? Bei der Zuwanderung heute finde ich sie sehr wichtig. Ich glaube sehr wohl, dass Österreich das packen kann und auch soll, dass wir aber alle irgendetwas dafür tun müssen. Einerseits müssen wir uns unserer eigenen Wurzeln bewusst sein, unsere eigene Religion kennen, unsere Kultur kennen. Andererseits glaube ich schon, dass man sich vor allem in den Familien mehr bemühen muss, dass Deutsch wirklich gekonnt wird. Sprache ist ein sehr wichtiger Faktor. Sprache ist für das gemeinsame Verständnis wichtig. Allein durch die gemeinsame Sprache kann man den anderen ja viel besser kennenlernen.

Wenn man die Zuwanderung im Jahrhundert vor dem Ersten Weltkrieg anschaut, dann kam die überwiegend aus christlichen und teilweise aus jüdisch geprägten Regionen oder Familien. In allerletzter Zeit sind wir in einer Situation, wo die Zuwanderung überwiegend aus islamischen oder afrikanischen Kulturen kommt. Könnte das nicht deutlich schwieriger werden als diese frühere Zuwanderung, die zur berühmten böhmisch-ungarischen Großmutter geführt hat?

Es ist sicher schwieriger, weil wir noch keine gemeinsame Geschichte haben. Die Zuwanderung vorher hatte immerhin die Monarchie als Basis gehabt, also gewisse Gemeinsamkeiten. Dazu kam natürlich auch die Religion.

Aber ich kann mir nicht vorstellen, dass die Antwort sein soll, Menschen einfach zu sagen, wir wollen euch nicht. Man kann auf Menschen nicht so reagieren. Man muss es als Herausforderung sehen. Man muss eben sehr wohl, wenn die zugewanderten Menschen muslimischen Glaubens sind, seine eigene Religion kennen, um sich mit einer anderen Religion auseinander setzen zu können und keine Angst vor ihr zu haben. Wenn ich meine eigenen Besonderheiten, Bräuche und Riten kenne, ist mir das andere vielleicht nicht so fremd, weil sich das wiederspiegelt in einem anderen Ansatz.

Haben Sie das Gefühl, die Österreicher kennen das noch, die eigene Religion?

Ich fürchte, das ist sehr im Schwinden. Sie kennen sie zum großen Teil nicht.

Wenn ich jetzt daran erinnere, dass Sie vor ein paar Minuten die Religion als wichtigste Heimat genannt haben, dann bedeutet diese Nichtkenntnis ja einen massiven Identitätsverlust.

Ja. Das führt genau dorthin. Wenn wir uns anschauen, wie unser Land allein architektonisch durch die Religion geprägt ist, oder dass auch Feiertage darauf basieren. Feste werden in einer gewissen Tradition gefeiert. Wenn da nicht mehr dahinter ist, führt das à la longue zu Identitätsverlust oder Identitätsleere.

Was glauben Sie, sind die Ursachen dieses Verlustes an Religion und damit an Identität?

Oft eine sehr große persönliche Enttäuschung, vielleicht weil die Erwartungen zu groß waren – aber vielleicht wurden diese großen Erwartungen auch genährt. Eine gewisse Revolution gegenüber der älteren Generation, also aus meiner Sicht eine Revolution der Elterngeneration gegenüber der Großelterngeneration. Ein Unterschied in der Erziehung.

Im Film „Der Untergang" über die letzten Tage Hitlers im Bunker ist mir sehr stark aufgefallen, wie militärisch die Erziehung der Kinder damals war. In einer Form, die ich nicht kenne. Die meine Generation so nicht erlebt hat. Die Übertragung von Glauben war früher durch diese militärische, auch grausame und autoritäre Erziehung vielleicht in einer viel formalistischeren Form möglich. Das ist nicht mehr so bei uns. Bei uns wird sehr viel hinterfragt. Und wenn dann von der älteren Generation keine Antwort kommt, dann führt das vielleicht oft zu einem Ablehnen.

Aber das hieße ja, Glaube, Religiosität kann sich nur halten, wenn sie autoritär weitergegeben wird.

Nein, nein, nein. Es war sozusagen nur die Ausführung, es gab mehr Kirchenbesuche. Deswegen muss nicht der Glaube stärker gewesen sein.

Es war also eine oberflächliche, keine bessere Religiosität.

Das könnte ich mir vorstellen, dass das ein Grund ist, warum so viele jetzt nicht mehr hingehen. Jetzt muss man ja nicht mehr in die Kirche gehen. Es ist sozusagen nicht mehr der gute Ton, es ist gesellschaftlich nicht mehr so notwendig.

Auf der einen Seite hat ein oberflächlich geführter Glaube auf die Frage „Warum“ nicht mehr antworten können, das hat Ablehnung und Desinteresse ausgelöst. Zugleich gibt es hohe Erwartungen und große Sehnsucht, die leicht enttäuscht werden.

Heißt das, die Kirche könnte diese Entwicklung auch positiv sehen und sagen, wir haben jetzt zwar einen kleineren Anteil an der Bevölkerung, aber der ist motivierter, entschlossener, engagierter, als er früher war? Klein, aber fein?

Ich finde sehr wohl, dass die Kirche das so sehen kann. Sie darf dabei aber nicht vergessen, dass es sehr viele Menschen mit Sehnsucht gibt, die Antworten suchen, für die die Kirche da zu sein hat. Sie muss beides gleichzeitig tun. Dann geht das „Klein, aber fein“.

Haben Sie das Gefühl, dass gerade in Ihrer Generation diese Sehnsucht statt durch die Kirche oder die Kirchen jetzt mit esoterischem Zeug gefüllt wird?

Zu einem gewissen Grad ja. Esoterik ist wie Konsum eine Art Ersatzbefriedigung.

Andere meinen, dass der Verlust an Religiosität mit dem Wohlstand zusammenhängt. Wohlstand und Sicherheit – Sie haben beides ja eingangs gerühmt – entfremden von der Kirche. Es heißt ja: „Not lehrt beten“, nicht Wohlstand.

Ich glaube schon, dass da was dran ist. Die Not bringt einem bei, dass man nicht alles kann. Daher muss es irgendjemanden geben, der alles kann, und dann erfahre ich plötzlich diese Relation zum Transzendenten, zum Allmächtigen. Wenn es uns so gut geht, meinen wir, wir können es eh allein. Wozu jemand anderer? Ich glaube schon, dass an dem Spruch „Not lehrt beten“ etwas dran ist.

Fühlen Sie sich eigentlich in Ihrer Generation isoliert, wenn Sie sich als bekennende Christin in einem Kreis einführen, der nicht unmittelbar der ihrer persönlichen Freunde, Familie, Verwandtschaft ist?

Ja, auch wenn ich da ein bisschen Gefahr laufe, mich als kleines Märtyrerchen darzustellen, was nicht sein sollte. Aber natürlich bin ich immer wieder alleine, jedoch ist es schon auch wieder sehr schön, weil ich ja auch durch meine Position, durch mein Engagement immer wieder sehr viel Diskussion auslöse. Ich komme einfach sehr oft zum Thema Kirche, wenn ich Menschen kennenlerne, oder auch im Freundeskreis. Und ich finde es dann doch immer wieder sehr schön, wie fruchtbar oder wie interessant diese Gespräche sein können.

Wie weit hat aber nicht auch das eigene Verhalten der Kirche die heutige Kirchenferne ausgelöst? Da gibt es auf der einen Seite die vielen Skandale von Groër bis Sankt Pölten, die ja öffentlich sehr breit diskutiert worden sind. Und der andere fast genau entgegengesetzte Argumentationsstrang sagt, die Kirche hat alles so stark relativiert, dass sie sich selbst am Schluss relativiert hat durch Liberalisierung.

Die erste Sichtweise habe ich selbst mit dem Hinweis auf die Erwartungen angesprochen, die enttäuscht worden sind. Diese Dinge sind sehr verletzend. Es gibt Menschen, die sich von der Kirche und vom Evangelium viel erwartet haben. Wie kann ich mich dieser Kirche anvertrauen, wie kann ich da mitgehen, wenn solche Geschichten passieren? Ich selber fühle mich von diesen Dingen nicht betroffen, weil mein Glaube an Gott und die Kirche nicht an einzelnen Amtsträgern hängt. Ich erwarte mir daher nicht so wahnsinnig viel von ihnen.

Und zum zweiten: Ich glaube schon, dass die Kirche immer mehr das Gebot der Nächstenliebe mit hinein nimmt in alle Gebote. Ich kann nicht gegen Töten sein und dabei vergessen, Nächstenliebe zu praktizieren. In dieser Sichtweise wird der Zugang zu Problemen etwas sanfter, etwas relativierter. Man berücksichtigt ein wenig mehr die Ansichten anderer. Man möchte sich hineindenken in die Ansichten anderer.

Alles verstehen heißt alles verzeihen?

Nein. Heißt es nicht.

Sondern?

Nein, weil verzeihen tut schon der liebe Gott. Wenn ich etwas logisch nachvollziehen kann, heißt das noch nicht, dass ich es gut finde.

Das heißt: Den Vorwurf, dass die Kirche durch Relativierung ihrer Regeln, Gebote, Traditionen selbst den Menschen ein stützendes Korsett weggenommen hat, halten Sie für falsch. Das Gebot der Nächstenliebe ist wichtiger als dieses Korsett?

Eine Form ist kein Selbstzweck. Menschen brauchen vielleicht manchmal ein Korsett. Aber sie sind mehr herausgefordert, wenn sie kein Korsett haben.

Sie sind im Pastoralrat der Erzdiözese zuständig für Lebenshilfefragen. Was heißt das genau?

Es geht um jenen Aufgabenbereich, wo der Mensch in seinem Leben bedroht ist. Das heißt in unserer heutigen Gesellschaft: insbesondere am Anfang und am Ende des Lebens. Es betrifft alle Fragen rund um die Abtreibung, um die Stammzellenforschung, um die In-vitro-Fertilisation, ums Klonen. Es geht um psychosoziale Beratung, um Vereinbarkeit von Familie und Beruf, es geht um Euthanasie oder die österreichische Antwort, das Hospiz.

Wobei nach wie vor das Thema „Abtreibung oder nicht Abtreibung" das politisch Heißeste ist. Anfang der siebziger Jahre, als die Fristenlösung gekommen ist, hat die Kirche ihre letzte große politische Straßendemonstration unter Führung des ja durchaus als liberal geltenden Kardinal König organisiert. Sie hat massiv gegen diese weitgehende Straffreistellung von Abtreibung protestiert. Wenn ich heute kirchliche Aussagen richtig verstehe, dann will sie keine Strafandrohung mehr, also genau das nicht, wofür sie einst demonstriert hat.

Die Initiativen gehen in eine andere Richtung. Wir kennen den gesetzlichen Status quo. Der Kirche geht es darum, dass ein Kind nicht abgetrieben werden muss. Es geht ihr nicht um eine

Bestrafung. Sondern es sollen die Bedingungen so sein, dass die Kinder nicht abgetrieben werden müssen. Und wir überlegen uns, wie wir da der Frau und dem Kind helfen können. Wir glauben eigentlich, dass die Frauen meistens gar nicht abtreiben wollen, sondern dass sie keine andere Lösung sehen. Wir sehen unsere gesellschaftliche Verantwortung darin, Alternativen zu bieten. Gerade in einem Staat, der Abtreibung zu einem gewissen Maß straffrei stellt, ist es die gesellschaftliche Verantwortung, für die Frau da zu sein, dass sie nicht aus einer Not, ob die jetzt aus finanzieller oder beruflicher oder familiärer Sicht da ist, dazu gezwungen wird abzutreiben.

Glauben Sie, die Mehrzahl der Abtreibungs-Motive hängt mit irgendeiner Not zusammen oder mit Bequemlichkeit und Ablehnung der Störung eines fröhlichen Lebensstils durch die Last, die ein Kind jedenfalls auch darstellt?

Ich tendiere eher zum ersten. Ich glaube, die meisten Frauen sind an sich verantwortungsbewusst. Nur sehen sie keine Alternativen.

Wenn Sie jetzt gegen die Forderung nach Wiedereinführung einer Bestrafung von Abtreibung eintreten, dann haben Kardinal König und die, die damals mit ihm gegangen sind, offenbar geirrt.

Ich trete weder dagegen ein noch betreibe ich die Forderung. Wir sollten wegkommen von der Diskussion der siebziger Jahre. Ich bin danach geboren und habe eine andere Gesetzeslage vorgefunden. Hier möchte ich etwas dafür tun, dass Kinder auf die Welt kommen können. Ich habe nicht vor, da irgendwie strafend durch das Land zu ziehen, sondern ich möchte, dass wir uns bewusst sind: Hier ist ein Mensch und der soll zusammen mit seiner Mutter eine Chance haben. Seine Mutter soll eine Chance haben, diesen Menschen auf die Welt zu bringen.

Das versteh ich ja alles. Ich verstehe auch, dass für Sie die Frage unangenehm ist, weil über Kardinal König auch nur andeutungsweise etwas Kritisches zu sagen, ist heute fast undenkbar. Aber ich

versuche einfach nur eine logische Argumentation. Wenn das richtig ist, was Sie sagen, dann kann das andere nicht auch gleichzeitig richtig gewesen sein, weil nur der Rekurs auf eine bestehende Gesetzeslage kann ja etwas, was im religiösen Sinn richtig oder falsch ist, nicht wirklich aufheben.

In der damaligen Situation, und das sieht man heute ganz deutlich, ging es sehr stark um die Angst, dass durch die Straffreistellung ein gesellschaftlicher Impuls gesetzt wird. Das hat sich total bewahrheitet. Abtreibung ist heute eine Technik der Geburtenkontrolle, es ist, wenn es schon nicht geklappt hat mit Kondom und Pille, halt eben der letzte Schritt.

Es ist ein Kind zum Schaden im Schadensersatzrecht geworden, was eigentlich nicht denkbar sein sollte. Es wurde zuwenig getan in Österreich, um diesem gesellschaftlichen Impuls entgegenzutreten. Also, die Angst damals war absolut berechtigt. Eine Angst, die auch zu Demonstrationen geführt hat. Es wäre schön, und daran arbeiten viele, wenn Strafe nicht notwendig ist.

Sie sind eine junge Frau, die in der Kirche aktiv ist. Wie sehr fühlen Sie sich als Frau von der Kirche diskriminiert?

Sie werden lachen, ich fühle mich selten als „Frau". Ich habe diese Definition, ich fühle mich als Stephanie Merckens oder früher Heine-Geldern, aber ich fühle mich selten als Frau. Ich fühle mich mit meinen Ideen, mit meinen Anliegen, mit meinen Schwächen und Stärken und die möchte ich einsetzen. Da hat mir die Kirche sehr viel Chancen gegeben, das zu tun.

Daraus, dass in Ihrer Antwort kein Hauch von einer Klage war, schließe ich, dass sie auf meine Frage Nein sagen.

Ich sage auf die Frage Nein. Ich weiß nicht, wie ich vor hundert Jahren reagiert hätte. Aber ich selbst habe mich gegen keine Diskriminierung stellen müssen.

Und der Umstand, dass Sie nicht Priester werden können?

Sehe ich überhaupt nicht als Problem. Ich fühle mich auch nicht berufen.

Die Kirche wird auch für ihren Umgang mit geschiedenen Wiederverheirateten heftig kritisiert. Sind Sie da mit der kirchlichen Gesetzeslage einverstanden?

Ich verstehe sie, aber menschlich ist sie hart.

Sie zählen also nicht zu jenen in der Kirche, die sagen, durchhalten und warten auf den nächsten Papst, dann wird alles besser?

Nein, das nicht. Denn das klänge wie ein Vorwurf an Johannes Paul II. und einen solchen erhebe ich nicht. Auch er kann nicht gleich alles ändern. „Rome wasn't built in a day". In diesem Licht ist der Ansatz zu warten wahrscheinlich gar nicht so schlecht.

Die logische Kette der Haltung zu den Wiederverheirateten verstehe ich schon. Menschlich ist sie oft sehr hart. An sich sollten wir mit einer Sünde, der wir uns noch bewusst sind, eigentlich nicht zur Kommunion gehen. Die wiederverheirateten Geschiedenen tragen diese Sünde gleichsam nach außen. Die anderen Sünden, die wir begehen, sehen manche oft nicht, zumindest sieht sie der nicht, der neben mir in der Kirchenbank sitzt.

Sie haben aber doch zuvor gesagt, Nächstenliebe wäre wichtiger als andere formale Gebote.

Das wird uns oft passieren, dass Dinge menschlich wahnsinnig hart sind. Trotzdem sind sie manchmal richtig. Jedoch: Wie man damit umgeht und welchen Raum und Respekt die Betroffenen dann trotzdem in der Gemeinschaft haben können, das liegt schon in unserem Ermessen.

Themenwechsel zu Ihrem Beruf. Sie sind eine der allerjüngsten eingetragenen Rechtsanwälte, vielleicht waren Sie bei der Eintragung sogar die Jüngste. Wie schwer ist es denn als junger Mensch, sich selbstständig zu machen? Da gehört doch viel Mut dazu?

Hätte ich sehr viel Mut gebraucht, hätte ich es nicht gemacht. Mir kam es nicht so vor, auch wenn mir andere sagen, dass sie es wahnsinnig mutig finden, was ich gemacht habe.

Der Grund, warum ich mich für die Selbstständigkeit entschlossen habe, nämlich dafür, ganz alleine eine eigene Kanzlei aufzumachen, liegt einfach darin, dass ich in meinem Themenbereich ein Tätigkeitsfeld sehe. Ich traue es mir zu, ich glaube, dass es mir andere Menschen zutrauen, und ich habe das Gefühl, dass ich mir das leisten kann. Das schaut schon sehr anders aus für jemanden, der eine Familie erhalten muss. Ich bewundere es, wenn jemand in meinem Alter, so kurz nach der Anwaltsprüfung den Schritt in die Selbstständigkeit macht, der nicht so wie ich in der Arbeit für humanitäre Organisationen eine Nische gefunden hat, der also im Gesellschaftsrecht oder einem der anderen breiten Rechtsgebiete arbeitet. Das finde ich schon sehr beachtlich, denn hier muss man sich schon gegen eine etablierte Konkurrenz durchsetzen.

Es gibt ja eine sehr rasch wachsende Anzahl von selbstständigen Freiberuflern etwa im Anwaltsbereich, die offensichtlich wachsende Existenzprobleme haben.

Ich kann es mir vorstellen.

Sie haben zuvor von dem Problem gesprochen, eine ganze Familie erhalten zu müssen: Besteht für Sie im Spannungsfeld zwischen Familie und Beruf ein Unterschied zwischen Mann und Frau? Also etwa dass im Zweifel halt der Mann verdienen geht und die Frau sich um die Kinder kümmert. Oder würden Sie eher sagen, hier muss absolute Gleichverteilung der Lasten angestrebt werden?

Gesellschaftspolitisch meine ich, dass diese Möglichkeit garantiert sein sollte, dass es eine Gleichverteilung der Lasten geben soll. Persönlich soll das aber jeder, jedes Paar selber entscheiden können.

Wenn jetzt eine Freundin zu Ihnen kommt und sagt, sie steht vor der Entscheidung: Bleibt er oder bleibt sie daheim?, dann gibt es die konservative Ratschlagkette: Die Mutter ist besser für das Kind und soll daher daheimbleiben. Die andere Argumentation sagt: Schau es dir bis auf den Groschen genau an, wer mehr verdient, der

bleibt im Beruf und der andere daheim. Welchen dieser Ratschläge würden Sie Ihrer Freundin geben?

Ich schaue mir die Freundin an und schaue mir ihren Partner an. Und ich würde die Freundin fragen, was ist denn *dein* Wunsch. Mein Wunsch wäre, dass ich mehr bei meinen Kindern bin. Wenn das meine Freundin auch so sieht, rate ich ihr dazu. Wenn sie aber eine durch und durch im Beruf aufgehende Frau ist, die zuhause nur rotiert, und ihr Mann nicht, dann rate ich ihr zu etwas anderem.

Scharfer Themenwechsel. Viele jüngere Österreicher machen den Vätern oder eigentlich Großvätern den Vorwurf, sich nicht gegen die nationalsozialistische Diktatur gestellt zu haben. Glauben Sie, dass die heutige Generation, gerade nach so viel Diskussionen und Vergangenheitsaufarbeitungsbemühungen, stärker für die Demokratie kämpfen würde?

Nein.

Das verlangt jetzt schon nach einer Erklärung.

Ich glaube, wir sind heute genauso gefährdet wie damals, einem Führer reinzufallen. Diese Wahrscheinlichkeit hat sich nicht geändert. Der Führer muss vielleicht anders agieren, aber wir sollen uns nicht anmaßen zu glauben, dass wir anders, dass wir sensibilisierter sind als die vorigen Generationen.

Wenn Sie jetzt über diese Demokratie-Diskussion hinaus in die Zukunft des Landes, das Sie so lieben, blicken, was macht Ihnen da besondere Sorge und was besondere Hoffnung?

Was ich an sich ganz gut finde, ist, dass in Österreich alles immer ein bisschen gedämpfter und verzögerter passiert als woanders. Das ist manchmal gar nicht schlecht, weil wir die Erfahrung der anderen dann schon ein bisschen nutzen können.

Wo ich mir mehr Initiative wünschen würde ist: Der Österreicher ist, wenn er etwas für sich selber oder für sein Umfeld tut, eigentlich sehr fleißig; das könnte sich der Staat ein bisschen mehr zunutze machen, indem er die Eigenständigkeit fördert.

Nicht einfordern, sondern das Selbermachen fördern. Das kann ein Staat beispielsweise durch die Förderung von Eigenständigkeit im Steuerlichen sehr gut machen.

Das, was Sie da vom Staat verlangen, wäre ein massives Gegensteuern zu Eigenschaften, die in den Augen vieler tief österreichisch sind, die sich in dem Wunsch zusammenfassen lassen, dass man direkt vom Studium in die Pension wechseln will.

Ja, das sitzt schon tief, das stimmt. Aber das ist gerade eine Herausforderung. Daher sollten die Eigenständigkeit, die eigenen Ideen umso mehr gefördert werden.

ANDREAS UNTERBERGER,

1949 in Wien geboren, 1968–1972 Universität Wien Jus, Volkswirtschaft. 1972/73 Institut für Höhere Studien, Politikwissenschaft. 1973 Promotion zum Dr. iur. 1973 Eintritt in die Redaktion der „Presse“ als einer von fünf „Siegern“ unter mehreren hundert Bewerbern für eine Lehrredaktion. Lokalressort, Außenpolitisches Ressort, fünf Jahre „Chef vom Dienst“, 1984–1995 Ressortleiter Außenpolitik, Leitender Redakteur, 1989–1998 Lehrbeauftragter Universität Wien für Internationale Beziehungen, 1995–2004 Chefredakteur. Seither freier Publizist. Bücher zu österreichischen Themen, Dutzende wissenschaftliche Aufsätze, überwiegend zu außenpolitischen Themen. Mehrere Preise und Auszeichnungen.

Andreas Unterberger gilt heute als einer der führenden österreichischen Experten auf dem Gebiet der Außenpolitik wie auch als unbestechlicher und streitbarer liberal-konservativer Grundsatzdenker. Er hat die „Presse“ in seinen neun Jahren als Chefredakteur sowohl in Hinblick auf die Auflage wie auch auf die Leser an die Spitze ihrer 157-jährigen Geschichte geführt. Die Leserzahlen sind in diesen neun Jahren im Gegensatz zu einem weltweiten Trend um 46 Prozent gestiegen. Gleichzeitig hat die Zeitung in seiner Periode zum ersten Mal seit 1918 Gewinne produziert.